权威·前沿·原创

皮书系列为

“十二五”“十三五”“十四五”时期国家重点出版物出版专项规划项目

BLUE BOOK

智库成果出版与传播平台

北京市哲学社会科学研究基地智库报告系列丛书

中央商务区蓝皮书
BLUE BOOK OF CENTRAL BUSINESS DISTRICT

中央商务区产业发展报告
（2025）

ANNUAL REPORT ON CBD INDUSTRIAL DEVELOPMENT
(2025)

新质生产力优化城市产业链

New Quality Productive Forces Optimizing Urban Industrial Chain

张　杰　高杰英 等／著

社会科学文献出版社
SOCIAL SCIENCES ACADEMIC PRESS (CHINA)

图书在版编目（CIP）数据

中央商务区产业发展报告．2025：新质生产力优化城市产业链／张杰等著．--北京：社会科学文献出版社，2025.8.--（中央商务区蓝皮书）．--ISBN 978-7-5228-5682-7

Ⅰ．F72

中国国家版本馆 CIP 数据核字第 20251X886H 号

中央商务区蓝皮书
中央商务区产业发展报告（2025）
——新质生产力优化城市产业链

著　　者／张　杰　高杰英 等

出 版 人／冀祥德
组稿编辑／陈凤玲
责任编辑／李真巧
文稿编辑／张　爽　王　娇　刘　燕
责任印制／岳　阳

出　　版／社会科学文献出版社·经济与管理分社（010）59367226
　　　　　地址：北京市北三环中路甲 29 号院华龙大厦　邮编：100029
　　　　　网址：www.ssap.com.cn
发　　行／社会科学文献出版社（010）59367028
印　　装／天津千鹤文化传播有限公司

规　　格／开　本：787mm×1092mm　1/16
　　　　　印　张：20.75　字　数：311 千字
版　　次／2025 年 8 月第 1 版　2025 年 8 月第 1 次印刷
书　　号／ISBN 978-7-5228-5682-7
定　　价／149.00 元

读者服务电话：4008918866

本书为北京市社会科学基金重点项目“中央商务区产业蓝皮书（2025）——新质生产力优化城市产业链”（编号 24JCB051）的研究成果。

主要编撰者简介

张　杰　首都经济贸易大学教授、博士生导师、北京市哲学社会科学CBD发展研究基地副主任、北京市青年教学名师。美国明尼苏达大学双城分校（University of Minnesota, Twin Cities）、罗格斯大学（Rutgers, The State University of New Jersey）访问学者。兼任中国城市经济学会常务理事，商务部国家服务贸易统计专家组顾问，北京市东城区、朝阳区人大财经委顾问，北京经济运行研究会副会长等职务。

主要研究领域为CBD产业发展、城市经济与战略管理。主持国家社会科学基金项目、北京市社会科学基金项目和中央编办、自然资源部不动产登记中心、北京市经济和信息化局、北京市商务局等政府部门委托的研究项目以及北京、昆明、郑州、三亚等地规划项目百余项。出版专著《特大城市中央商务区发展研究：产业布局·管理路径·国际战略》《中央商务区（CBD）楼宇经济发展研究》《中央商务区（CBD）现代服务业发展研究》《中央商务区（CBD）战略管理研究》等10部，合著教材或著作21部。在《经济管理》《中国土地科学》《中国人口·资源与环境》等国家级学术期刊发表论文40余篇，多篇论文被《社会科学文摘》等期刊转载。研究成果先后获得国土资源科学技术奖二等奖、北京市第十四届哲学社会科学优秀成果奖二等奖、北京市高等教育教学成果奖二等奖、第十四届钱学森城市学金奖提名奖。

高杰英　首都经济贸易大学教授、博士生导师，北京市哲学社会科学CBD发展研究基地主任，北京市长城学者，北京市教学名师，北京市正高级职称专家评委。美国明尼苏达大学卡松商学院访问学者。教育部学位与研究生教育评估论文评审专家，中国投资协会投资学科建设委员会理事，北京市国际金融学会理事，期货产教融合联盟理事，*Frontia of Economics*、《经济理论与管理研究》、《北京理工大学学报》（社会科学版）杂志匿名评审，中央人民广播电台财经栏目、财新网特约评论员。专著《百年银行资本监管的逻辑与未来》获北京市第十四届哲学社会科学优秀成果奖二等奖，主讲课程“商业银行经营管理”获批国家级一流课程认定，主编案例获评全国金融教指委优秀案例奖并入选中国金融专业学位案例中心案例库。

主要研究领域为区域金融、公司金融。具备多年大型银行和股份制银行工作经验，在《经济学动态》《国际金融研究》《经济学家》等核心期刊公开发表论文46篇，出版专著3部、教材3部。主持国家社会科学基金项目“金砖银行互利共赢合作模式及风险防范机制研究”、国家社会科学基金后期资助项目“国际金融市场尾部风险效应及防范研究”，主持教育部国家留学基金项目与北京市社会科学院、北京市教育委员会等多项课题，撰写《农业发展银行减费让利与财务可持续关系研究》《外部冲击下全球股票市场风险溢出及我国A股市场风险防范对策研究》《北京市互联网金融行业风险预警预防工作机制》等研究报告。

摘 要

当前，全球发展面临地缘政治、贸易摩擦、技术变革等多重不确定性因素冲击，产业链成为保障国家经济安全和提升国际竞争力的重要支撑。中央商务区（CBD）作为城市高端产业功能区，本身就是城市产业链的重要节点，对提升新质生产力优化城市产业链具有重要作用。

本书立足“新质生产力优化城市产业链”这一主题，阐述了CBD新质生产力优化城市产业链的八个机理，分析了CBD新质生产力的综合发展效应、区域辐射效应、楼宇经济效应和营商环境效应，归纳出CBD数字服务赋能产业链韧性提升、枢纽服务重构城市产业链场域、新质服务优化城市产业链分工三条发展路径，并提出商务科技双轮驱动、赋能实体经济发展、提升专业服务能级等具体建议。

从理论逻辑和当前我国各地CBD发展实践角度进行分析，CBD新质生产力优化城市产业链主要包括新质科技应用生产力提升科技产业价值链、新质总部经济生产力联系全球跨国企业链、新质商业沟通生产力构建国际产业空间链、新质商贸服务生产力连接高端产业供需链、新质商务资源生产力供给服务贸易产业链、新质人力资源生产力激活现代人才产业链、新质信息服务生产力聚合信息科技产业链、新质楼宇经济生产力优化高端前沿产业链等8个维度。

基于时间序列数据，本书跟踪测算我国典型城市CBD的综合发展效应、区域辐射效应、楼宇经济效应和营商环境效应，探析我国典型城市CBD新质生产力与城市产业链的概况与发展趋势、特点和规律。研究表明：近年来我国各地CBD新质生产力优化产业链的作用程度差异明显，一线城市CBD和新一线城市CBD之间的综合发展效应差距显著，2023年北京、上海、广州、深圳等一线城市CBD综合发展效应高出新一线城市CBD 6.857%。一线城市CBD由于经济基础坚实、市场空间广阔、信息技术发达、科技创新快速、新质资源丰富等优势，正在快速推进新质生产力优化产业链；新一线城市CBD因产业链布局和区域系统资源日益向首位城市倾斜，综合发展效应不够突出，两大城市阵列发展落差显著。观察发现，上海、北京、深圳、广州等一线城市CBD新质生产力发展水平相对稳定，其中北京CBD科技创新效应、上海陆家嘴CBD区域辐射效应、深圳福田CBD经济驱动效应、广州天河CBD经济发展效应均相对领先、特色鲜明。新一线城市中西安、重庆、武汉、天津、杭州等地CBD产业链向好发展。

为延续学术支撑和学理思考，本书着眼于CBD新质生产力的主要属性，将CBD新质生产力优化产业链的具体内容归纳为三条路径，即CBD数字服务赋能城市产业链韧性提升、CBD枢纽服务重构城市产业链场域、CBD新质服务优化城市产业链分工。其中，CBD数字服务赋能城市产业链韧性提升，即在节点维度推进数字服务赋能资源优化、技术依赖及产业链外迁，在连线维度推进数字服务赋能链上企业沟通、增强风险识别与动态环境适应能力，在网络维度实现数字服务赋能产业网络扩展、助力风险分散与价值增加；CBD枢纽服务重构城市产业链场域，即枢纽科技、区位、资本和场景等驱动产业链引擎、载体和平台升级，枢纽服务重塑产业链协同平台、产业集群和应用场景等，构建“上游技术突破—中游产业强化—下游市场拓展”的全链条创新生态体系；CBD新质服务优化城市产业链分工，即以智能中枢优化产业链分工格局，以高端服务提升产业链区位黏性，以功能跃升、空间重组、制度赋能和生态构建驱动城市产业链分工联动和产业集群生态协同。

展示借鉴各地CBD发展经验、深入了解CBD实际发展情况，也是本书的重要内容和特色。重庆江北嘴CBD通过打造西部金融核心城，塑造新质生产力发展新动能，郑东新区CBD着力打造新质生产力发展的区域活力中心，宁波鄞州区以创新推动数字经济楼宇的转型升级。各地经验富有特色，可资借鉴。

作为国内专业研究CBD产业发展的蓝皮书，本书对当前北京、上海、广州、深圳、重庆、合肥、杭州、成都等典型城市CBD新质生产力优化城市产业链动态进行了综合分析。研究发现，我国各地CBD新质生产力发展逐步形成寻求前沿突破、专注专业服务、培新焕旧同步进行等三条路径。其中，北京瞄准通用人工智能，依托首都资源和商务优势，寻求新质生产力突破发展；上海专注于专业服务业，依据“五个中心”发展定位，赋能新质生产力发展；合肥培育新质和焕新旧质同步进行，通过建设现代化产业体系，力争不断壮大新质生产力。但总体来看，各地CBD还存在新质生产力发展不足、城市产业链韧性不强、高质量发展落差明显等现实问题，还需要在商服科创双轮驱动以不断促进新质生产力发展、深入赋能实体经济发展以促进创新链价值链产业链集聚、提升专业服务能级以推进新质服务经济高质量发展等方面持续发力、不断优化。上述比较分析和特色凝练，既可以观察当前各地CBD产业发展中的特色与经验，也可以思考未来CBD新质生产与高端服务业发展的方向和路径，为今后CBD发展和管理工作提供借鉴参考。

关键词： 中央商务区 新质生产力 城市产业链

目 录

I 总报告

II 数据分析篇

Ⅲ 产业链篇

Ⅳ 区域实践篇

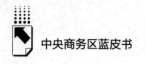

皮书数据库阅读使用指南

总报告

B.1 中央商务区新质生产力优化城市产业链报告（2025）*

张 杰**

摘 要： 当前，全球发展面临地缘政治、贸易摩擦、技术变革等多重不确定性因素冲击，产业链成为保障国家经济安全和提升国际竞争力的重要支撑。中央商务区作为城市高端产业功能区，本身就是城市产业链的重要节点，对提升新质生产力以优化城市产业链具有重要作用。本报告立足新质生产力优化城市产业链这一主题，阐述了中央商务区新质生产力优化城市产业链的八个机理，分析了中央商务区新质生产力发展的综合发展效应、区域辐射效应、楼宇经济效应和营商环境效应等，归纳出中央商务区数字服务赋能城市产业链韧性提升、枢纽服务重构城市产业链场域、新质服务优化城市产业链分工三条发展路径，并提出商务科技双轮驱动、赋能实体经济发展、提

* 本报告系北京市社会科学基金重点项目“中央商务区产业蓝皮书（2025）——新质生产力优化城市产业链”（项目编号：24JCB051）的研究成果。

** 张杰，管理学博士，首都经济贸易大学教授、博士生导师，北京市哲学社会科学 CBD 发展研究基地副主任，主要研究方向为 CBD 产业发展、城市经济与战略管理。

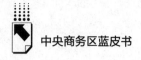

升专业服务能级等具体建议。

关键词： 中央商务区 新质生产力 城市产业链

一 引言

当前，全球发展面临地缘政治、贸易摩擦、技术变革等多重不确定性因素冲击，产业链成为保障国家经济安全和提升国际竞争力的重要支撑。党的二十届三中全会强调，健全提升产业链供应链韧性和安全水平制度。[①] 2025年4月，美国对大量中国商品所征关税税率已达145%[②]，引发中美乃至全球产业断链危机。如何进一步稳链补链强链优链，成为我国经济发展的重大课题。

我国经济发展尤其是先进制造业、战略性新兴产业、未来产业和现代服务业发展的主阵地就在城市尤其是超大特大城市。2025年2月，国务院正式批复我国7个超大城市和15个特大城市的国土空间总体规划。[③] 根据第七次全国人口普查，我国超大特大城市一共有22个，其中上海、北京、深圳、重庆、广州、成都、天津属于超大城市，武汉、东莞、西安、杭州、佛山、南京、沈阳、青岛、济南、长沙、哈尔滨、郑州、昆明、大连、苏州属于特大城市。作为全国城镇体系的龙头，超大特大城市常住人口、地区生产总值、进出口总额占全国的比重分别达22%、35%、58%，对全国经济社会

① 《中共中央关于进一步全面深化改革　推进中国式现代化的决定》，中国政府网，2024年7月21日，https：//www. gov. cn/zhengce/202407/content_6963770. htm？sid_for_share=80。

② 《2025年4月11日外交部发言人林剑主持例行记者会》，外交部网站，2025年4月11日，https：//www. fmprc. gov. cn/web/wjdt_674879/fyrbt_674889/202504/t20250411_11593008. shtml。

③ 《定调超大特大城市，"中国速度"再升级》，央视网，2025年2月18日，https：//news. cctv. com/2025/02/18/ARTIUsElHFs2p8J6igHzd8XS250218. shtml。

发展具有重要的引领作用。[①]

从近几年经济发展和社会实践来看，我国超大特大城市高质量发展和优化城市产业链的主要途径是新质生产力。2024 年 5 月，习近平总书记指出，新质生产力是创新起主导作用，摆脱传统经济增长方式、生产力发展路径，具有高科技、高效能、高质量特征，符合新发展理念的先进生产力质态。[②]它由技术革命性突破、生产要素创新性配置、产业深度转型升级而催生，以劳动者、劳动资料、劳动对象及其优化组合的跃升为基本内涵，以全要素生产率大幅提升为核心标志，特点是创新，关键在质优，本质是先进生产力。

数据显示，当前我国新质生产力稳步发展。[③] 一是创新能力进一步提升。我国在 2024 年全球创新效应中的排名上升到第 11 位，是 10 年来创新力提升最快的经济体之一。研发投入力度持续加大，2024 年 R&D 经费投入强度达到 2.68%，基础研究经费增长 10.50%，占 R&D 经费投入的比重为 6.91%。

二是新兴产业进一步壮大。以高端装备、人工智能等为代表的新兴产业发展态势向好，产业体系新支柱正在逐步形成。2024 年，在规模以上高技术制造业中，智能消费设备制造业增加值比上年增长 10.9%，其中智能车载设备制造、智能无人飞行器制造增加值分别增长 25.1%、53.5%。

三是传统产业进一步升级。2024 年，制造业技改投资比上年增长 8%，明显快于全部投资增速。原材料工业、工艺技术装备水平稳步提升，绿色转型步伐加快。

四是数字经济进一步发展。数字技术、基础设施等持续升级，数字经济赋能千行百业，已经成为发展新质生产力的重要支撑和关键引擎。2024 年，信息传输、软件和信息技术服务业增加值比上年增长 10.9%，数字消费新

---

① 《超大特大城市加快转变发展方式》，国家发展和改革委员会网站，2024 年 8 月 7 日，https：//www.ndrc.gov.cn/xwdt/ztzl/xxczhjs/xcjsfz/202408/t20240807_1392278.html。

② 《习近平：发展新质生产力是推动高质量发展的内在要求和重要着力点》，中国政府网，2024 年 5 月 31 日，https：//www.gov.cn/yaowen/liebiao/202405/content_6954761.htm。

③ 《新质生产力稳步发展》，求是网，2025 年 1 月 27 日，http：//www.qstheory.cn/20250127/5e8518bc53e3483fa1a5135a9e7d0251/c.html。

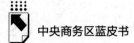

模式新场景不断涌现，带动实物商品网上零售额增长6.5%。5G、千兆光网等网络基础设施建设稳步推进。2024年11月，我国的5G基站数达到419万个，“东数西算”的首条400G全光省际骨干网正式商用，搭建起高速算力通道。

五是绿色发展进一步显效。我国已建成具备国际竞争优势的新能源全产业链体系。2024年，我国规模以上工业水电、核电、风电和太阳能发电占比提高到32.6%。

从超大特大城市具体发展情况来看，新质生产力已经成为各大城市优化产业链的主要渠道。如上海正在加快构建“（2+2）+（3+6）+（4+5）”现代化产业体系①，以大力发展新质生产力；北京推出50项任务立足首都优势发展新质生产力②；深圳提出继续加快建设全球领先的重要的先进制造业中心、把整个城市作为新质生产力和创新的策源地与孵化器③；广州提出“大干十二年再造新广州”的“12218”现代化产业体系④；杭州财政支持超500亿元，加大优质新质生产力投入力度、迭代升级“8+4”政策⑤等。

中央商务区（CBD）作为城市经济发展的核心载体，正经历前所未有的变革。在数字经济、科技创新和产业升级的多重驱动下，CBD的产业形

① “（2+2）+（3+6）+（4+5）”现代化产业体系：“2+2”指先进制造业与现代服务业深度融合、数字化与绿色低碳协同转型；“3+6”指集成电路、生物医药、人工智能三大先导产业和电子信息、生命健康、汽车、高端装备、先进材料、时尚消费品六大重点产业；“4+5”指数字经济、绿色低碳、元宇宙、智能终端四大新赛道和未来健康、未来智能、未来能源、未来空间、未来材料五大未来产业。

② 《北京：50项任务立足首都优势发展新质生产力》，中国政府网，2024年3月27日，https://www.gov.cn/lianbo/difang/202403/content_6941760.htm。

③ 《深圳：以科技创新引领新质生产力发展》，中工网，2025年3月25日，https://www.workercn.cn/c/2025-03-05/8469753.shtml。

④ “12218”现代化产业体系：“1”指一个总体要求，即产业第一、制造业立市；“2”指两个主攻方向，即制造业、服务业“两业融合”以及数智化、绿色化“两化转型”；“21”指智能网联与新能源汽车、人工智能、低空经济与航空航天等15个战略性新兴产业集群和6个未来产业；“8”指现代金融、科技服务等8个现代服务业。

⑤ “8+4”政策指“8个政策包+4张要素保障清单”，即推动教育科技人才一体发展、加快先进制造业发展、推进服务业高质量发展、建设国际性综合交通枢纽城市和交通强国示范城市、推进高水平对外开放、全力扩大有效投资、推进城乡融合发展、保障和改善民生8个政策包，以及财政金融、自然资源、能源、人才4张要素保障清单。

态和发展模式正在发生深刻变化。新质生产力的崛起，不仅重塑了CBD的产业格局，更推动了城市产业链的优化升级。这一变革标志着城市经济发展进入新阶段，CBD正从传统的商务集聚区转向创新驱动的产业生态圈。

同时，CBD作为超大特大城市高端产业功能区、现代服务业发达区、国际资源汇集区和全球服务贸易集散地，本身就是城市产业链的重要节点，发展新质生产力也是推动城市产业链向高端化、智能化、绿色化转型升级、培育新的经济增长点、实现城市经济高质量发展的内在要求，对于提升新质生产力以优化城市产业链具有重要作用。因此，通过CBD新质生产力优化城市产业链，具有重要的理论价值和实践意义。

二　中央商务区新质生产力优化城市产业链机理分析

城市产业链，指城市系统各个产业部门之间基于一定的技术经济联系和时空布局关系而客观形成的链条式关联形态，包含价值链、企业链、供需链和空间链等。城市产业链串联起从生产原料到消费终端的一系列环节，涵盖产供销全过程，形成生产、流通、分配、消费的经济效果和社会效应，是城市可持续发展的“丰厚土壤”和“动力源泉”。CBD是城市发展的核心功能区，也是城市产业链供需链集中度、企业链集聚度、价值链丰裕度和空间链联系度的集中体现区域。

从逻辑机理和各地CBD发展实践来看，对CBD新质生产力优化城市产业链的机理主要可以从以下两个方面进行分析。一是从新质生产力的角度，具体思考CBD新质生产力的高科技、高效能、高质量特征，以及劳动者、劳动资料、劳动对象的特质，如科技应用前沿、高素质人力资源、高等级信息服务等。二是从城市产业链的角度，具体分析CBD服务、链接的现代产业链条，如总部经济、商业商贸商务服务、楼宇经济等。

当前，新质生产力成为推动CBD产业升级的核心力量。以数字经济、智能经济、绿色经济为代表的新经济形态，正在重构CBD的产业生态。大数据、人工智能、区块链等新技术的应用催生了金融科技、智慧商务、数字创意等新业态，推动CBD从传统服务业向高附加值、高技术含量的现代服务业转型。

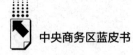

综合来看，主要包括新质科技应用生产力提升科技产业价值链、新质总部经济生产力联系全球跨国企业链、新质商业沟通生产力构建国际产业空间链、新质商贸服务生产力连接高端产业供需链、新质商务资源生产力供给服务贸易产业链、新质人力资源生产力激活现代人才产业链、新质信息服务生产力聚合信息科技产业链、新质楼宇经济生产力优化高端前沿产业链等8个维度（见图1）。

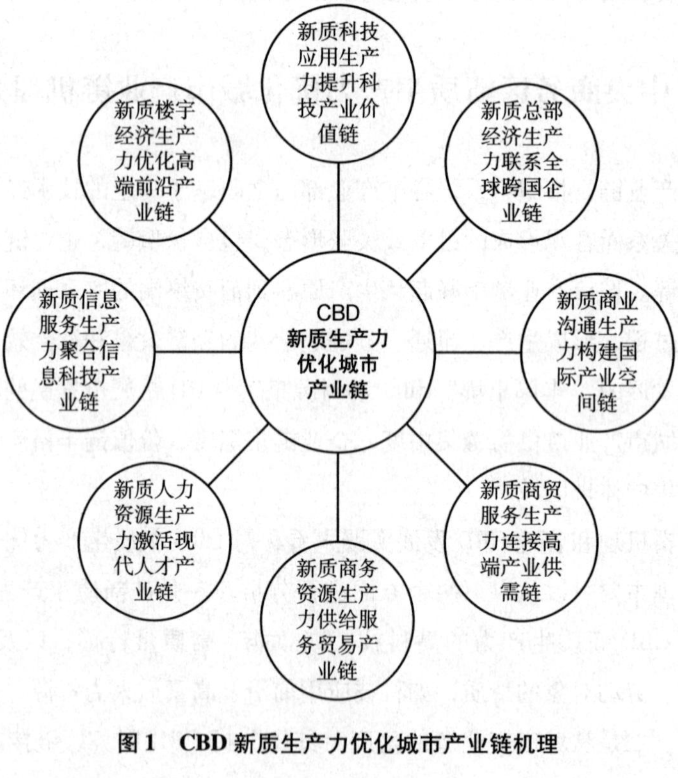

图1　CBD新质生产力优化城市产业链机理

（一）新质科技应用生产力提升科技产业价值链

CBD是城市高端商业沟通、商贸服务、商务办公集聚地，需要最为先进、最为高效、最为发达的科学技术、通信设施和服务场景，也是科技成果应用最为迅速、最为敏感、最为市场化的现代化中心区域。CBD 新质科技应用生产力，可以直接反映科技产业价值链的一线价值，从而直接丰富科技产业价值链的内涵，并促使附加值更高的新型价值链体系形成。

当前，科技创新对 CBD 产业结构的重塑作用日益凸显。科技创新企业、研发机构、孵化平台在 CBD 的集聚，形成了创新要素高度密集的产业生态。这种集聚效应不仅提升了 CBD 的产业能级，还带动了传统产业的数字化转型。

例如，2022 年我国数字经济快速发展。2022 年 5 月，北京 CBD 发布了全球首个基于真实场景还原的数字会客厅，从数字化招商、办公服务、商务拓展与推广 3 个方面，帮助企业实现线上办公和真实场景的商务洽谈，推动北京 CBD 数字化招商与服务工作提质增效。① 此外，5G、VR/AR 等数字技术在消费领域得到创新应用，北京 CBD 所在辖区的国贸、三里屯、大悦城等重点商圈试点建设智慧商圈大数据管理平台，智能分析消费、人流、交通等数据，实现个性化消费引导、安全监管、智慧停车等。

交通信号灯根据实时车流“智能变脸”、智慧停车系统帮司机快速找到停车位、会“说话”的智慧斑马线随时提醒闯红灯的行人等都依赖数字技术。北京 CBD 借助科技手段打造智慧交通示范区，借助智能交通系统分析区域内各路口的交通压力，通过“双向绿波协调控制+实时自适应优化”的方式，智能调控交通信号灯，大大提高了道路通行效率。

2025 年 3 月，北京数字经济算力中心正式投入使用，该中心定位为“未来 AI 工厂”的算力枢纽，已经部署了超过 1000P 高性能混元算力，并整合算力、算法、数据全栈 AI 能力和 AI 工具。通过采用数字技术，北京 CBD 逐渐向数字商务区（DBD）转型。②

---

① 《打造“智慧大脑”科技让朝阳更美好》，北京市朝阳区人民政府网站，2022 年 9 月 27 日，https：//www. beijing. gov. cn/ywdt/gqrd/202209/t20220927_2824396. html。

② 《北京朝阳推动 CBD 中央商务区向 DBD 数字商务区转型》，新京报，2025 年 4 月 16 日，https：//www. bjnews. com. cn/detail/1744784770129224. html。

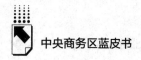

2025 年 2 月，DeepSeek R1 开源大模型横空出世、宇树科技的人形机器人登上央视春晚表演节目、《黑神话：悟空》全球销量突破 1000 万套。杭州的深度求索、宇树科技、游科互动、云深处科技、强脑科技和群核科技“六小龙”，抢走了深圳、北京、武汉等众多科创重镇的风头。

“六小龙”在发展初期得到杭州市政府的大力支持。例如，西湖区艺创小镇对这些数字内容企业给予最高 100%的房租补贴或减免。又如，杭州的资本生态呈现“竹林效应”：既有阿里战投、蚂蚁金服等产业资本，也有银杏谷、元璟资本等专注硬科技的基金，还有大量民间资本。这为不同类型的创新企业提供了丰富的资金支持。[①] 此外，作为我国数字经济发展的先驱，杭州先后出现网易、阿里巴巴等头部高科技企业，这些头部高科技企业为杭州数字经济发展提供了先发优势。阿里巴巴为杭州带来成熟的电商产业链、丰富的数字人才和活跃的资本市场，这些先发优势与杭州市政府不断推出的产业升级、优化营商环境、强化人才引进和创新创业等政策相辅相成、相得益彰，共同提升杭州的科技产业价值链。

（二）新质总部经济生产力联系全球跨国企业链

CBD 因其高附加值、高技术含量和高人力资本等鲜明特点，集聚国内外著名总部企业，形成典型总部经济。总部经济是企业总部高度集聚的经济形态，产业关联度高、集聚带动作用大，可有力促进高端要素和资源集聚，是现代高端服务业的重要代表。总部经济的发展水平始终是衡量城市综合发展水平的重要标志，尤其跨国公司总部数量更是一座城市国际化水平的重要体现。国内外总部企业集聚，CBD 更容易形成新质总部经济生产力。

作为我国高水平对外开放的重要窗口，上海陆家嘴 CBD 所在的浦东新区一直是富有吸引力的外商投资热土，也是跨国公司产业链、供应链、创新链全球布局的首选地之一。截至 2025 年 3 月，浦东新区历年累计获认定的

① 《杭州为何崛起“六小龙”？长期优化创新环境开花结果》，新浪财经，2025 年 2 月 15 日，https：//finance. sina. com. cn/jjxw/2025-02-15/doc-inekpaaq6735492. shtml#。

跨国公司地区总部有484家，占全市的47.1%；历年累计认定的外资研发中心有283家，占全市的47.4%。[①]

上海高端服务业资源非常丰富，与跨国公司总部运行紧密相关的金融、保险、会展、会计、法律、人力资源、咨询等国际化专业服务资源和能力，在全球处于第一梯队。同时，上海及长三角地区具有巨大的市场规模优势，而且具有较强的辐射能力和开放性，这使得很多跨国公司把总部设在上海，以利于布局全国乃至整个亚太市场。此外，上海长期形成的国际化氛围和对外来事物、多元文化的包容，也使其成为外资和跨国公司进入中国市场的首选之地。据2024年上海市外商投资企业百强发布会披露，上海作为跨国公司地区总部集中地区，已累计认定跨国公司地区总部998家。[②]

2024年上海先后出台《上海市坚持对标改革持续打造国际一流营商环境行动方案》《上海市跨国公司地区总部发展资金管理办法》等文件，先后召开与欧盟企业对话会、日资企业圆桌会、“一带一路”外资企业圆桌会、外资政策解读会等，并发挥德国海外商会联盟、旧金山湾区委员会、北欧创新中心等驻沪涉外机构联通政企、融通内外的功能，为海外人士来华提供更加便捷、优质的服务，强化要素供给和政策保障，助力跨国企业链融合发展。

（三）新质商业沟通生产力构建国际产业空间链

目前，我国各大城市CBD都已成为商业商贸商务交流的集中地和繁盛区，并且往往成为所在城市的标志性区域和政策高地，因而吸引国内外跨国公司总部和律所、会计咨询、管理服务等高端服务业态不断集聚。通过数字技术、算力中心、人工智能等现代科技手段，CBD的商业沟通正呈现新特点，可以在更广阔的地理空间和商业空间上构建国际产业链。

---

① 《总部经济持续发力！浦东再迎13家跨国公司地区总部、4家外资研发中心》，澎湃新闻，2025年3月27日，https：//www.thepaper.cn/newsDetail_forward_30504249。

② 《跨国公司地区总部达998家，上海做对了什么》，澎湃新闻，2024年10月19日，https：//m.thepaper.cn/kuaibao_detail.jsp？contid=29084866。

广州天河 CBD 包含天河北、珠江新城、广州国际金融城等板块，形成天河路商圈、珠江新城商圈等，辐射范围覆盖全市及华南地区。如今，依靠跨境电商，广州天河 CBD 正在打造全球性的商业空间。作为全国重要的经济中心和外贸口岸，广州锚定“跨境电商国际枢纽城市”战略定位，构建起“制度创新+产业生态+全球网络”三位一体发展体系。从率先推出跨境电商进出口信息化系统，到探索“微警认证”系统嵌套使用，再到推出进口商品溯源“真知码”等，广州以一系列创新举措，营造有利于跨境电商持续、安全、稳定发展的良好产业生态。当前，广州已建成业务量大、服务面广、商品品类齐全的跨境电商集群，成为全球跨境电商卖家的重要集聚地。2023 年，广州跨境电商进出口额达 2004.6 亿元，同比增长 51.54%，进口规模连续 9 年位居全国第一。2024 年，广州跨境电商进出口规模持续增长，助推全市进出口额达到 1.12 万亿元，同比增长 3.0%；有进出口实绩的经营主体达 2.6 万家，同比增长 14.9%。①

长期以来，广州积极探索“跨境电商+产业带”模式，实现传统制造业与数字贸易的深度耦合。如《广州市进一步推动跨境电子商务高质量发展若干政策措施》提出打造“一区一特色”跨境电商产业园区。

目前，广州已形成包括制造、平台、服务、营销各环节的完整产业链。制造端依托番禺服装、白云美妆、花都箱包等重点产业带；平台端拥有 SHEIN、Temu、唯品会、棒谷科技等知名企业；服务环节涵盖全球优品分拨中心、广州钛动科技股份有限公司等数字营销企业以及广东卓志供应链科技集团有限公司等综合服务商。广州公共服务体系完善，不仅打造了全球跨境电商“三中心”（生态创新中心、卖家服务中心、超级供应链中心），为企业提供全方位资源对接和服务，还建设了功能强大的广州跨境贸易电子商务公共服务平台。该平台在全国率先实现境外资金结汇后智能清分，打通

① 《何以广州？解码跨境电商之城的产业突围密码》，“广州市规划院”微信公众号，2025 年 4 月 15 日，https：//mp. weixin. qq. com/s？__biz = MjM5MTU3ODc3OA = = &mid = 2649923318&idx = 1&sn = 2748d1c0d700f4c2e85a06b27e26ab47&chksm = bf9cce520aa43b6f4d67d31c752444a8747b097372059e4fead37dc8b7ae34095fcc18b0b5af&scene = 27。

“关—税—汇—清”全链路，为跨境电商企业提供海关、外汇、税务等一站式综合服务，有效提高了企业的出口贸易运作效率。

广州坐拥华南地区最大的综合性主枢纽港——广州港，海运航线遍布全球；空运依托白云机场的航线网络；陆运上地处珠三角且高速公路通车里程达1144公里，占全省比重为9.7%；铁运则不断拓展中越、中欧等铁路货运班列，逐渐形成空港、海港、铁路港、公路港“四港”联运发展体系。珠江口黄金水道与京广、广深港高铁交会，使广州成为连接中国与全球市场的战略支点，跨境电商货物可快速触达国内制造业腹地及海外消费市场。

（四）新质商贸服务生产力连接高端产业供需链

在我国数百个城市CBD中，行业占比最高的往往是商贸服务业。批零服务业彰显CBD的市场活力，也揭示出CBD产业供需的动态变化。从金融、信息、科技、物流等生产性服务业，到餐饮、住宿、旅游、法律咨询等生活性服务业，这些高附加值的商贸服务，点对点连接起商务办公人员的日常生活需求和产业供需链的每一个环节。

一方面，随着产业结构逐步转型，电商、互联网快速发展，数字技术运用，从生产端到消费端，传统的流通链条逐渐扁平化，端到端连接变得更为直接有效，传统批发和零售业亟待转型。另一方面，在信息时代和科学技术快速发展的今天，CBD通过金融业等新质服务，逐步搭建起服务实体经济发展的供需链。

天津自贸试验区中心商务片区重点发展以金融创新为主的现代服务业，已逐步成为首批国家级双创示范基地、国家首批产融合作试点城区、金融创新运营示范区。截至2025年4月，天津自贸试验区中心商务片区已集聚市场主体超过3.5万家，其中金融、类金融机构有3000余家，资金管理规模超过3.5万亿元。中心商务片区以供应链金融为特色，在滨海新区“稳链、补链、强链”中，形成独具特色的服务范式，逐步建设成为“中国商业保理之都”，保理企业资产总额超1300亿元。①

据悉，来自中心商务片区的商业保理服务已覆盖新疆的棉花主产区，已有300余户（家）棉农、专业合作社受益，投放的保理融资款近10亿元。面向海外市场，中心商务片区试行的“本外币一体化共管账户+优先受偿权”创新模式，突破以往“谁出口谁收汇”模式的限制，在合规前提下打通外汇回款路径，将核心企业与上下游企业联系在一起，切实解决企业资金难题。

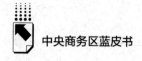

截至2025年4月，中心商务片区拥有持牌金融机构158家，其中法人总部机构有26家，成为全市唯一且国内少数的金融全牌照区域，汇聚3000余家金融类企业。通过深入研究各产业链、各供应链与金融业的融合情况，中心商务片区抢抓数实融合机遇，创新供应链金融模式，全面促进金融创新与实体经济有效衔接，为各种业态的企业提供多元化金融服务。

在10年发展中，中心商务片区重点打造“汽车+金融”“能源+金融”“物流+金融”“医药+金融”“智造+金融”等特色显著的“产业+金融”供应链金融发展模式，先后吸引80余家央企设立400余家创新型金融主体，投资总规模超过3000亿元，越来越多的链上企业发展驶入快车道。以滨海基金小镇为例，自正式运营以来，每周、每月都会定期举行沙龙等活动，推动投资方与企业对接。目前，中心商务片区已汇集滨海新区人才创新创业基地基金小镇工作站、天津滨海柜台交易市场有限公司滨海基金小镇运营中心等5大专业机构、运营中心联合服务矩阵，初步形成优质企业汇聚、项目孵化持续、金融资源丰沛、融资工具多元、参与主体活跃的全业态功能基金生态，构建起高端产业发展的供需链。

（五）新质商务资源生产力供给服务贸易产业链

CBD往往是所在城市现代服务业发展、跨国公司总部认定、海外人才

① 《【十年巡礼】滨海发布丨天津自贸试验区中心商务片区：用金融活水浇出全国标杆》，“澎湃新闻”百家号，2025年4月25日，https：//m. thepaper. cn/baijiahao_30720719。

归国等各类政策和高端商务资源的集聚地、试验田和创新区，具备产业布局规划和城市更新、产业准入和市场清单、金融财税支持、人才培养、知识产权保护和绿色发展以及跨国公司总部建设、楼宇经济联动等国内外商务资源。

南京河西 CBD 位于南京市建邺区，占地面积为 22 平方公里，其中核心区占地面积为 4 平方公里。总建筑面积为 930 万平方米，其中在建项目近 400 万平方米，由 33 个重点楼宇项目组成，吸引包括世界 500 强、上市公司、跨国公司、地区总部等在内的 4200 余家企业入驻。河西 CBD 重点发展现代金融和总部经济，是集金融、总部、会展、文体、商贸于一体的江苏省首批现代服务业集聚区，是江苏省、南京市倾力打造的重要金融中心，是“世界了解南京的窗口、南京接轨国际的前沿”。[①] 河西 CBD、新街口商圈、江北自贸区拥有丰富的商务资源，作为长三角城市群的核心城市腹地，正以独特的区位优势、产业基础和政策红利，成为华东地区乃至国内外商务发展的新高地。特别是当前服务业和服务贸易已成为新一轮高水平开放的重点，其中数字贸易更是成为国际贸易发展的新趋势和经济新增长点。作为全面深化服务贸易创新发展试点地区，南京始终是江苏乃至全国服务贸易的重要增长极。

《全球服务贸易发展效应报告 2024》显示，近年来南京全面深化服务贸易创新发展试点，以服务贸易数字化转型为核心，加快服务贸易发展载体扩容提质，聚力营造服务贸易创新发展的良好生态，是江苏唯一叠加“自贸试验区+服务业扩大开放+服务贸易创新”三大国家开放试点的城市，在市场准入和人才、技术、资金、货物流动便利化上，为服务贸易国际合作创造了诸多有利条件；南京跨境数字服务辐射全球，在数字技术贸易、数字产品

① 《邺企来 · 更精彩丨南京河西中央商务区：世界了解南京的窗口，南京接轨国际的前沿》，“钟山评论”微信公众号，2024 年 7 月 18 日，https：//mp. weixin. qq. com/s？ _biz = MzI1NTYwMDA5MQ = = &mid = 2247546619&idx = 2&sn = 1dcd4a842cab2339aee305c9d99223f4&chksm = eb97969bc35f57d04eae6e4e2a0dd65de5f1c90e2caf9eb18b2ea863d6aa5f8a2f404 ccf9d11&scene = 27。

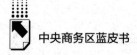

领域、数字服务领域涌现出众多代表性企业，成为推动南京融入全球产业链供应链的重要“加速器”。①

商务部最新数据显示，2024 年中国服务贸易进出口总额为 7.5 万亿元，同比增长 14.4%。这是中国服务贸易规模首次突破万亿美元。同时，2024 年江苏服务贸易规模创历史新高，全年服务贸易进出口额有望超过 5000 亿元，较上年增长约 15%，连续 4 年保持两位数增长，且增速持续高于全国平均水平。②

2025 年，江苏继续推动南京、苏州争创国家服务贸易创新发展示范区，聚焦优势产业全产业链开放，在跨境服务贸易市场准入、加强跨境服务贸易全链条监管等方面加大探索力度。同时推动落实苏州工业园区中新数字贸易合作试点，在跨境数据流动、商业和贸易便利化等方面开展先行先试。发挥中国国际服务贸易交易会、全球数字贸易博览会等国家级平台的作用，帮助企业拓展国际市场。另外，开展上下游产业对接活动，探索多元化合作方式，共同推进服务贸易领域产业链延伸、公共平台共享，增强产业集群优势。

（六）新质人力资源生产力激活现代人才产业链

CBD 通过高技术集成、高服务附加值、高人力资本含量等优势集聚高端现代服务业，已经成为各大城市产业品牌地和开放发展引领区。因其高租金、高回报、高度国际化的特征，CBD 的人力资本一直呈现高附加值的鲜明特色。如今，在人工智能、信息技术、AI 大模型等科技手段的加持下，CBD 的人口流动、人才资源和人力资本又附加了科技性特点，新质劳动力呈现支持力量更为巨大、环境更为广阔、产业基础更为深厚的特征，从而可以在更大范围内激活战略性新兴产业和现代服务业人才产业链，“CBD+科

① 中国服务贸易指南网，2024 年 9 月 29 日，http：//tradeinservices. mofcom. gov. cn/article/shifancs/gzuojz/202409/168292. html。

② 《江苏服务贸易聚焦高端谋转型》，江苏省人民政府网站，2025 年 2 月 6 日，https：//www. jiangsu. gov. cn/art/2025/2/6/art_88302_11485976. html。

创区”的双轮驱动模式正在我国各大城市 CBD 迅速发展。其中，以深圳福田 CBD 的转型发展最为典型。

当前，人工智能技术已成为数字经济时代发展的新质生产力，驱动数字产业化纵深发展。从长期趋势来看，各行各业对掌握人工智能技术的专业人才需求正急剧增加。全国人工智能人才总缺口达 500 万人，在顶尖人工智能人才储备方面存在不足，人工智能复合型人才更加短缺。① 2024 年 4 月，由深圳市福田区科技创新局、深圳市智云数科技术有限公司、深圳华为云计算技术有限公司合作共建的华为（福田）人工智能人才培养基地揭牌。该人才培养基地致力于高精尖缺科技人才和高技能专家以及能工巧匠等人工智能专业人才的培养。福田区在推进数字产业化上布局已久，早在 2019 年，深圳市福田区人民政府就与华为云签订战略合作协议，成立华为云福田人工智能及软件开发云创新中心。通过技术赋能、联合创新、培育人才等方式赋能福田科创企业，推动人工智能、云计算、大数据等技术与福田区科创产业深度融合。在经过 2019～2023 年的成功运营后，华为云福田人工智能及软件开发云创新中心已成功赋能 176 家企业、9 个产业集群。

华为（福田）人工智能人才培养基地聚焦人工智能人才培养，打造深圳市人工智能人才培养示范标杆，与华为云福田创新中心强强联合，形成“科技赋能+人才培养”双轮驱动模式。华为云福田创新中心通过赋能产业链升级牵引人才需求，进而通过华为（福田）人工智能人才培养基地带动人才链升级，为产业发展提供高质量人才，为福田区产业高质量发展注入新动能。该人才培养基地还将通过重点孵化人工智能领域专项人才，为相关从业者和企业管理人员提供职业认证、开发者认证、高级研修班、产教融合服务等，为福田区产业构建完备的数字化人才培训/认证体系，满足产业链升级过程中的高质量人才需求。通过双平台联动，推动产业链、生态链、创新链、人才链 4 链协同发展，打好强链、补链“组合拳”，形成高质量、可持

① 《激活深圳 AI 引擎，华为（福田）人工智能人才培养基地正式揭牌》，中国日报网站，2024 年 4 月 26 日，https：//caijing. chinadaily. com. cn/a/202404/26/WS662b4a8ba3109f 7860ddb248. html。

续的生态链和人才链。

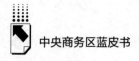

深圳福田 CBD 逐步转型科技商务区。2014 年，深圳证券交易所正式从罗湖搬迁至福田，带动行业相关机构集聚福田 CBD，进一步巩固其金融中心区地位，使之与北京金融街、上海陆家嘴成为公认的中国三大金融集聚地。2017 年，福田区出台全国首个区县级现代化产业体系中长期发展规划，首次明确“CBD+科创区”发展战略和“曼哈顿+硅谷”产业愿景。截至 2024 年，福田区已经形成新能源、智能终端产业、软件与信息服务产业 3 个千亿级新质产业集群。2024 年，福田区金融业增加值和增速居全市各区首位、规模以上工业产值增速和增加值增速居全市各区首位。①

如今，福田区集聚了一批新能源产业链高端环节领军企业和产业研究院，包括华为数字能源、中广核、西门子能源深圳创新中心、港华能源研究院等。其中，华为数字能源由华为 100%持股，注册资本达 30 亿元，其全年营业收入增速预计达 35%。中广核则是一家总部位于福田区的央企。福田区官方信息显示，2020~2024 年福田区软件和信息技术服务业营业收入年均增速达 18.4%，增长迅速。众多知名的互联网企业和相关服务机构选择在福田区设立总部或分支机构，如货拉拉科技、银雁科技、我买家等，涵盖互联网技术创新、数字内容、云计算等多个领域，形成较为完善的产业链和生态圈。

此外，河套深港科技创新合作区——粤港澳大湾区唯一以科技创新为主题的特色合作平台，由香港园区和深圳园区组成，其中深圳园区位于福田区。截至 2025 年 5 月，深圳园区已实质性推进和落地高端科研项目超 200 个，集聚科技企业 440 余家，累计 PCT 专利申请量超 1700 件，科研人员超 1.5 万人。深港合作项目也加速落地河套。香港科学园深圳分园是内地首个由港方运营、适用国际管理规则的科研空间，现已集聚超 50 家香港科创机构、企业。值得一提的是，2024 年 10 月 10 日，苹果公司应用研究实验室

---

① 《深圳福田“CBD+科创区”转型成效显现，2024 年规上工业产值增速全市第一》，界面新闻，2025 年 1 月 11 日，https://www.jiemian.com/article/12233881.html。

宣布在深圳园区正式建成。该实验室定位为苹果公司粤港澳大湾区研发中心，是苹果公司在美国本土外覆盖范围最广的实验室。

（七）新质信息服务生产力聚合信息科技产业链

信息服务是CBD的核心服务内容。作为人流、物流、资金流、数据流等信息的集中地、交流地、服务高地，随着战略性新兴产业和基于AI技术的现代服务业不断发展，新型产业资源及产业内部的技术经济联系为CBD聚合信息链条、加快信息科技产业发展提供了广阔的市场空间。CBD可以通过激活金融、文化、商务、科技等的全新消费需求，显著推进物联网、大数据、云计算、人工智能、虚拟现实等新一代产业技术创新发展，通过建立信息节点、服务链条和产业圈层，快速形成信息科技产业链。

重庆CBD包括解放碑、江北嘴、弹子石等区块。其中，解放碑CBD位于渝中区。为贯彻落实2022年推出的《重庆市软件和信息服务业“满天星”行动计划（2022—2025年）》①，2023年渝中区引育人才1.5万人、归集载体20.7万平方米、招引重点企业23家，7家企业纳入市级软信“北斗星”“启明星”培育库，软件业务收入突破360亿元。②

渝中区重点聚焦“1146”产业方向，大力发展工业软件、信息技术服务两个300亿级主导产业，数字内容、工业设计、区块链、信创4个特色优势产业，人工智能、智慧能源、元宇宙、数据服务、卫星互联网、金融科技6个高成长性未来产业，加快构建软件与信息技术产业集群，为产业高质量发展注入新动能。具体来看，在工业软件方向，渝中区将围绕助力全市构建“33618”先进制造业集群，以市级重点关键产业园（工业软件方向）等园区载体为支撑，发挥工业软件龙头及骨干企业引领带动作用，

① 《重庆市人民政府办公厅关于印发重庆市软件和信息服务业“满天星”行动计划（2022—2025年）的通知》，重庆市人民政府网站，2022年7月15日，https://www.cq.gov.cn/zwgk/zfxxgkml/szfwj/xzgfxwj/szfbgt/202207/t20220719_10934338.html。

② 《“1146”！渝中加速建设“重庆软件天地”打造软信产业集群体系“渝中样板”》，重庆市渝中区人民政府网站，2024年2月27日，https://www.cqyz.gov.cn/zwxx_229/yzyw/202402/t20240227_12963163.html。

重点布局 CAX、BIM 等研发设计类工业软件以及 MES、PLC 等生产控制类工业软件，创新发展工业互联网、工业 App。在信息技术服务方向，渝中区将充分发挥自身信息技术服务业先发优势，以总部城、上清寺互联网产业园、解放碑片区为主要集聚区，面向数字化、网络化、智能化应用需求，完善信息技术服务体系，提升重点行业和领域专业化信息技术服务能力。

在发展特色优势产业集群方面，渝中区将聚力打造数字内容产业、工业设计产业、区块链产业、信创产业四大特色优势产业集群，将特色优势产业的潜能转化为软件与信息技术服务业的发展优势。

数字内容产业集群以上清寺互联网产业园为重点发展区域，围绕数字内容创作、推广、内容衍生等环节，推动数字内容产业集链成群；工业设计产业集群以总部城为主承载区，构建“总部+”工业设计市区联动服务体系；区块链产业集群以重庆数字经济产业园为核心载体，持续完善区块链“底层技术—平台服务—产业应用”链条；信息技术应用创新产业集群擦亮专用信息设备应用示范重庆基地的“金字招牌”，发挥一批信息技术应用创新产业龙头企业引领带动作用，推动信息技术应用创新产业由基础软件、应用软件向全产业链延伸，加速构建信息技术应用创新产业集群。

江北嘴 CBD 于 2024 年 6 月出台《关于加快打造江北嘴中央商务区生产性服务业功能区的实施意见（2024—2027 年）（征求意见稿）》[①]，提出优先发展信息技术服务战略先导型产业集群，深入贯彻落实“满天星”行动计划，推动数字产业化发展、产业数字化转型，引育一批高成长性软件信息服务企业。

具体工作方案：聚焦重点细分领域，围绕西部数据交易中心、国家金融科技认证中心、“渝快办”运营中心“三大中心”，加快数据资产、数字内

① 《关于加快打造江北嘴中央商务区生产性服务业功能区的实施意见（2024—2027 年）（征求意见稿）》，重庆市江北区人民政府网站，2024 年 6 月 24 日，https：//www.cqjb.gov.cn/zwgk_190/zdjcgk/zdjcgk_468011/zjyjgg/202406/t20240624_13316471.html。

容、高端软件等产业集群化发展，加速大数据、区块链、物联网、工业互联网等新技术的服务化应用；围绕“人工智能+”行动计划，重点布局“AI+金融”“AI+制造”“AI+物流”“AI+交通”等行业，培育发展新质生产力，赋能实体经济快速发展。

推进数据资产市场化利用。聚焦数字产业化战略前沿，筑牢数字资产全产业链的发展底座，从数据采集、存储、处理、分析、流通、交易等环节构建完善的数据资产管理体系。依托西部数据交易中心，有针对性地引进培育数据服务商，构建完善的数据交易平台，探索数据流通交易的新模式新机制，推动数据资产高效流通。引导生产性服务企业应用数据、算法、算力等多元化技术，深度挖掘用户需求，深入应用数字技术，促进制造业全要素全过程服务增值。

探索数字内容专业化应用。引导数字内容产业向高端化、专业化发展，鼓励企业和机构加强数字视听、网络直播、电竞等新兴数字内容的研发和应用，优化数字内容产业链，提升产业核心竞争力。推动数字内容的产品化、服务化，大力发展专业化、个性化数据服务，促进数据、技术、场景深度融合。鼓励生产性服务企业创新数字内容的开发利用模式，在确保数据安全、保障用户隐私的前提下，调动行业协会、科研院所等参与数据价值开发。

（八）新质楼宇经济生产力优化高端前沿产业链

CBD起源于商业商贸商务集聚区，定位于高精尖服务业等高端产业办公区，表现为楼宇经济发达。楼宇经济是CBD的典型经济形态，通过区域产业规划和立体空间布局，集聚大批国内外先进制造业、战略性新兴产业、现代服务业等前沿产业，客观上形成了产业园区和产业市场。从“块状经济”到“柱状经济”，CBD楼宇经济正在现代制造业和现代服务业融合发展、信息化工业化两化融合以及人工智能、信息技术等迭代的背景下，呈现“空间+产业+运营”融合发展、叠加式垂直产业园、高密度高产出高效率等新特征。

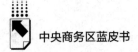

同时，新质生产力推动 CBD 形成新的产业生态。产业链、创新链、资金链的深度融合，催生“科技+金融”“科技+商务”“科技+文化”等跨界融合的新模式。这种融合不仅拓展了 CBD 的楼宇产业边界，还提升了产业协同效率，形成了更具竞争力的产业楼宇集群。

2022 年 1 月，苏州提出数字经济时代产业创新集群，推出“苏州楼宇经济十条”新政，着手打造苏州产业楼宇品牌，针对楼宇品质开发、楼宇运营提升、楼宇企业培育、楼宇产业招引、专业特色楼宇打造、存量楼宇改造、亿元楼宇培育、楼宇监测评价、政务服务优化、楼宇党建引领等 10 个方面推出支持举措，苏州楼宇经济正从单纯提供办公“空间”的 1.0 阶段、“空间+配套+服务”的 2.0 阶段迈上“空间+产业+运营”融合的 3.0 阶段。2023 年 3 月，苏州正式发布《关于促进楼宇经济高质量发展的推进方案》，“苏城产业楼宇通”数据平台上线，推出苏州产业楼宇大数据、城市楼宇地图、楼宇企业大数据、楼宇企业高级搜索等应用功能，努力增强楼宇经济对产业创新集群融合发展的支撑作用。①

苏州金鸡湖商务区重点打造产业新引擎，重点围绕数字经济、科创服务、智能创新三大方向，构建“数字经济转型示范区+生产性服务业集聚区+新兴产业功能性总部样板区”的产业楼宇形态。2024 年，金鸡湖商务区楼宇经济呈现产业集聚度高、生态布局完善等特点。截至 2024 年 8 月，金鸡湖商务区共拥有商务楼宇 98 幢，集聚了持牌金融机构近 190 家，入驻了苏州 90%的银行分行、70%的保险分公司以及近 200 家高端专业服务机构。2024 年 8 月，金鸡湖商务区获评“2024 活力中央商务区”“2024 楼宇经济创新实践基地”两大奖项。②

金鸡湖商务区所在的苏州工业园区是中国和新加坡两国政府间旗舰型合

---

① 《苏州聚力做强产业楼宇，折射了中国产业转型升级哪些风向标?》，澎湃新闻，2023 年 3 月 30 日，https://www.thepaper.cn/newsDetail_forward_22508306。

② 《苏州工业园区斩获中国楼宇经济峰会两项大奖》，苏州市人民政府网站，2024 年 8 月 29 日，https://www.suzhou.gov.cn/szsrmzf/qxkx/202408/7b87d6aebd9b46689368a363372519a8.shtml。

作项目，经过多年发展，已成为全国开放程度最高、发展质效最好、创新活力最强、营商环境最优的区域之一，在国家级经开区综合考评中实现“八连冠”。作为苏州楼宇经济发展的“排头兵”，园区有各类商务楼宇150余幢，是国内重要的楼宇经济集聚区之一。

2024年，苏州高新区入选“中国楼宇经济现代总部示范城区”，狮山商务创新区获评“中国商务区综合竞争力20强”，这是苏州高新区首次荣获国家级楼宇经济高质量发展认证。近年来，苏州高新区以楼招商、以楼聚企、以企促楼，坚持楼宇特色化的功能定位，走差异化、特色化、集聚化发展之路，加速构建特色楼宇经济生态圈。高新区人才广场（苏州高新区人力资源服务产业园核心区）是苏州高新区经济转型升级、实施人才战略的重要载体，该楼宇持续打造“上下楼就是上下游，产业园就是产业链”的共赢发展模式，园内汇聚了国内外知名的人力资源机构55家，其中江苏省人力资源服务骨干企业有11家。2023年，苏州高新区服务企业5.4万家次，服务人员321万人次，发展势头强劲。2024年5月启用的太湖光电产业园，聚焦激光制造、光子领域核心器件、智能装备测试服务平台等领域，是适合光子产业链相关公司落户的生产研发型园区，吸引了中国电研、昆仑精密、长进微电子等高成长性科技企业入驻。苏州高新区加快推进特色楼宇培育，形成“一楼一档”楼宇数据库，精准开展“链式”招商，聚焦重点产业和高端要素，招大引强、培优育强，苏州肯德基总部、西门子电气产品中国及东亚总部、中建国际总部等总部项目相继落户，打造高新区都市圈的核心增长极。①

三　中央商务区新质生产力发展效应分析

CBD新质生产力的分析聚焦在以科技创新为核心驱动力，以数字化、

---

① 《苏州高新区（虎丘区）宣传部：寸土生金！高新区楼宇经济“拔节生长”》，苏州高新区管委会网站，2024年12月16日，http：//www.snd.gov.cn/hqqrmzf/tpxw/202412/90ec7c05e692412dab86f31c17231ee2.shtml。

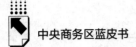

网络化、智能化为特征，以高端化、智能化、绿色化为方向的新质生产力形态。

本报告在2018~2024年《中央商务区产业发展报告》的基础上，以新质生产力优化城市产业链为主题，跟踪分析我国典型CBD发展大数据支撑体系，包括综合发展效应、区域辐射效应、楼宇经济效应和营商环境效应，以此分析我国各地CBD新质生产力优化城市产业链的概况。

本报告共选取13个典型城市CBD样本①，分别为北京CBD、上海陆家嘴CBD、广州天河CBD、深圳福田CBD、天津滨海新区CBD、重庆解放碑CBD、西安长安路CBD、武汉王家墩CBD、杭州武林CBD、南京河西CBD、成都锦江CBD、长沙芙蓉CBD、沈阳金融商贸CBD，并进行CBD发展特色分析、一般规律概括和动态发展特征提炼。

下文中提到的一线城市，均包括北京、上海、广州、深圳4个城市，其余样本为新一线城市，划分依据来自第一财经·新一线城市研究所发布的报告。②

（一）综合发展效应分析

CBD综合发展效应分析，全面考虑了新质生产力对CBD经济社会发展变革产生的五大方面效应，即经济发展效应、经济驱动效应、科技创新效应、社会发展效应和区域辐射效应，对应5个一级指标和22个二级指标。

本报告采用熵值法进行计算，分别对2021~2023年13个典型城市CBD综合发展效应及五大分效应进行测算，结果如表1和图2所示。

---

① 本报告研究对象为各城市CBD。因统计口径不同，数据分析范围为CBD所在城区。如无特殊说明，采用区级数据和城市级数据进行指标计算，时间为2021~2023年。

② 本报告对一线城市与新一线城市的划分参照第一财经·新一线城市研究所的划分标准，详见《2024新一线城市魅力排行榜发布！成都，榜首！》，成都市人民政府网站，2024年5月30日，https://www.chengdu.gov.cn/edsrmzf/c169603/202405/30/content_651de25aa725413c96198532daeb709d.shtml。

表 1　2021~2023 年 13 个典型城市 CBD 综合发展效应

年份	CBD	经济发展效应	经济驱动效应	科技创新效应	社会发展效应	区域辐射效应	综合发展效应
2023	北京 CBD	10.227	10.220	10.692	10.076	16.593	57.808
	上海陆家嘴 CBD	11.312	12.319	10.447	10.182	16.923	61.183
	广州天河 CBD	10.398	10.242	9.676	10.385	16.488	57.189
	深圳福田 CBD	10.528	11.021	9.612	10.503	16.275	57.939
	天津滨海新区 CBD	10.766	9.634	9.543	9.876	15.992	55.811
	西安长安路 CBD	9.749	9.355	11.927	10.046	15.316	56.393
	重庆解放碑 CBD	9.896	9.472	9.954	10.041	15.945	55.308
	杭州武林 CBD	9.473	9.991	10.164	9.602	15.726	54.956
	武汉王家墩 CBD	9.836	9.499	10.393	9.842	15.757	55.327
	成都锦江 CBD	9.377	9.551	9.102	9.805	15.973	53.808
	南京河西 CBD	9.469	9.670	9.036	9.993	15.576	53.744
	沈阳金融商贸 CBD	9.412	9.434	9.883	9.938	15.221	53.888
	长沙芙蓉 CBD	9.557	9.591	9.570	9.711	15.305	53.734
2022	北京 CBD	10.211	10.446	10.579	10.088	16.893	58.217
	上海陆家嘴 CBD	11.327	12.059	10.153	9.853	16.992	60.384
	广州天河 CBD	10.404	10.288	9.844	10.504	16.305	57.345
	深圳福田 CBD	10.419	11.103	9.472	10.655	16.303	57.952
	天津滨海新区 CBD	10.757	9.825	9.506	9.867	16.265	56.220
	西安长安路 CBD	9.777	9.283	11.579	10.277	15.670	56.586
	重庆解放碑 CBD	9.899	9.421	9.020	10.125	15.934	54.399
	杭州武林 CBD	9.493	9.930	10.261	9.493	15.902	55.079
	武汉王家墩 CBD	9.848	9.542	11.859	9.774	15.943	56.966
	成都锦江 CBD	9.361	9.532	9.190	9.807	16.102	53.992
	南京河西 CBD	9.483	9.623	9.122	9.929	15.423	53.580
	沈阳金融商贸 CBD	9.444	9.385	9.732	9.863	15.575	53.999
	长沙芙蓉 CBD	9.577	9.563	9.682	9.765	15.325	53.912
2021	北京 CBD	10.249	10.401	10.636	9.906	16.832	58.024
	上海陆家嘴 CBD	11.306	12.213	10.090	10.450	17.061	61.120
	广州天河 CBD	10.395	10.260	9.581	11.176	16.277	57.689
	深圳福田 CBD	10.514	10.965	9.353	10.264	16.306	57.402
	天津滨海新区 CBD	10.772	9.795	9.495	10.074	16.346	56.482
	西安长安路 CBD	9.776	9.253	11.602	9.848	15.632	56.111
	重庆解放碑 CBD	9.906	9.365	10.080	9.628	16.135	55.114

续表

年份	CBD	经济发展效应	经济驱动效应	科技创新效应	社会发展效应	区域辐射效应	综合发展效应
2021	杭州武林 CBD	9.457	9.911	10.201	9.253	15.939	54.761
	武汉王家墩 CBD	9.826	9.714	11.670	10.187	15.942	57.339
	成都锦江 CBD	9.339	9.671	9.027	9.940	16.114	54.091
	南京河西 CBD	9.494	9.601	9.062	9.979	15.431	53.567
	沈阳金融商贸 CBD	9.404	9.345	9.625	9.816	15.514	53.704
	长沙芙蓉 CBD	9.564	9.506	9.578	9.471	15.328	53.447

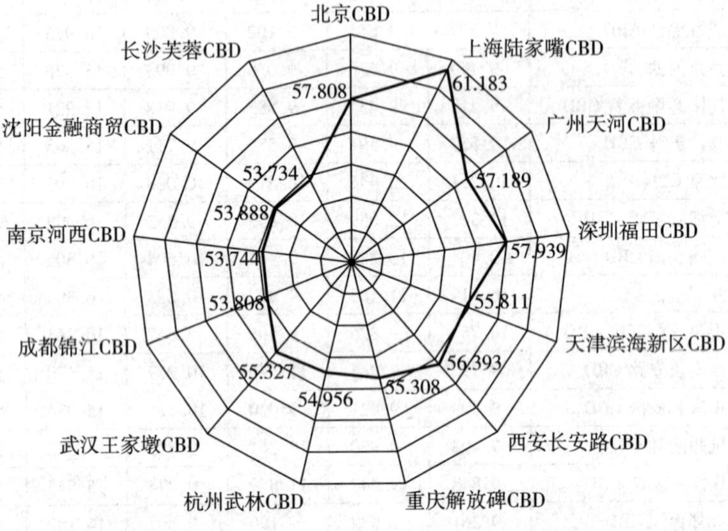

图 2　2023 年 13 个典型城市 CBD 综合发展效应

1. 近年来各城市 CBD 新质生产力优化产业链的作用有较大差异，一线城市 CBD 和新一线城市 CBD 之间的综合发展效应差别较大

一是城市发展阵列综合发展效应差异凸显、走势相反。数据显示，一方面，一线城市 CBD 综合发展效应均高于新一线城市 CBD。另一方面，一线城市 CBD 综合发展效应均值从 2022 年的 58.474 上升到 2023 年的 58.530，增幅为 0.096%，呈小幅提升态势；新一线城市 CBD 综合发展效

应均值从 54.970 下降到 54.774，降幅为 0.357%，呈小幅下降趋势。这表明，一线城市由于具有经济基础坚实、市场空间广阔、信息技术发达、科技创新快速、新质资源丰富等优点，可以快速推进新质生产力培育，以优化产业链；但新一线城市的发展优势相对较小、内部发展差异较大，且产业链布局和区域资源要素日益向北京、上海、广州、深圳等城市倾斜，因而新质效应不够凸显。

二是城市 CBD 梯队内部综合发展效应差异不断扩大。以一线城市 CBD 为例，从绝对值来看，上海陆家嘴 CBD 领衔一线城市 CBD；从增加值来看，上海陆家嘴 CBD 综合发展效应波动增长，北京 CBD 综合发展效应保持稳定，广州天河 CBD 综合发展效应小幅下滑，深圳福田 CBD 综合发展效应整体有所上升。

对城市发展动态进行分析，上海定位于国际经济中心、金融中心、贸易中心、航运中心和科技创新中心，领衔长三角都市圈经济发展，产业集聚效应推动新质生产力不断发展；北京定位于国际政治中心、文化中心、国际交往中心和科技创新中心；广州定位于国家重要的中心城市、国际商贸中心和国际综合交通枢纽，通过发展新质生产力提升产业链；深圳作为现代工业城市，其科技资源、人力资源、市场资源等较为丰富，后发优势较强，新质生产力对城市产业链的提质作用不断增强。

2. 在一线城市 CBD 中，上海、北京、深圳、广州的 CBD 新质生产力发展相对稳定，在新一线城市 CBD 中，西安、重庆、武汉、天津、杭州的 CBD 产业链向好发展

一线城市 CBD 新质生产力优化城市产业链特色鲜明。上海陆家嘴 CBD 新质生产力赋能产业链优化。陆家嘴金融城汇聚了全球顶尖金融机构，为产业链升级提供充足的资金支持，同时周边张江科学城的研发能力（如芯片、生物医药）与陆家嘴的资本、市场优势联动，推动形成“研发—转化—产业化”闭环。

北京 CBD 主要发挥国际高端服务业集聚的优势，结合千亿级商圈，不断催生数字化商务、金融、消费新业态，促进服务业制造业融合创新发展。

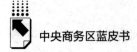

2025年，北京CBD所在朝阳区继续服务国家实验室体系建设、深化数字经济核心区建设，推动大模型应用落地，提升北京国际大数据交易所能级。

深圳福田CBD正在转型科技商务区。河套深港科技创新合作区作为“一区两园”（河套深港科技创新合作区深圳园区、香港园区）跨境协同的试验田，已建成以重点实验室、新型研发机构、企业技术中心为引领，以中试基地为基础的全链条创新生态。2024年，深圳福田CBD新增新能源、智能终端、软件与信息服务业三大千亿级新质产业集群，城市产业链进一步优化。

广州天河CBD沉淀千年商贸基因，天河区紧密衔接广州建设“12218”现代化产业体系战略，以科技创新为引领，现代服务业优势突出，已经形成金融业、新一代信息技术、高端专业服务业三大千亿级产业集群，商品销售总额已超万亿元。

整体来看，新一线城市正处于新质生产力发展的关键期。西安长安路CBD科学技术创新驱动新质生产力发展效果显著，产业链布局逐渐优化，产业链和创新链融合程度较高，有力推动经济社会发展。天津滨海新区CBD、武汉王家墩CBD和重庆解放碑CBD等地新质生产力的支撑作用逐渐增强。杭州武林CBD推动数字技术加快与商贸服务业渗透、融合，对城市产业链的升级产生了深刻影响，新质生产力实现快速发展。

3. 13个典型城市CBD新质生产力发展方向各有侧重

对经济发展效应、经济驱动效应、科技创新效应、社会发展效应①数据进行分析。北京CBD在加快培育新质生产力的过程中，其产生的科技创新效应最为明显，即北京CBD新质生产力赋能产业链在推动科技创新上具有显著效果。上海陆家嘴CBD和深圳福田CBD的新质生产力更多体现在经济驱动效应上。广州天河CBD新质生产力对产业链的作用则直接体现在经济发展效应上。

① 本报告单独对区域辐射效应进行分析，此处只分析其余四方面效应的情况。

（二）区域辐射效应分析

区域辐射效应是衡量 CBD 新质生产力发展程度和辐射范围的重要指标。本报告把 CBD 区域辐射效应分为辐射能力效应、辐射行动效应和辐射绩效效应 3 个一级指标进行具体测算，结果如图 3 所示。

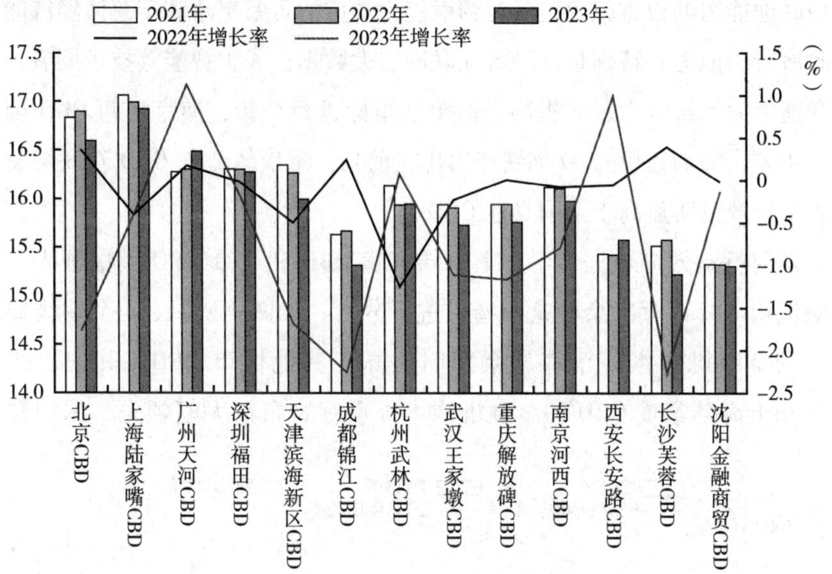

图 3　2021~2023 年 13 个典型城市 CBD 区域辐射效应及增长率

1. 综合分析发现，13个典型城市 CBD 区域辐射效应呈现分层发展态势

4 个一线城市 CBD 构成第一阵列，上海陆家嘴 CBD 区域辐射效应领先；6 个新一线城市 CBD 构成第二阵列，分别是杭州武林 CBD、天津滨海新区 CBD、南京河西 CBD、武汉王家墩 CBD、重庆解放碑 CBD 和西安长安路 CBD；成都锦江 CBD、长沙芙蓉 CBD 和沈阳金融商贸 CBD 组成第三阵列。

数据测算结果表明，区域辐射效应与 CBD 经济基础、市场规模、科技资源和区域联通能力密切相关。上海、北京、广州、深圳均为区域中心城市，各自形成长三角、京津冀和粤港澳大湾区等辐射区域，因此区域辐射效

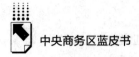

应显著。杭州等省会城市辐射半径还需提升。

2. 各典型城市 CBD 区域辐射效应存在差别

上海陆家嘴 CBD、广州天河 CBD 区域辐射效应突出，北京、深圳、天津、南京等地 CBD 区域辐射效应总体较强。

从区域辐射效应的二级指标来看，13 个典型城市 CBD 区域创新能力和区域联通能力的权重较大，其对辐射能力效应的贡献率略高于总体经济能力和政府行为能力。特别是，随着互联网、大数据、人工智能等技术发展，区域联通能力的影响力逐年提高。对单项指标进行分析，南京河西 CBD 创新投入领先，深圳福田 CBD 创新产出排在前列，重庆解放碑 CBD 互联网宽带接入用户数量明显高于全国其他 CBD。

辐射行动效应数据显示，上海陆家嘴 CBD 和北京 CBD 大幅领先。对金融机构本外币存款余额这一指标进行分析，如图 4 所示，4 个一线城市 CBD 的金融机构本外币存款余额明显高于其他城市 CBD。其中，北京 CBD 和上海陆家嘴 CBD 的金融机构本外币存款余额大幅领先，深圳福田

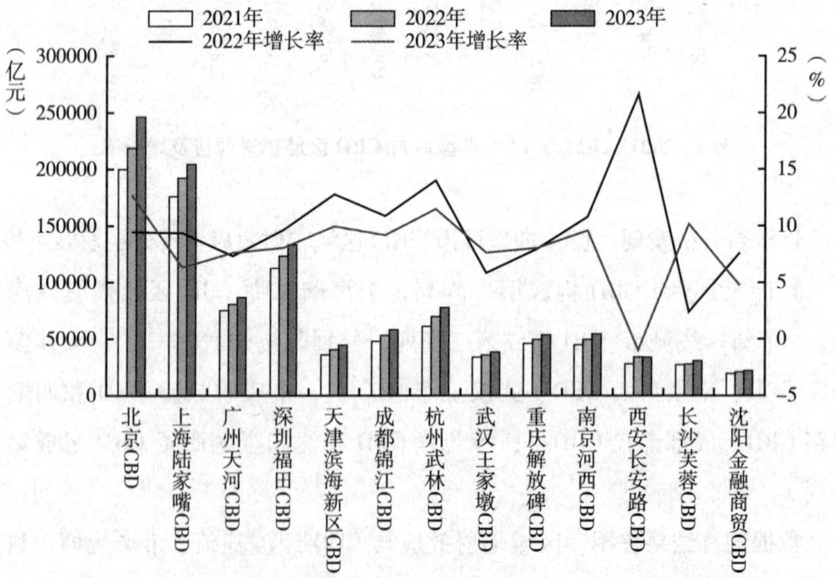

图 4　2021～2023 年 13 个典型城市 CBD 金融机构本外币存款余额及增长率

CBD 的金融机构本外币存款余额紧随其后。从增幅来看，2023 年北京 CBD、杭州武林 CBD 和长沙芙蓉 CBD 的金融机构本外币存款余额增幅较大，增长率分别为 12.72%、11.49%和 10.16%。数据表明，在我国各城市 CBD 大力发展新质生产力、优化城市产业链的过程中，银行业总体呈现稳中向好的态势，金融机构本外币存款余额不断增加，为经济发展提供稳定的资金来源。

（三）楼宇经济效应分析

楼宇经济是 CBD 新质生产力发展的重要经济形态。作为城市经济的关键组成部分，CBD 楼宇经济不仅是土地集约利用的成功典范，更是推动现代服务业集聚、实现城市功能升级的核心力量。因此，构建科学的楼宇经济效应指标具有重要意义。本报告把楼宇经济效应分为地区经济效应、楼宇运营效应、企业入驻效应、创新生态效应 4 个一级指标和 16 个二级指标，用熵值法进行测算，数据测算结果如表 2 所示。

表 2　2021~2023 年 13 个典型城市 CBD 楼宇经济效应

年份	CBD	地区经济效应	楼宇运营效应	企业入驻效应	创新生态效应	楼宇经济效应
2023	北京 CBD	12.255	15.891	3.665	4.962	36.772
	上海陆家嘴 CBD	24.401	10.900	8.579	4.080	47.959
	广州天河 CBD	14.023	6.424	3.863	3.007	27.317
	深圳福田 CBD	8.504	8.725	20.977	2.731	40.937
	天津滨海新区 CBD	11.320	4.027	5.912	1.710	22.969
	成都市锦江 CBD	1.528	4.469	4.478	8.771	19.247
	杭州武林 CBD	2.752	5.924	1.714	9.110	19.500
	武汉王家墩 CBD	8.528	2.112	5.791	10.085	26.516
	重庆市解放碑 CBD	2.807	4.846	14.337	9.701	31.692
	南京河西 CBD	2.450	4.042	1.314	10.635	18.442
	西安长安路 CBD	0.761	2.045	5.048	5.723	13.577
	沈阳金融商贸 CBD	3.649	2.568	4.169	9.256	19.641
	长沙芙蓉 CBD	1.671	1.427	4.449	8.046	15.593

续表

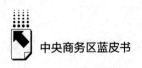

年份	CBD	地区经济效应	楼宇运营效应	企业入驻效应	创新生态效应	楼宇经济效应
2022	北京 CBD	11. 546	14. 349	3. 863	5. 534	35. 292
	上海陆家嘴 CBD	22. 212	11. 884	7. 185	4. 297	45. 578
	广州天河 CBD	12. 959	6. 118	3. 394	3. 725	26. 197
	深圳福田 CBD	7. 876	10. 746	21. 259	2. 262	42. 143
	天津滨海新区 CBD	10. 602	3. 478	3. 634	2. 281	19. 995
	成都市锦江 CBD	1. 168	3. 435	4. 241	8. 848	17. 691
	杭州武林 CBD	2. 865	5. 271	2. 079	8. 129	18. 344
	武汉王家墩 CBD	7. 957	2. 428	6. 744	10. 440	27. 568
	重庆市解放碑 CBD	2. 526	5. 080	9. 365	10. 505	27. 475
	南京河西 CBD	2. 238	3. 689	1. 202	11. 456	18. 585
	西安长安路 CBD	0. 670	1. 740	3. 972	5. 751	12. 132
	沈阳金融商贸 CBD	3. 117	2. 084	2. 994	8. 902	17. 097
	长沙芙蓉 CBD	1. 491	2. 179	4. 115	7. 225	15. 010
2021	北京 CBD	11. 751	10. 642	4. 151	5. 362	31. 906
	上海陆家嘴 CBD	21. 380	13. 149	7. 409	5. 691	47. 628
	广州天河 CBD	11. 391	7. 680	3. 755	4. 455	27. 281
	深圳福田 CBD	7. 916	8. 271	19. 296	2. 454	37. 937
	天津滨海新区 CBD	10. 543	4. 065	5. 835	2. 350	22. 793
	成都市锦江 CBD	1. 049	4. 290	4. 661	8. 736	18. 737
	杭州武林 CBD	2. 779	5. 590	2. 443	8. 368	19. 180
	武汉王家墩 CBD	8. 268	2. 793	5. 433	10. 367	26. 861
	重庆市解放碑 CBD	2. 396	5. 246	10. 406	9. 394	27. 442
	南京河西 CBD	2. 081	3. 938	1. 237	11. 689	18. 944
	西安长安路 CBD	0. 661	1. 446	4. 375	13. 524	20. 005
	沈阳金融商贸 CBD	3. 279	2. 568	2. 935	8. 771	17. 553
	长沙芙蓉 CBD	1. 340	1. 529	4. 157	7. 487	14. 514

1. 近年来各城市 CBD 楼宇经济发展回升向好，新质生产力效果初显

整体来看，13 个典型城市 CBD 楼宇经济发展回升向好，各城市 CBD 楼宇经济效应从 2021 年的 25. 445 上升到 2023 年的 26. 166，增长幅度为 2. 834%。2023 年 13 个典型城市 CBD 楼宇经济效应构成如图 5 所示。

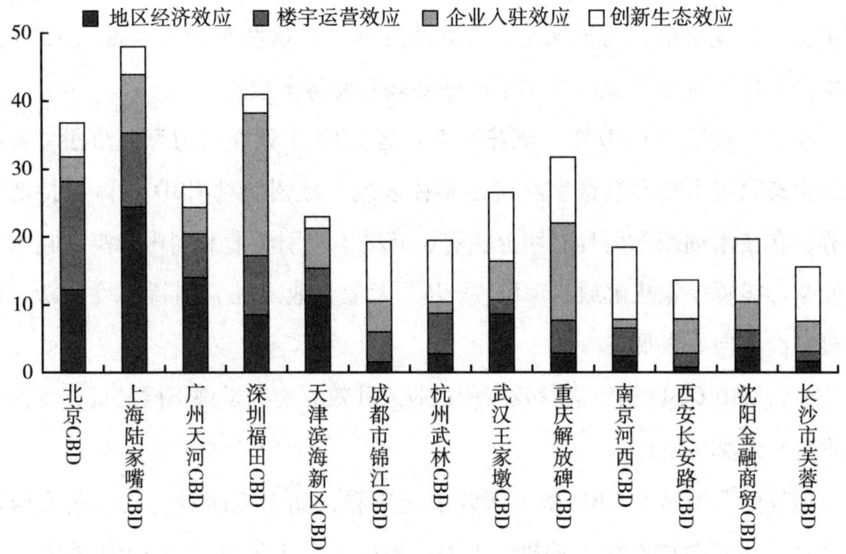

图 5　2023 年 13 个典型城市 CBD 楼宇经济效应构成

一线城市 CBD 楼宇经济稳中有进，楼宇经济效应均值从 2021 年的 36.188 上升到 2023 年的 38.246，增长幅度为 5.687%，3C（计算机类、通信类、消费类电子产品）快速发展，都市工业、生产性服务业、芯片和人工智能等高端产业生态不断涌现，从“块状经济”到“柱状经济”，从人工智能到 AI 大模型，商务服务、科技创新“双轮驱动”的 CBD 发展模式不断更新，楼宇经济新质生产力优化城市产业链作用明显。

新一线城市 CBD 楼宇经济效应均值从 2021 年的 20.670 上升到 2023 年的 20.797，增长幅度为 0.614%，绝对值和增量均小于一线城市 CBD。

2. 各城市 CBD 楼宇经济新质生产力发展呈现不同特点

在一线城市 CBD 中，上海陆家嘴 CBD 和北京 CBD 楼宇经济效应均实现较快增长。上海陆家嘴 CBD 楼宇经济新质生产力发展得益于其高附加值产业集聚、政府与市场共同推动。北京 CBD 吸引了大量国内外企业和机构入驻，形成产业磁吸效应。广州天河 CBD 楼宇经济效应小幅上升，深圳福田 CBD 则明显提升。福田区税收超亿元楼宇达 125 栋。

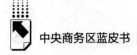

一线城市 CBD 楼宇经济发展水平持续上升，主要得益于政策支持、区位优势、产业集聚、创新驱动、服务业发展等，这些都为一线城市 CBD 新质生产力优化城市产业链提供了良好基础和发展平台。

在新一线城市 CBD 中，天津滨海新区 CBD 正处在潜力释放阶段，提高创新生态效应可提升其楼宇经济的整体表现。杭州武林 CBD 总体保持增长态势，在技术创新方面具有明显优势，有助于吸引企业和国内外高新技术与天使基金投资。重庆解放碑 CBD 吸引了大量企业入驻、创新环境活跃，推动楼宇经济向好发展。

3. 各城市 CBD 楼宇运营效应和企业入驻效应情况呈现不同特征，受区域新质生产力影响较大

从我国典型城市 CBD 楼宇运营情况来看，如图 6 所示，我国典型城市 CBD 楼宇运营效应有显著差别。2021~2023 年，上海陆家嘴 CBD 楼宇运营效应有所下降。上海陆家嘴金融城管理局发布了“楼宇倍增陆九条”，旨在从楼宇运营支持、企业落地服务、楼宇软实力提升等九大方面全面推进楼宇

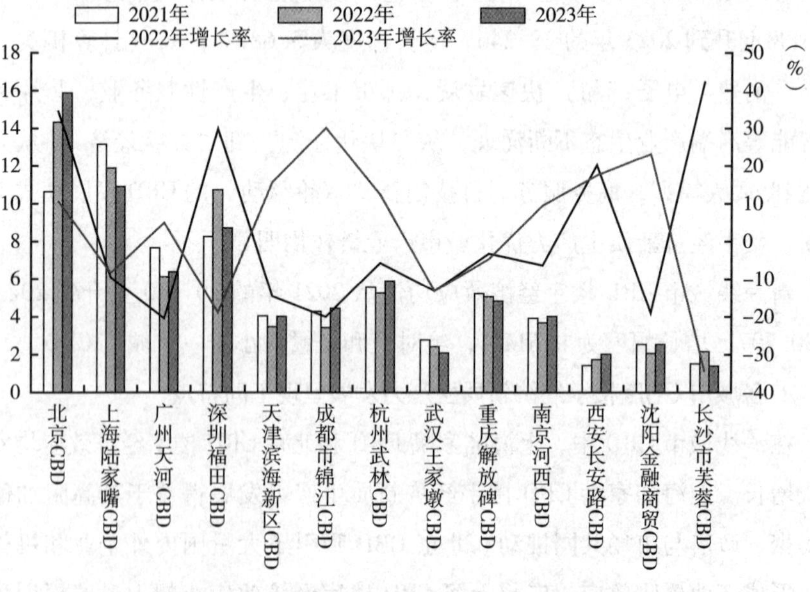

图 6　2021~2023 年 13 个典型城市 CBD 楼宇运营效应及增长率

经济高质量发展，推动未来楼宇经济倍增。北京 CBD 楼宇运营效应逐年增长，从 2021 年的 10.642 增长到 2023 年的 15.891。北京 CBD 核心区 Z3、Z4、Z6 项目封顶，公共绿地广场亮相，新入驻北京国际商事仲裁中心实体平台、香港国际仲裁中心北京代表处，沙特公共投资基金等中东主权财富基金加速进驻，穆巴达拉咨询公司选址落地，总部经济、高端商务、法律服务等新业态集聚发展。北京正在建设 CBD 国际金融集聚区，打造国际主权财富基金港，新质生产力发展成效显著。

从各城市 CBD 企业入驻效应来看，如图 7 所示，深圳福田 CBD 一直居于高位且保持相对稳定；重庆解放碑 CBD 企业入驻效应快速提升。上海、天津、武汉等地 CBD 受新质生产力发展影响，近年来企业入驻效应波动幅度较大。

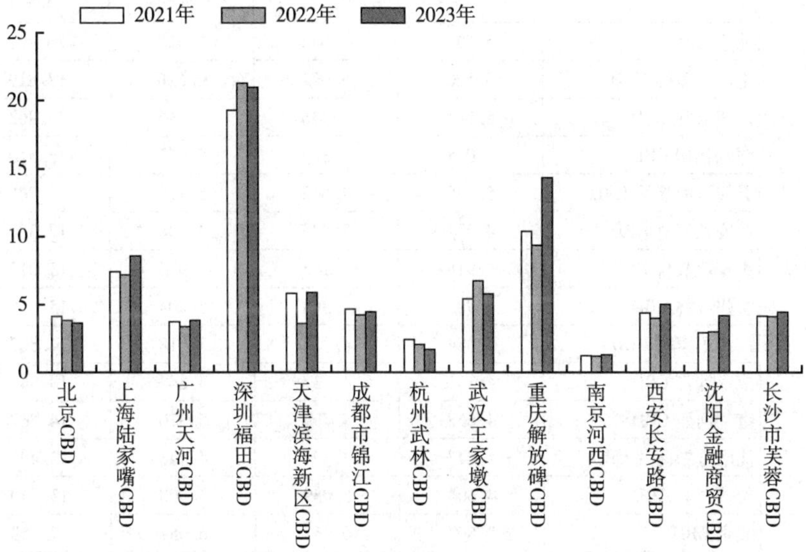

图 7　2021~2023 年 13 个典型城市 CBD 企业入驻效应

（四）营商环境效应分析

优化营商环境是新质生产力优化城市产业链的必要条件。营商环境的优

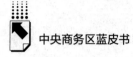

化，可以增强市场活力、提升企业创新能力、为国内外投资和企业入驻提供广阔的空间。CBD 作为城市商业核心，更需要稳定、公平与透明的营商环境。

结合 2020 年实施的《优化营商环境条例》和《世界银行营商环境成熟度方法论手册》对营商环境的定义，本报告延续多年研究思路，把营商环境效应分为经济与产业结构环境效应、人口与生活环境效应以及商业运作环境效应，使用熵值法对 13 个典型城市 CBD 数据进行计算，结果见表 3。

表 3　2021～2023 年 13 个典型城市 CBD 营商环境效应

年份	CBD	经济与产业结构环境效应	人口与生活环境效应	商业运作环境效应	营商环境效应
2023	北京 CBD	5. 594	5. 680	5. 428	16. 702
	上海陆家嘴 CBD	5. 520	5. 672	6. 626	17. 819
	广州天河 CBD	5. 681	5. 336	4. 846	15. 863
	深圳福田 CBD	6. 088	5. 369	5. 052	16. 510
	天津滨海新区 CBD	5. 135	4. 642	5. 128	14. 905
	西安长安路 CBD	4. 272	3. 773	4. 336	12. 380
	重庆解放碑 CBD	4. 918	5. 105	4. 994	15. 017
	杭州武林 CBD	4. 908	5. 368	5. 204	15. 479
	武汉王家墩 CBD	5. 084	4. 766	5. 018	14. 867
	成都锦江 CBD	4. 361	4. 737	4. 844	13. 942
	南京河西 CBD	4. 658	4. 799	5. 310	14. 767
	沈阳金融商贸 CBD	4. 347	4. 696	4. 448	13. 491
	长沙芙蓉 CBD	4. 604	5. 059	4. 008	13. 670
2022	北京 CBD	5. 507	6. 063	6. 057	17. 659
	上海陆家嘴 CBD	5. 537	5. 495	6. 486	17. 558
	广州天河 CBD	5. 905	5. 038	4. 783	15. 899
	深圳福田 CBD	5. 995	5. 428	5. 088	16. 438
	天津滨海新区 CBD	5. 140	4. 348	5. 040	14. 559
	西安长安路 CBD	4. 285	4. 669	4. 240	13. 134
	重庆解放碑 CBD	4. 841	4. 854	4. 908	14. 614
	杭州武林 CBD	4. 866	4. 995	5. 076	14. 952

续表

年份	CBD	经济与产业结构环境效应	人口与生活环境效应	商业运作环境效应	营商环境效应
2022	武汉王家墩 CBD	5. 031	4. 592	4. 884	14. 473
	成都锦江 CBD	4. 450	4. 823	4. 970	14. 192
	南京河西 CBD	4. 460	4. 957	5. 243	14. 620
	沈阳金融商贸 CBD	4. 360	4. 563	4. 174	13. 088
	长沙芙蓉 CBD	4. 624	5. 175	3. 983	13. 745
2021	北京 CBD	5. 526	6. 054	5. 887	17. 507
	上海陆家嘴 CBD	4. 825	5. 450	6. 486	17. 449
	广州天河 CBD	5. 608	5. 309	4. 770	15. 831
	深圳福田 CBD	5. 986	5. 314	4. 859	16. 181
	天津滨海新区 CBD	5. 628	4. 405	5. 110	14. 749
	西安长安路 CBD	4. 411	4. 574	4. 195	13. 023
	重庆解放碑 CBD	4. 810	4. 892	4. 979	14. 710
	杭州武林 CBD	4. 923	4. 975	5. 063	14. 976
	武汉王家墩 CBD	4. 936	4. 600	4. 980	14. 557
	成都锦江 CBD	4. 459	4. 835	4. 856	14. 097
	南京河西 CBD	4. 907	4. 925	5. 261	14. 815
	沈阳金融商贸 CBD	4. 337	4. 512	4. 415	13. 227
	长沙芙蓉 CBD	4. 645	5. 157	3. 969	13. 707

1. 一线城市 CBD 营商环境效应较高

数据显示，2021~2023 年一线城市 CBD 营商环境效应显著高于其他城市 CBD。2023 年上海陆家嘴 CBD 营商环境优势明显，人力资本雄厚、融资环境便利；北京 CBD 依托其国际政治中心、文化中心、国际交往中心和科技创新中心发展定位，教育科技人才资源丰富；深圳福田 CBD 经济与产业结构环境效应领先，良好的产业结构和科技创新环境为新质劳动对象高效利用奠定了坚实基础；广州天河 CBD 与深圳、香港同处粤港澳大湾区，但营商环境发展相对稳定。

在新一线城市 CBD 中，天津滨海新区 CBD、杭州武林 CBD、重庆解放碑 CBD、武汉王家墩 CBD 营商环境发展较好。杭州武林 CBD 数字经济发展良好，民营资本、人力资本雄厚与城市硬件设施良好，助力新质生产力发展。新一线城市 CBD 营商环境效应与一线城市 CBD 还有一定的距离，需注意加强科技创新、服务贸易等，不断促进新质生产力发展。

2. 各城市 CBD 营商环境特色鲜明

经济发展与产业结构环境指标数据显示，深圳福田 CBD 产业结构合理、科技创新氛围浓郁，能够很好地利用新质劳动对象提升新质生产力以优化城市产业链。广州天河 CBD 经济发展水平、产业结构合理性和技术要素市场发育程度均较高。

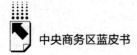

上海陆家嘴 CBD 经济发展水平显著高于其他城市 CBD，国际金融、法律、会计、人力资源、知识产权、管理咨询、地产经纪、检验检测、征信评级、建筑设计、仲裁等智力密集型、专业服务型产业引领发展，探索综合金融服务创新模式、用好多层次资本市场功能、优化科技金融服务环境、加强跨境金融创新、畅通各类沟通渠道等。北京 CBD 则通过“政府顶层设计+市场化专业化运营管理+链主企业及产业集群带动”的创新模式，结合首都独特的优势地位，正逐步形成“耐心资本北京模式”。

在新一线城市 CBD 中，天津滨海新区 CBD 经济总体规模较大、人均生产效率和科技创新潜力较大。武汉王家墩 CBD 产业结构较为合理。

人口与生活环境效应数据显示，北京 CBD 各项指标，尤其在常住人口、城镇居民人均可支配收入、建成区绿化覆盖率、每千人医疗卫生机构床位数等方面具有明显优势，为新质生产力发展提供了基础条件。上海陆家嘴 CBD 劳动力规模较大，为新质生产力发展提供人力资源和人才资本。深圳福田 CBD 消费潜力指标领先，显示出其市场广阔，产业链韧性提升空间巨大。在新一线城市 CBD 中，重庆解放碑 CBD、南京河西 CBD、长沙芙蓉 CBD、杭州武林 CBD 表现亮眼。

商业运作环境效应数据能够反映城市 CBD 的对外开放程度、融资环境、资金支持能力和物流交通条件等情况。数据显示，上海陆家嘴 CBD 可为新质生产力发展提供便利的融资环境，优势明显。北京 CBD 受城市定位和腹地经济影响，货物运输以铁路和公路为主，水路运输条件不便，与周边城市联动效应相对较弱。广州天河CBD物流交通条件良好，深圳福田CBD各项指标均衡发展。

四　2025年中央商务区新质生产力优化城市产业链路径分析

CBD是城市高端服务发展的核心功能区，也是城市产业链尤其是服务供需链集中度、企业链集聚度、价值链丰裕度和空间链联系度的集中体现区域。作为城市高端产业功能区、现代服务业发达区、国际资源汇集区和全球服务贸易集散地，CBD本身也是城市产业链的重要节点，发展新质生产力是推动城市产业链向高端化、智能化、现代化方向转型升级，以实现城市经济高质量发展的内在要求。

城市CBD通过新质科技应用生产力提升科技产业价值链、新质总部经济生产力联系全球跨国企业链、新质商业沟通生产力构建国际产业空间链、新质商贸服务生产力连接高端产业供需链、新质商务资源生产力供给服务贸易产业链、新质人力资源生产力激活现代人才产业链、新质信息服务生产力聚合信息科技产业链、新质楼宇经济生产力优化高端前沿产业链等，在人工智能、数字经济、AI大模型等科技手段的加持下，实现迭代发展。

本报告把CBD新质生产力优化产业链的具体路径归纳为三个方面，即数字服务赋能城市产业链韧性提升、枢纽服务重构城市产业链场域、新质服务优化城市产业链分工（见图8）。

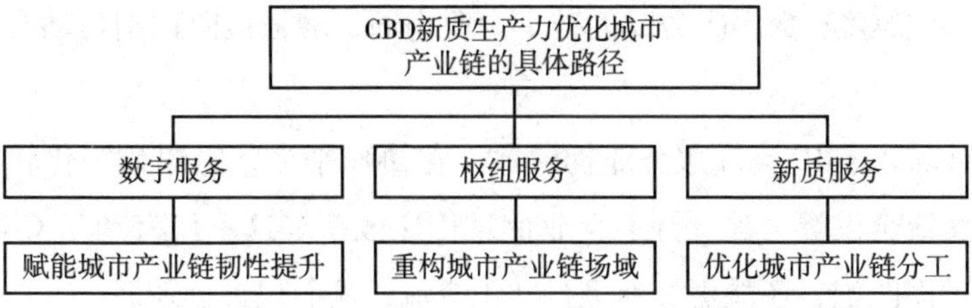

图8　CBD新质生产力优化城市产业链的具体路径

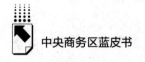

（一）数字服务赋能城市产业链韧性提升

在全球经济格局深度调整与产业链安全重要性凸显的背景下，CBD 作为城市数字化转型先行区，其数字服务对提升城市产业链韧性具有重要意义。CBD 数字服务可以通过“节点—连线—网络”三个维度赋能产业链韧性提升。

1. 节点维度：数字服务赋能资源优化、技术依赖及产业链外迁

优化资源配置与发展循环经济，有助于缓解资源依赖。北京 CBD 通过构建产业链供应链数字服务平台使产业端和资金端实现线上对接；通过构建数字供应链金融服务 3.0 体系，帮助交易链中各类小微企业实现直接融资、普惠融资。

促进知识流通与企业创新，减轻关键技术依赖。数字服务可以通过数据要素重构创新生态，实现产品研发由“经验驱动”转为“数据驱动”，有利于企业突破信息壁垒、激活创新动能。同时，CBD 集聚的高端服务业是源源不断提供科技创新的“数据富矿区”，数字服务将促进数据共享，助力提升数据效能。

提升服务质量，减少产业链外迁。CBD 将数字技术融入自身服务业，有利于提升服务质量，为企业各项活动的开展奠定物质基础。上海虹桥国际 CBD 着力打造全球数字贸易港和国家数字服务出口基地，依托虹桥保税物流中心，重点引进阿里巴巴、京东等跨境电商龙头企业，支持设立企业总部、研发中心、运营中心、应用中心、数据中心和培训中心等机构。

2. 连线维度：数字服务赋能链上企业沟通，增强风险识别与动态环境适应能力

依托城市 CBD 高端服务业构建数字化协作平台，组织数字化转型及行业发展交流会议等，提升链上企业信息传递效率。这不仅有利于 CBD 更好地进行供需匹配，还能更好地进行知识交流，从而促进创新。

2025 年，南京河西 CBD 所在的建邺区规划了多项数字服务项目。例

如，打造魔搭社区开发者中心、阿里云数据库适配中心，提供大模型技术交流、信创适配和验证等公共技术服务；联合江苏省数据集团等重点企业共同承办国际数据产业大会等国际性、全国性行业会议、论坛，提供行业交流的平台，为当地企业信息交流、协同发展提供良好助力，从而提升城市产业链韧性。

武汉王家墩 CBD 所在的江汉区积极进行数字赋能，已形成武汉云数字经济总部区、圈外区块链融合创新产业园等。其“数据要素共享平台”入选工业和信息化部大数据产业发展试点示范项目，正利用数字赋能做强主导产业、发展新兴产业、探索未来产业，提升城市核心竞争力。[①]

3. 网络维度：数字服务赋能产业网络扩展，助力风险分散与价值增加

CBD 数字服务有利于赋能企业寻找更多供应商与客户，并降低企业交易成本，从而达成更多合作，拓展产业网络。

广州天河 CBD 集聚大量数字服务企业。2024 年 1~11 月，天河 CBD 国家数字服务出口基地出口额达 22.84 亿美元，同比增长 32.22%，业务涉及 30 多个国家和地区[②]，拓展了城市产业链。

北京 CBD 发布了全球首个基于真实场景还原的数字会客厅，从数字化招商、办公服务及商务拓展与推广 3 个方面帮助企业实现线上办公和真实场景的商务洽谈，有利于北京 CBD 数字化招商与服务工作提质增效，进一步拓展北京城市产业链。[③]

（二）枢纽服务重构城市产业链场域

CBD 作为城市科技创新的主要策源地、生产要素的主要集聚区，以其

---

① 《江汉区因地制宜，“闯关”全域数字化转型》，武汉市江汉区人民政府网站，2024 年 10 月 15 日，https://www.jianghan.gov.cn/xwzx/mtbd/202411/t20241106_2480851.shtml。

② 《升级建设国家高新区！市长“点名”，天河今年这样干→》，澎湃新闻，2025 年 2 月 20 日，https://m.thepaper.cn/baijiahao_30204030。

③ 《CBD 建成国内首个 L4 级别高精度城市级数字孪生平台》，北京市朝阳区人民政府网站，2022 年 9 月 5 日，http://www.bjchy.gov.cn/dynamic/news/4028805a82f86aff01830c5e72d50b26.html。

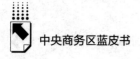

资源高效配置、技术创新能力强、价值增值潜力大等特点，成为培育和发展新质生产力的重要空间场域。以 CBD 为场域的集聚经济驱动产业链链式布局，可以构建“上游技术突破—中游产业强化—下游市场拓展”的全链条创新生态体系，助推新质生产力发展。

1. CBD 枢纽功能驱动城市产业链升级

CBD 新质生产力依托科技、区位、资本和场景四大关键动能，通过科技创新突破、空间集约重构、资本优化配置和场景需求牵引形成“四位一体”产业链。

（1）科技动能—产业链创新引擎

CBD 通常率先使用人工智能、大数据、云计算等新技术，实现“商务+科技”双轮驱动，集聚大量科技创新型企业，积极开展前沿技术研究，在关键技术领域实现新突破，促进产业链创新发展。

（2）区位动能—产业链布局载体

CBD 通过地理集聚形成知识共享网络，极大地缩短了创新主体之间的物理距离，有效降低交通运输和信息传递成本、提升产业链运营效率和服务质量，吸引更多企业入驻，形成产业链集聚发展的良好态势。

（3）资本动能—产业链血液循环系统

CBD 不仅体现了市场主导的，天使投资、风险投资和私募股权投资集聚，具有更加敏锐投资“嗅觉”的资本优势，还构建了“市场主导+政府引导”的协同创新机制，围绕城市产业链上中下游寻找重点企业，对产业链进行投资布局，为产业链提供资金支持，促进产业链各环节协同高效发展。

（4）场景动能—产业链应用平台

CBD 可以在较小空间范围内集聚科创、金融、贸易等细分场景需求，具有高密度、多维度的丰富应用场景特质，多元化消费需求为技术创新提供商业化的场景，多场景需求特性倒逼技术加速迭代。逐步打破产业物理边界，实现科技、商业、办公等场景融合发展，重塑生产组织形式、重构产业边界，发挥丰富的跨产业场景优势，构建更为综合的产业链应用平台并助力各城市产业链实现联动发展。

2. CBD 枢纽服务优化城市产业链

（1）面对面协同平台构建

成都天府 CBD 长岛数字文创园面对面协同平台的构建有效降低了信息传输损耗，增强了集聚带来的知识溢出效应，实现数据信息实时共享，缩短项目决策周期。

（2）新质产业集群构建

深圳福田 CBD 软件和信息技术服务业依托华为、腾讯等龙头企业，发挥总部经济效应，构建“基础软件—行业解决方案—应用服务”创新生态系统，形成产业闭环，实现城市产业链优化。

（3）创新周期压缩机制

位于深圳福田 CBD 的河套深圳园区依托“楼上科研楼下中试”特殊创新模式，加快科技创新成果的转化应用，打通从实验室到场景应用的关键环节，有效优化城市产业链的空间布局。

3. CBD 枢纽服务重构城市产业链场域

以发展 CBD 新质生产力推进城市产业链优化，可构建“上游技术突破—中游产业强化—下游市场拓展”的全链条创新生态体系。

（1）上游——核心技术攻关与自主可控

CBD 凭借其丰富的创新要素，正在重构传统的研发模式，旨在构建可持续的研发生态。CBD 依托空间集聚的“楼宇实验室”优势，将传统的线性链条式研发模式转变为场景驱动的多维协同综合研发模式。CBD 集聚创新要素资源，发挥产学研协同创新网络优势，加速前沿技术的产业化进程。

（2）中游——产业集群强化与垂直整合

CBD 内形成的垂直产业链整合平台有助于构建协同创新网络，打造“链主+伙伴”协同网络，产业发展由规模集聚转变为生态共生，通过集聚空间垂直整合，形成多产业交叉赋能的创新群落。CBD 是高密度的场景试验场，“制造+服务”场景融合可以实现智能化设备共享、跨行业场景数据互联互通，最终形成以场景创新为核心的现代产业集群。

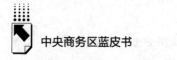

（3）下游——市场生态拓展与消费升级

CBD 依托资源集聚和新型基础设施优势，打破传统消费的时空边界，推动需求端与供给端的高效连接，引领消费场景的颠覆性变革。CBD 借助国际化资源整合能力和制度创新试验田功能，构建数字赋能的跨境市场拓展体系，能够有效突破传统贸易壁垒、培育国际竞争新优势，推动产业链在更高水平上参与全球分工，实现中国企业从基础产品出海向市场生态出海的升级。

（三）新质服务优化城市产业链分工

CBD 凭借高端服务功能的区位黏性、新质生产要素的即时交互性以及“面对面”交流的创新溢出性，成为承载新质生产力、优化城市产业链分工格局的关键区域。CBD 通过功能跃升、空间重组、制度赋能与生态构建，推动城市产业链分工优化。

1. CBD 以“智能中枢”优化产业链分工格局

基于全球产业链重构与加速形成新质生产力的时代背景，CBD 正逐渐成为城市产业链的“智能中枢”，深度嵌入城市产业链分工体系，成为优化城市产业链分工格局的关键力量和重要引擎。

（1）信息整合与决策支持功能

CBD 是大量跨国公司总部、金融机构、高端服务业机构等集聚地，掌握海量的市场、技术、政策等信息。通过高效通信网络、商务交流活动以及专业信息服务企业，CBD 能够快速收集、整理、分析来自全球各地和城市各个产业环节的数据，为产业链上下游企业提供精准的决策支持。

（2）技术创新与扩散推动功能

大量科研机构、高等院校、科技企业等创新主体在 CBD 集聚，通过合作研发、技术转让、人才流动等方式，加速新技术的产生和扩散。创新成果可以直接应用于产业链的中高端环节，如智能制造、金融科技等，提升产业的智能化水平和生产效率，带动整个产业链的技术升级和结构优化。

（3）优化资源配置与协同提升功能

全球范围内人才、资本、技术、数据等新质生产要素在 CBD 内实现高效集聚和优化组合，通过产业链的传导机制，向城市其他区域和产业环节进行扩散和配置。同时，依托大数据、云计算、物联网等数字技术，CBD 能够实现对城市产业链各环节的资源配置情况进行实时监测和分析，提升资源利用效率。

（4）促进产业融合与生态构建功能

CBD 以其多元化的产业业态和高端服务功能推动不同产业领域企业的交流与合作，加速实现新质生产要素的流动和共享，催生众多跨产业创新应用和商业模式。通过构建多元有机的产业生态系统，城市产业链的整体稳定性和竞争力得以增强，城市产业链分工格局得以优化。

2. CBD 新质服务特性

（1）高端服务功能的区位黏性

CBD 凭借其高度集中的金融、法律、会计、咨询等高端服务业资源，对承载和发展新质生产力具有较高的区位黏性，主要体现在以下几个方面。

一是金融服务的集聚效应。北京 CBD 是国际金融机构落户北京的首选地，外资持牌金融机构有 300 余家，约占朝阳区总量的 82%，约占全市总量的 39%。[①] 这些金融机构为新质生产力企业提供了多元化的融资渠道和专业的金融服务，降低了企业的融资成本和风险，加速了资金流动。

二是专业服务的协同优势。上海陆家嘴 CBD 集中了四大国际会计师事务所、众多知名律所和咨询公司，这些专业服务机构不仅为企业提供标准化服务，还能根据企业特定需求，定制个性化解决方案，助力新质生产力企业在复杂市场环境中精准定位和发展。

三是人才资源的汇聚与培养。高端服务业的发展吸引了大量高素质、国际化的人才汇聚 CBD，为新质生产力企业提供充足的人力资源保障。同时，CBD 内的企业与高校、科研机构紧密合作，开展实习项目、联合研究等，培养适应新质生产力发展需求的复合型人才。

① 《全力打造国际金融聚集区　北京 CBD 成国际金融机构落户北京首选地》，北京市朝阳区人民政府网站，2024 年 3 月 13 日，http：//www. bjchy. gov. cn/dynamic/zwhd/4028805 a8e172e75018e35d815811130. html。

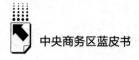

(2) 新质生产要素的即时交互性

新质生产力的发展依赖数据、技术、知识等新质生产要素的快速流动和交互，CBD 紧凑、独特的空间环境为实现新质生产要素的即时交互提供条件。

CBD 促进数据要素的高效流通。杭州钱江新城 CBD 云集众多互联网企业和科技公司，利用大数据、云计算技术对海量市场数据进行挖掘和处理，为企业的研发、生产、营销等环节提供精准的决策依据。

CBD 助力技术创新的快速扩散。广州天河 CBD 集聚多家人工智能、生物医药等领域的科研机构和创新企业，通过联合研发项目、技术交流活动等方式，实现技术成果的快速转化和扩散，推动新质生产力在相关产业的应用和发展。

CBD 加速知识共享与创意激发。成都高新区定期举办各类创新创业大赛、科技论坛等活动，吸引了众多创新人才和项目汇聚。

(3)“面对面”交流的创新溢出性

“面对面”信任建立与深度沟通加速新质生产力发展。苏州工业园区定期举办跨国公司与本地科研机构的“面对面”会议，共同推进联合研发项目，大幅提升市场交易成功率与合作效率。

“面对面”非正式交流与灵感激发加速新质生产力发展。深圳湾 CBD 的咖啡馆、创业街区等场所，经常成为创新观点与创意交流的热点区域。

“面对面”示范效应与行业引领加速新质生产力发展。北京 CBD 内的领军科技企业，其发展模式和技术创新成果，对周边科技企业起到显著的引领作用，促进整个区域新质生产力水平的提升。

3. CBD 新质生产力驱动城市产业链分工

(1) 功能跃升——垂直式分工与平台式分工联动

CBD 布局新质生产力的核心在于重构产业链分工的底层逻辑，推动垂直分工体系向“垂直专业化+平台集成化”的复合模式转型。作为城市产业链的核心节点，CBD 集聚了大量金融机构、高端服务业企业以及创新资源，具备强大的资源整合和协同能力。通过功能跃升，CBD 能够实现垂直式分工与平台式分工的联动，进一步推动产业链分工优化。

（2）空间重组——虚拟集聚与地理集聚互动融合

CBD 通过空间重组实现了虚拟集聚与地理集聚的融合，为产业链分工优化提供了空间支撑。CBD 企业凭借互联网平台、云计算、大数据等新兴技术，与全球合作伙伴实时互动、共享信息、协同工作，从而在虚拟时空中实现资源的高效配置与市场的广泛拓展。虚拟集聚与地理集聚的融合是 CBD 空间重组的核心特征，也是产业链分工优化的关键路径。在融合模式下，企业既能享受地理集聚带来的规模经济优势，又能借助虚拟集聚打破地理时空壁垒，使 CBD 成为产业链分工格局优化的空间枢纽。

（3）制度赋能——跨越行政边界的政策设计协同

CBD 往往是政策创新和实验的前沿阵地，其独特的地位和功能使其成为跨区域政策协同的协调中心和示范窗口。第一，CBD 通过制定和实施具有前瞻性和引领性的产业政策，引导产业链上下游企业在不同行政区域合理布局。第二，CBD 在税收政策协调方面发挥关键作用，通过与其他区域的政策协同，推动税收政策的一体化设计。第三，CBD 在人才流动政策协同方面具有独特优势，通过与周边区域建立人才合作机制，推动人才政策的协同创新。

（4）生态构建——政产学研共同构建创新生态系统

政府通过制定产业政策、提供资金支持等方式，引导企业、高校和科研机构参与创新活动。上海陆家嘴 CBD、广州天河 CBD 等将企业作为创新主体，将市场需求与技术创新相结合，并由高校和科研机构提供前沿的科研成果和人才支持。这种合作模式加速了科技成果转化和应用，推动了产业链分工的优化升级，形成了一个自我循环和持续发展的创新生态系统，为城市产业链的长期发展提供了坚实保障。

五 中央商务区新质生产力优化城市产业链面临的突出问题

当前，通过提升新质生产力优化城市产业链，已经成为各 CBD 乃至城市高质量发展的必由之路。前述机理分析、数据测算和路径归纳等研究表明，我国典型城市 CBD 新质生产力优化城市产业链虽成效明显，但还存在新质生产力发展不足、产业链韧性不强、高质量发展差距明显等突出问题。

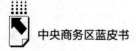

（一）新质生产力发展不足

如前所述，CBD 新质生产力的发展，需要劳动者、劳动资料和劳动对象，可以从新质科技应用生产力提升科技产业价值链、新质总部经济生产力联系全球跨国企业链、新质商业沟通生产力构建国际产业空间链、新质商贸服务生产力连接高端产业供需链、新质商务资源生产力供给服务贸易产业链、新质人力资源生产力激活现代人才产业链、新质信息服务生产力聚合信息科技产业链、新质楼宇经济生产力优化高端前沿产业链等八个维度进行分析，以体现各城市 CBD 的特色。

但 CBD 的区域属性是城市功能区而不是科技试验区，产业属性是高端服务业而不是高科技产业，这使得其发展需要基于自身特点融合现代服务业和先进制造业，通过为战略性新兴产业和未来产业服务，在功能跃升、空间重构、制度赋能、生态创新等方面引导新质生产力提升。而要实现这一路径，就需要 CBD 具备相应的科技应用场景、形成稳定发展的总部经济、构建国际性商业链条、衔接国内外供需资源。这些关系 CBD 特色新质生产力的发展基础和必要条件，各城市 CBD 还需要不断积累、努力储备、争取突破。

从目前各城市实践来看，依托各城市 CBD 资源禀赋和发展定位，我国 CBD 新质生产力发展形成了 3 条路径：一是寻求前沿新质生产力突破，二是专注专业服务业高质量发展，三是培育新质和焕新旧质同步进行。

北京瞄准通用人工智能，依托首都资源和商务优势，寻求前沿新质生产力突破发展。数据显示，近几年北京瞄准通用人工智能等细分产业出台了 70 多项支持政策。平均 10 天就有一项产业政策“上新”，带动现代化产业体系加速构建，助推新质生产力持续壮大。北京平均每天诞生 289 家科技型企业，下线800多辆新能源汽车，生产6000多万块集成电路。①“天工”机器人、氢内燃机、朱雀三号、脑机接口等一批新质生产力培育成果竞相涌现。

从细分行业来看，多个领域迈入“规模爆发”新阶段：医药健康产业规模首次突破万亿元，成为继新一代信息技术、科技服务业后的第3个万亿级产业集群；汽车产业产值增幅创10年新高，新能源汽车产量增长近3倍；人工智能核心产业规模突破3000亿元，形成涵盖基础层、技术层、应用层的全链条完整布局。

北京CBD所在的朝阳区是北京市经济大区、商务强区。目前，已有3000多家国家高新技术企业和900多家专精特新中小企业、24家外资研发中心、全国首个国际科技组织总部集聚区，形成以产业互联网、人工智能、数字安全为核心，以互联网3.0、数字医疗、数据要素、光子、量子等未来产业为重点的“3+X”特色产业集群。② 2025年4月，中关村（朝阳）工业AI产业园正式开园，这也是国内首个工业AI产业园。中关村（朝阳）工业AI产业园以电子城·国际电子总部为核心，吸引工业智能体、工业大模型、视觉检测、工业预测性维护、工业软件与系统、工业设计等工业AI领域优质企业入驻，围绕算力、算法、数据及应用等方向布局专业化平台，正在建设算力互联互通、工业智能体、工业数据、工业场景对接等多个公共服务平台，打造国内领先的工业AI产业集群。③

朝阳区科研院所集聚众多院士、科学家、杰出人才，这些人才是重要的创新资源，更是推动经济社会发展的重要力量。2023年朝阳区成立科研院

① 《新质生产力加速培育壮大　经济含“新”量不断增加　本市平均10天推出一项产业新政》，北京市人民政府网站，2025年4月9日，https：//www.beijing.gov.cn/ywdt/gzdt/202504/t20250409_4060274.html。

② 《北京朝阳：厚植沃土催“新”芽》，北京市朝阳区人民政府网站，2024年12月5日，http：//www.bjchy.gov.cn/slh/cyyw/4028805a938ff036019394c9778605d6.html。

③ 《国内首个工业AI产业园落户朝阳区　中关村（朝阳）工业AI产业园亮相》，北京市朝阳区人民政府网站，2025年4月1日，https：//www.beijing.gov.cn/ywdt/gqrd/202504/t20250401_4051934.html。

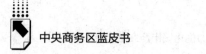

所统战工作联盟，进一步深化院地合作，推动资源共享，为区域创新发展贡献科技力量。朝阳区还通过举办北京朝阳科学家会客厅等多种形式的分享活动，邀请来自科研院所、社会机构和龙头企业的相关专家，围绕区域产业发展重点，举办网安大脑科学荟、“智聚智胜智享”人工智能科学未来会、“走近未来·把握机遇”前沿科学产业传播会等多场主题活动，汇聚国内外顶尖科技人才，分享最新科技成果、探索产业创新路径，赋能朝阳区高质量发展。

为加快国际科技创新中心和数字经济核心区建设，朝阳区聚焦原始科技创新，积极探索院地融合发展模式，充分发挥前沿技术和未来产业优势。朝阳北部科创带高密度分布了中国科学院等大量科研院所，自 2024 年以来，北京朝阳区加快推动北部科创带建设，陆续启动奥运村青年科技人才会客厅、ITEC 北部科创带专项赛事等首批创新先导平台建设，探索“从 0 到 1”的科技成果转化路径。

按照《关于北京市推动先进制造业和现代服务业深度融合发展的实施意见》，朝阳区统筹考虑相关区域产业业态、经济体量、空间承载等情况，以 CBD、山河湾谷两个区域为核心，聚焦新一代信息技术和制造业服务业融合领域，积极开展“两业融合”示范园区申报工作。园区定位为“新质生产力融合示范先导区”，总面积为 26.9 平方公里。其中，山河湾谷片区以北京工业大学为核心，辐射十八里店、垡头、双井、南磨房等区域，拟通过与北京工业大学开展产学研合作、向南联动亦庄区域，重点发展智能机器人、智能网联汽车、医学与现代化工程技术交叉融合等产业，打造朝阳区南部人工智能产业集聚地。北京 CBD 片区主要包括 CBD 中心区及周边区域，发挥国际高端服务业集聚优势，结合千亿级商圈的场景优势，不断催生数字化商务、金融、消费新业态，促进服务业制造业融合创新发展。①

上海专注于专业服务业，依据“五个中心”② 发展定位，赋能新质生产

① 《朝阳将建设“新质生产力融合示范先导区”》，首都文明网，2025 年 1 月 8 日，https://www.bjwmb.gov.cn/wmdt/cyq/10088873.html。

② “五个中心”指国际经济中心、金融中心、贸易中心、航运中心、科技创新中心。

力发展。2024年上海“五个中心”建设进一步加力提速，取得新的成效。全市地区生产总值增长5%，城市经济规模进入5万亿元以上的新阶段；金融市场交易总额达到3650万亿元，继续处于全球城市前列；口岸贸易总额达到11.07万亿元；上海港集装箱吞吐量达到5150.6万标准箱，成为全球首个年吞吐量超过5000万标准箱的世界大港，上海机场航空货邮和旅客吞吐量分别达到420.6万吨和1.25亿人次；全社会研发经费支出占全市地区生产总值的比例达到4.4%。①

2024年4月，上海科创金融联盟发布了上海金融助力新质生产力发展三年行动计划，将在3年内通过股权、贷款、债券、保险等形式累计投放资金2万亿元，并通过探索综合金融服务创新模式、优化科技金融服务环境、加强跨境金融创新、畅通各类沟通渠道等16条举措，为科技型企业提供全生命周期的一站式综合金融服务，深入推动上海国际金融中心与国际科技创新中心联动发展，促进上海新质生产力加快发展。②

上海陆家嘴CBD多年专注于专业服务业高质量发展。2023年8月，陆家嘴CBD所在的浦东新区发布《关于推进陆家嘴金融城专业服务业高质量发展的若干措施》③，明确提出对标国际最高标准和最高水平。坚持立足国内、面向国际，借鉴国际一流金融城经验，优化产业生态，完善区域服务功能，打造全球领先的专业服务业高地。发挥专业服务机构的专业化、市场化、国际化优势，强化国际经济中心功能建设，提高国际金融中心资源配置能力。发展国际贸易新业态、新模式，积极配合引进全球、全国首店，提升国际贸易中心能级。广泛开展区域战略合作，提升国际

---

① 《上海市市长龚正：聚焦“五个中心”建设主攻方向　扎实推进经济社会高质量发展》，新华每日电讯，2025年3月6日，https://www.xinhuanet.com/politics/20250306/9606f2188eb94be6aecc562325ed4d1c/c.html。

② 《上海金融助力新质生产力发展三年行动计划出炉　将在三年内投放2万亿元》，新华社，2024年4月16日，https://news.cnstock.com/news，bwkx-202404-5219289.htm。

③ 《浦东新区人民政府印发〈关于推进陆家嘴金融城专业服务业高质量发展的若干措施〉的通知》，上海市人民政府网站，2023年8月21日，https://www.shanghai.gov.cn/rzfc-gqwj1/20240818/4d0b12d7b8d844cba995e3f9a9a11d14.html。

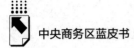

航运中心建设水平。聚焦新科技新热点，助力培育具有全球影响力的科技创新中心，实现市场资源和区域经济双向赋能。

2024 年 11 月，上海陆家嘴金融城管理局举行 2024 年度陆家嘴全球专业服务商大会，浦东新区“一带一路”专业服务团成立，首批成员涵盖法律、会计、人力资源、管理咨询、知识产权、检验检测认证等具备国际化服务能力的专业服务机构。大会现场发布浦东专业服务业提升行动方案，重点实施“六大行动”，力争到 2025 年专业服务业增加值占全区生产总值的比重达到 5%，2035 年进一步提升至 8%。① 行动方案明确品牌化、数字化、国际化、绿色化发展方向，聚焦法律服务、会计审计服务、咨询调查服务、广告服务、人力资源服务等 12 个细分赛道。全面实施“全球专业服务商引领计划”（GIS），遴选“浦东新区专业服务业战略合作伙伴”，支持专业服务机构参与各类标准制定。培育发展专业服务业领域数商，支持专业服务机构开发人工智能大模型，探索开创“AI+业务”新模式。浦东要建立与国际接轨的专业服务制度型开放体系，持续开展中外律师事务所联营试点，探索建立律师事务所特别合伙人制度；支持专业服务机构“走出去”，积极提供项目洽谈、产业对接等媒介服务；护航企业“走出去”，建立“出海企业 Vs 专业服务机构”对接机制。

合肥培育新质和焕新旧质同步进行，通过建设现代化产业体系，力争不断壮大新质生产力。

近年来合肥争先进位，通过政府产业投资带火了“合肥模式”②，战略性新兴产业发展亮眼。2024 年全市战略性新兴产业产值增长 12.5%，新能

① 《浦东亮出行动方案：荟萃全球专业服务，赋能新质生产力发展》，搜狐财经，2024 年 11 月 13 日，https：//business. sohu. com/a/826490446_120244154。

② 2008 年，合肥拿出当年 1/3 的财政收入，引进当时亏损超过 10 亿元的京东方，建设了国内首条液晶面板 6 代线。随后，基板玻璃、偏光片、模组等配套企业先后入驻，逐步建立起千亿级新型显示产业链。自京东方项目开始，随着长鑫存储、蔚来汽车等明星项目接连落地，合肥国资一系列投融资模式也以“合肥模式”之称走红。该模式可简单总结为以投带引、“链”式招商、科创驱动。

源汽车产量突破 135 万辆，增长 81%，出口额增长 3. 3 倍。[①] 为壮大新质生产力，建设现代化产业体系，合肥将实施五大工程。一是实施战略性新兴产业集群发展工程。持续提升现有三大国家级战略性新兴产业集群能级，力争新能源汽车、光伏新能源、生物医药等跻身新的国家级产业集群，争创首批国家新型工业化示范区。二是实施未来产业培育壮大工程。建成量子信息未来产业科技园，实现“量子+”在更多领域推广和商用，企业数量、专利申请量保持全国领先。加快聚变产业园建设，做大做强聚变新能（安徽）有限公司，推进衍生技术转化，引育更多产业链企业。三是实施传统产业提质焕新工程。深化国家制造业新型技改试点城市建设，实施重点技改项目 400 个以上，推动食品、建材等传统产业高端化、智能化、绿色化转型。同时，开展省级制造业核心技术攻关 50 项，新增“三首”产品 150 个以上，打造更大规模“工业精品”矩阵。四是实施生产性服务业提档升级工程。建成 100 个市级以上服务业集聚区、高水平运营合肥法务区、做强国家检验检测高技术服务业集聚区、加快“制造+服务”转型、完善会展配套功能、实施楼宇改造提质工程。五是实施数字经济创新发展工程。加快数字新基建、数据标注基地、可信数据空间等建设，适度超前布局 6G 网络、高速光网等信息高速通路，建成城市公共算力池，力争综合算力供给能力突破 15000P，还将做优做强中国声谷，实现软件业营业收入增长 15%以上。

合肥庐阳 CBD 地处庐阳区，该区集聚合肥综合性国家科学中心能源研究院、安徽理工大学高等研究院等一批高能级平台。近年来，庐阳区锚定“2+3+X”产业体系，转型升级传统产业，发展壮大新兴产业，加速形成新质生产力，为推动区域高质量发展注入了强劲动力。据统计，2024 年庐阳区全年新签约项目超 110 个，同比增长超 50%；协议投资额达 250 亿元，同比增长超 65%。[②]

---

① 《壮大新质生产力　合肥将实施五大工程》，人民网－安徽频道，2025 年 1 月 15 日，http：//ah. people. com. cn/n2/2025/0115/c227131-41109133. html。

② 《合肥庐阳：产业发展蓄势崛起向“新”而行》，新浪财经，2025 年 1 月 22 日，https：//finance. sina. com. cn/jjxw/2025-01-22/doc-inefutki7986821. shtml。

在庐阳区“2+3+X”产业体系中，“2”指已形成的金融、商贸两大特色优势产业，“3”指光电与仪器仪表、软件与信息技术、新能源三大新兴产业。在此基础上，该区创新提出打造合肥国际传感智造港，构建“一港七园”传感产业格局，建设“传世界、感未来、聚庐阳”的传感产业集聚区。2024 年，以胜脉电子、中科飞龙等为代表的 51 个传感器产业项目在此集聚，涵盖汽车零部件、现代物流、智能制造、信息技术等产业，推动全域产业链式集群发展。未来，庐阳 CBD 将聚焦汽车电子、工业生产、消费电子、智慧家居、环境监测等领域，打造集研发、设计、中试、生产、办公配套于一体的科技型示范园区。

综上所述，以北京、上海、合肥三地为代表，目前我国 CBD 新质生产力正在不断发展，但都处于寻求前沿突破、专注高质量发展、不断培育新质生产力的积累阶段，总体来看还需进一步提升。

（二）产业链韧性不强

当前，全球产业链正面临地缘政治、贸易摩擦、技术变革等多重不确定性因素冲击，我国 CBD 多处于各城市产业中心区，空间资源本就有限，加之金融等服务业本身对外部环境和政策敏感度较高，易受国内外经济环境和政策影响，因此产业链韧性受到严峻考验。

《人才、创新与产业链韧性报告（2023）》显示，中国科技创新驱动制造业快速发展，在制造业表现、产业总体情况、企业活力等方面优势明显，但在人才资本方面暂处弱势，创新投入仍需持续增加。[①] 中国制造业发展在产业链中下游的优势明显，在产业链上游仍有发展空间。我国制造业门类、品种齐全，应当在保持既有全产业链优势的情况下，努力发展高端制造业，推动制造业加速向高端迈进。

我国各城市 CBD 提升产业链韧性，需要基于人才资本和创新投入，在

① 《中国产业链韧性位居世界第二　在制造业表现、产业总体情况、企业活力等方面优势明显》，上海市人民政府网站，2023 年 11 月 7 日，https：//www.shanghai.gov.cn/nw4411/20231107/fe4e7b2108f741518fad8f0058d5cd33.html。

产业链上游对制造业稳链、固链、强链，通过推进先进制造业发展提升系统韧性，这也正是 CBD 高端服务的优势所在。但是，提升产业链韧性，需要从新质科技应用、新质总部经济、新质商业沟通、新质商贸服务、新质商务资源、新质人力资源、新质信息服务、新质楼宇经济等方面着手，这显然更需要长期积累，逐步形成优势，占据产业链高端。

近年来深圳福田 CBD 所在的福田区和南山区一直并行发展、相互追赶。2000 年，福田区生产总值为 502.75 亿元、南山区生产总值为 503.55 亿元，两区基本持平。2024 年深圳市经济运行数据显示，南山区生产总值达 9500.97 亿元；福田区生产总值达 5948.82 亿元，仅占南山区的 62.6%，两区相差超过 3500 亿元。[①] 经济发展总量快速拉开距离的主要原因在于两区不同产业结构形成的产业韧性强度不同。

从经济发展角度分析，福田区是深圳的金融中心，金融业产值占地区生产总值的比重长期超过 30%，集聚全市近六成的持牌金融机构。然而，金融业对外部政策和经济周期高度敏感，尤其是在发展脱虚向实后，加上过去几年房地产市场下行压力加大，金融业波动直接影响福田区的发展韧性。另外，作为深圳的行政和金融中心，福田区土地资源稀缺，工业用地占比相对较小，难以支撑大规模制造业发展。

南山区经济发展清晰反映出科技产业的韧性。建区之初，南山蚝、南山荔枝是土特产。如今，企业家和人才是南山区的“新特产”。截至 2025 年 3 月，南山区商事主体突破 60 万家，其中，上市企业达 216 家；拥有制造业单项冠军 31 家、国家级专精特新“小巨人”企业 310 家、国家高新技术企业超 5500 家，数量均居全省、全国前列。[②] 2024 年，南山区全社会研发投入占地区生产总值的比重达 7.66%，接近全国平均水平的 3 倍。战略性新兴产业产值占地区生产总值的比重超 50%。高技术制造业和先进制造业产值

① 《深圳各区 2024 年 GDP：龙岗甩掉宝安直追福田》，证券时报网站，2025 年 2 月 24 日，https://www.stcn.com/article/detail/1539301.html。

② 《深圳南山创新能级再提升》，经济日报网站，2025 年 3 月 2 日，https://www.jingjiribao.cn/static/detail.jsp?id=573094。

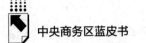

占规模以上工业产值的比重超60%。现代服务业产值占第三产业产值的比重近90%。机器人、人工智能、无人机产业发展迅速，辖区企业推出的无人机飞越珠峰、人形机器人漫步街头、水下机器人潜行深海、垂类大模型百花齐放。

南山区处于深圳“世界无人机之都”核心区，集聚深圳市道通智能航空技术股份有限公司、深圳市大疆创新科技有限公司等一批领军企业，拥有低空经济企业超过500家，产值超550亿元，形成集研发、制造、运营、服务于一体的完整无人机产业链。目前，在前海—蛇口低空经济先导区开通外卖配送、货物运输、跨区交通等各类航线89条，“空天地海”全覆盖格局加速形成。南山区正积极推动建设低空经济运行试验区，牵引低空经济发展；探索建设新型低空基础设施，积极开展无人机配送、巡检、长距离运输等商业化应用，布局多元应用场景。

此外，南山区深入实施科教兴国战略和创新驱动发展战略。西丽湖国际科教城35个学科进入全球ESI学科排名前1%、6个学科进入前1‰，数百名人才入选全球前2%顶尖科学家榜单。鹏城实验室石壁龙园区投入使用，“鹏城云脑Ⅱ”实现世界人工智能算力性能500排行榜“四连冠”。英特尔创新中心、粤港澳大湾区亚马逊云科技行业数字化赋能中心等一批综合创新平台相继落地。可以预见，由于科技产业和金融产业具有不同的韧性，未来几年，南山区和福田区的发展差距将进一步扩大。

成都锦江CBD所在的锦江区意识到产业链韧性的重要意义，开展“春熙行动”，开始聚焦首发经济全产业链发展。2025年2月5日，成都市锦江区召开深化“立园满园”行动促进首发经济和高成长企业高质量发展工作推进会暨“两中心一研究院（筹）”授牌仪式。① 活动现场正式宣布筹备成立锦江区首发经济发展促进中心、锦江区高成长企业发展促进中心和首发经济发展研究院，发布《锦江区首发经济高质量发展领跑计划（春熙行

① 《锦江区委宣传部：聚焦首发经济全产业链发展　成都锦江区发布“春熙行动”》，新华网，2025年2月5日，http：//www. sc. xinhuanet. com/20250205/c484ca1febed4e53a14bc8e4f12b2746/c. html。

动）》（以下简称“春熙行动”）和《锦江区高成长企业引育赋能助跑“白鹭计划”（2025—2027）》。

为深入落实各级关于发展首发经济的工作部署，加快形成新质生产力，推动经济高质量发展，锦江区聚焦首发经济全产业链发展，发布“春熙行动”。坚持以完善扩大消费长效机制为导向，以“春熙行动”为抓手，从集聚优质企业品牌、支持企业发展壮大、打造首发品牌矩阵、构建首发经济产业生态、丰富首发经济场景、优化营商环境等方面，细化了具体任务和工作目标。

2025 年锦江区将落地重大产业化项目 10 个以上，引育总部型和平台生态型企业各 10 家以上，促进创新成果转化 10 个以上，举办“首发春熙”全球新品首发季等活动 30 场以上，推动首发经济产业规模不断扩大，带动全区社会消费品零售总额达到 1550 亿元。

为确保“春熙行动”有效实施，加快构建具有锦江特色的首发经济产业生态圈和服务生态圈，锦江区坚持产业所需、企业所盼，精心制定了一系列政策举措。从打造高能级首发经济产业园区、发展首发经济产业集群，到拓展首发经济示范应用、探索制定首发经济标准、做强首发经济专业服务等方面，为企业提供全方位支持。政策举措涵盖金融服务、场景应用、载体支撑和人才服务等多个领域。

在机构设置方面，锦江区挂牌成立首发经济发展促进中心，整合发展改革、金融服务、商务商贸、投资促进、产业园区、属地街道等多方面工作力量，组建专业服务团队。围绕首发企业需求，为企业提供从孵化培育、项目促进，到行业交流、政策咨询、运行监测的全链条伴随式服务。在人员配备上，打造一支既懂产业又懂服务的专业队伍，确保为首发企业提供高质量、专业化的支持。在办公场所选择上，充分考虑贴近企业、便于服务的原则，扎根首发经济发展一线，根据产业发展动态适时调整布局，更好地服务企业。

同时，锦江区联合四川师范大学建立首发经济发展研究院，该研究院整合多所高校的学术资源和各行业实践经验，将自身打造为全国首发经济产业研究的高端智库。通过研究首发经济产业方向、行业趋势、消费规律等前沿课题，发布首发经济指数、编印白皮书、举办学术会议等方式，锦江区抢占首发经济理论研究的高地，为产业发展提供强有力的智力支持。

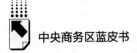

（三）高质量发展差距明显

近年来，从新发展理念到加快构建新发展格局，再到因地制宜发展新质生产力，我国经济发展的平衡性、协调性、可持续性明显增强，更高质量、更有效率、更加公平、更可持续、更为安全，各地高质量发展的内涵不断丰富。

CBD 作为城市发展的核心功能区，引领高质量发展是应有之义。但本报告前述综合发展效应、区域辐射效应、楼宇经济效应和营商环境效应等测算数据显示，我国城市 CBD 新质生产力优化城市产业链的进度各有不同、差异明显，事实上影响了各地 CBD 引领城市高质量发展的进程。

CBD 新质生产力的高质量发展，需要以高科技、高效能、高质量的劳动者、劳动资料和劳动对象为基础，构建政治、经济、社会、文化、生态等系统性的区域发展体系，并一体推进。从各地 CBD 发展的实际情况来看，呈现明显的层次性。

第一层包括一线城市 CBD，其按各自路径推进高质量发展。上海陆家嘴 CBD 领衔一线城市 CBD。上海定位于国际经济中心、金融中心、贸易中心、航运中心和科技创新中心，领衔长三角都市圈经济发展，产业集聚效应推动新质生产力不断发展。陆家嘴 CBD 新质生产力赋能产业链效应较强，主要原因在于陆家嘴金融城汇聚了全球顶尖金融机构，为产业链升级提供充足的资金支持，同时周边张江科学城的研发能力与陆家嘴的资本、市场优势形成联动，推动形成“研发—转化—产业化”闭环。

北京定位于国际政治中心、文化中心、国际交往中心和科技创新中心，以京津冀腹地支撑连接国内外。北京 CBD 凭借其国际高端服务业集聚的特点，不断催生数字化商务、金融、消费新业态，促进服务业与制造业融合创新发展。

深圳作为现代工业城市，其科技资源、人力资源、市场资源等较为丰富，后发优势较强，新质生产力对城市产业链的提质效应不断增强。深圳福田 CBD 正在转型科技商务区，创新势能与实验室的技术基因深度耦合。河套深港科技创新合作区已建成以重点实验室、新型研发机构、企业技术中心为引领，以中试基地为基础的全链条创新生态。

广州定位于国家重要的中心城市、国际商贸中心和国际综合交通枢纽，不断培育新质生产力，提升产业链。广州天河 CBD 沉淀千年商贸基因，紧密衔接广州建设“12218”现代化产业体系，以科技创新为引领，现代服务业优势突出，已经形成金融业、新一代信息技术、高端专业服务业三大千亿级产业集群。

第二层是新一线城市 CBD，其在发展新质生产力和焕新旧质生产力过程中不断提升发展质量。新一线城市 CBD 整体来看正处于新质生产力发展的关键期。西安长安路 CBD 科学技术创新驱动新质生产力发展效应显著，产业链布局逐渐优化，产业链和创新链融合程度较高，有助于经济社会发展。天津滨海新区 CBD、武汉王家墩 CBD 和重庆解放碑 CBD 等地不断培育新质生产力。杭州武林 CBD 不断推动数字技术与商贸服务业渗透、融合，对城市产业链的升级产生了深刻影响，人工智能、AI 大模型和数字经济等新质生产力快速发展。

2025 年，“杭州六小龙”频频刷屏全球互联网，引发国际舆论热议。其中，DeepSeek 在 2024 年 12 月 26 日宣布上线并同步开源 DeepSeek-V3 模型，公布了长达 53 页的训练和技术细节：它以 1/11 的算力、2000 个 GPU 芯片，训练出性能超越 GPT-4o① 的大模型，其总训练成本只有 557.6 万美元，而 GPT-4o 的训练成本约为 1 亿美元，使用 25000 个 GPU 芯片。杭州深度求索人工智能基础技术研究有限公司成立于 2023 年 7 月，坐落在拱墅区大运河畔汇金国际商务社区。据统计，2024 年杭州武林 CBD 新增国家级专精特新

---

① GPT-4o 名称中的“o”代表 Omni，即全能的意思，凸显了其多功能的特性，GPT-4o 是 OpenAI 为聊天机器人 ChatGPT 发布的语言模型。

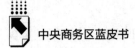

“小巨人”企业3家、省级37家，国家高新技术企业131家，省级工程研究中心3家，省科技型中小企业505家。①

2025年拱墅区委一届七次全体（扩大）会议暨区委经济工作会议提出，以发展新质生产力为核心，高水平打造时尚之都，突出创新主导，在发展新质生产力上勇为“先行者”、善作“试验田”、争当“领头雁”，加快科技创新、产业创新、发展方式创新、体制机制创新、人才工作机制创新。会议明确，2025年拱墅区将重点推动科技创新与产业创新融合发展。围绕“创新浙江”建设，深度融入杭州区域性科技创新高地和科技成果转移转化首选地建设，力争R&D经费投入超26亿元。拱墅区将通过深化“双倍增”“两清零一提升”“高新企业规上化、规上企业高新化”等行动，建立“高校+平台+企业+产业链”结对合作机制，实施“尖兵领雁+X”科技计划，新增国家级专精特新“小巨人”企业2家、省级30家，国家高新技术企业、省科技型中小企业300家以上，实现每万人高价值发明专利拥有量58件以上。

与此同时，拱墅区将做强科创平台矩阵，加强理论联系实际。落实科技支出增长15%政策，支持“1+5+N”科创平台孵化转化，落地杭州（拱墅）新质成果转化中心，新增市级以上研发机构15家，加快布局一批概念验证中心、成果转化基地，提升科研项目与产业需求匹配度，提高产业创新策源能力。

此外，拱墅区将围绕全市五大产业生态圈，深耕“1+4”产业赛道，推动现代服务业与先进制造业、数字经济与实体经济深度融合，构建发展新质生产力的现代化产业体系，力争规模以上工业增加值增长6.0%，服务业增加值增长5.7%。

一线城市CBD和新一线城市CBD新质效应差异明显、走势相反。数据显示，一方面，一线城市CBD新质生产力赋能产业链效应均强于新一线城

① 《新一年，拱墅区如何向“新”而行》，每日商报网站，2025年1月24日，https://hzdaily.hangzhou.com.cn/mrsb/2025/01/24/article_detail_3_20250124A034.html。

市 CBD。从两组城市 CBD 综合发展效应均值来看，一线城市 CBD 高于新一线城市 CBD。另一方面，一线城市 CBD 综合发展效应均值呈小幅提升态势，新一线城市 CBD 综合发展效应均值呈小幅下降趋势。

一方面，一线城市由于经济基础坚实、市场空间广阔、信息技术发达、科技创新快速、新质资源丰富等，可以快速推进新质生产力优化产业链；但新一线城市发展优势相对较小且内部发展差异较大，产业链条布局和区域系统资源日益向北京、上海、广州、深圳等城市倾斜，因而新质效应不够凸显，需要不断提升。

另一方面，数字经济、人工智能、AI 大模型等技术导致时代红利分配不均衡。以云计算为例，据中国信息通信研究院数据，2023 年阿里云、天翼云、移动云、华为云、腾讯云、联通云占据中国公有云 IaaS 市场份额前六，市场份额合计 71.5%，中小平台因技术、资金壁垒难以与其竞争。数字服务市场中的垄断格局使产业链上下游企业被迫接受头部平台制定的规则。

超大特大城市得益于丰富的科技创新资源、人力人才资本、跨国投资和国家政策扶持，在先进制造业、战略性新兴产业和现代服务业发展方面占据优势地位，导致城市之间高质量发展差距不断扩大，“马太效应”日益凸显，我国经济发展重心从中心城市到大城市，再到超大特大城市，直至集聚少数首位城市。首位城市空间有限，增强了国家城市经济系统发展的不稳定性。

六　中央商务区新质生产力优化城市产业链的对策建议

新质生产力对城市产业链的优化作用体现在多个层面。CBD 高端服务业为城市制造业升级提供支撑，CBD 创新资源向城市其他区域溢出、带动传统产业转型升级，CBD 数字基础设施为城市产业数字化提供基础支持。

基于前述报告和问题分析，针对 CBD 新质生产力优化城市产业链存在的突出问题，综合国内外 CBD 发展动态，本报告提出以下对策建议。

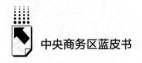

（一）商务服务和科技创新双轮驱动，不断提升新质生产力发展水平

各城市 CBD 可以根据自身所在经济区域的区位特色，依托金融业、文化传媒服务业、信息服务业等商务服务基础，瞄准大数据、互联网、人工智能等战略性新兴产业，以科技创新推进科技产业和服务业发展，以商务服务提升科技创新水平。

北京 CBD 地处北京市朝阳区。近年来朝阳区持续实施“商务+科技”双轮驱动战略，大力建设 CBD 国际金融集聚区，加快构建数字经济产业集群和创新生态，推动新质生产力创新发展。

科技创新成效显著。2024 年，朝阳区金融业增加值增速高于全市平均水平，对地区生产总值的贡献率提升 6.6 个百分点，商务服务业增加值在全市的占比达 45%，信息服务业和科技服务业对地区生产总值的贡献率达 39%。工业互联网融合应用向纵深推进，北京工业软件产业创新中心成立。人工智能生态闭环初步形成，35 个 AI 大模型产品发布，数量占全市的 15%。数字安全产业规模和影响力持续扩大，大模型安全联盟正式组建。数字医疗发展驶入快车道，朝阳区数字医疗概念验证中心成立。[①]

具体做法是，支持和联动链主企业、高校、科研院所布局高能级科创载体，规划建设 13 个特色产业园区、56 个功能性服务平台，形成引才汇智、近悦远来的创新发展强磁场。全市首个互联网 3.0 产业园引领效应更加凸显，园区年营业收入突破 30 亿元。北京首家数字人基地启用，全区数字人核心业务企业数量居全市首位。全市首个数字医疗特色园区揭牌运营。北京理工大学朝阳科技园竣工投用。北工大山河湾谷创新区先导区入驻人工智能企业 72 家、科研团队 43 个。电子城 IC/PIC 创新中心入选全市首批未来产业育新基地。

---

① 《2025 年北京朝阳将打造首都“入境消费第一站”》，人民日报客户端，2025 年 1 月 8 日，https：//www. peopleapp. com/column/30047949729-500006037970。

2024年，朝阳区出台人工智能、数字医疗、数据要素三年行动计划和支持措施，推出中小企业梯度培育措施，支持企业出海。北京数字经济算力中心具备1000P算力规模，入选全国企业数字化应用创新十佳案例。

2025年，朝阳区将服务国家实验室体系建设，全力支持重大科学问题协同攻关。深化数字经济核心区建设，推动大模型应用落地，提升北京国际大数据交易所能级。构建更具国际竞争力的创新生态，推动中关村新一轮先行先试改革措施落地，加快国际创业投资集聚区、国际科技组织总部集聚区联动发展，规划建设数字经济国际合作基地。

商务服务持续推进。在“两区”[①] 建设方面，朝阳区在全市率先发布服务业扩大开放2.0方案，数据跨境、特医食品、人力资源服务出口等领域80项改革任务落地，全国首个真实贸易全环节数字化试点等4个改革创新实践案例在全市推广。北京CBD核心区Z3、Z4、Z6项目封顶，北京国际商事仲裁中心实体平台、香港国际仲裁中心北京代表处挂牌，沙特公共投资基金等中东主权财富基金加速进驻，穆巴达拉咨询公司落地。北京CBD当选全球商务区创新联合会新一任主席机构。新美、君正集团等一批优质企业入驻，基础设施配套水平和环境品质明显提升，阿里巴巴北京总部园区正式投用。

朝阳区全面推进带规划、带空间、带生态、带政策、带资本开展招商引资，增设德国、英国招商联络站，多次组团赴海外招商，举办新加坡企业圆桌会等近百场商贸交流活动，新增入库项目1287个、落地项目802个。新设外资企业420家，占全市总数的23.6%。新增跨国公司地区总部12家，累计总量达167家。

2025年，朝阳区将健全高水平对外开放体制机制。制定服务业扩大开放3.0方案，深化自由贸易试验区提升战略，聚焦国际金融、数字医疗等领域，开展首创性、集成式探索。落实跨境服务贸易负面清单，推动新一轮增值电信、医疗等领域试点任务落地。持续优化营商环境，强化招商引资统筹和规范，建设全国市场监管数字化试验区，打造北京国际商事仲裁中心核心承载

① “两区”指国家服务业扩大开放综合示范区、中国（北京）自由贸易试验区。

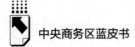

区。同时，建好 CBD 国际金融集聚区，打造国际主权财富基金港。提升商务服务业国际化、数字化、专业化水平，推动总部经济、高端商务、法律服务集聚发展。着力打造 CBD 世界典范，完善全球招商服务体系，开展 CBD 东部地区规划研究，推动核心区 Z4 项目投入使用、Z5 项目结构封顶、Z8 和 Z9 项目开工建设，实施区域环境整体提升行动，推进金和东路项目实施、国际财源中心至银泰中心地下连通，探索建设全球首个“零碳 CBD”。

自 2017 年以来，深圳福田 CBD 开始明确“CBD+科创区”发展战略，并逐步增强新质生产力。

作为全国三大金融强区之一，金融业一直都是福田区的传统支柱产业。仅 2024 年，福田便引进 11 家持牌金融机构，新增 32 家私募基金，分行及以上金融机构总数达 295 家，占深圳的比重近六成。

自 2017 年以来，福田区制定实施了全国首个区县级现代化产业体系中长期发展规划，明确了“CBD+科创区”的发展战略、“曼哈顿+硅谷”的产业愿景，初步形成规划、政策、资源、服务、智能调度有机协同的治理机制。①

福田区实施“CBD+科创区”的发展战略，以“全链条”服务体系赋能科创企业，从孵化培育到产业化落地，形成“政策—载体—资本—场景”的闭环生态。依托全国双创示范基地优势，福田区构建了“天使荟”等专业孵化平台，为初创企业提供了远低于市场价的租金，并配套创业辅导、投融资对接等一站式服务。以晶通半导体为例，成立不到两年的时间即获数千万元天使轮融资，并斩获“科创中国”创新创业投资大会新一代信息技术领域第一名。针对成长期企业，福田区推出“1+9+N”产业政策体系，提供产业资金、空间、人才和住房等全要素支持。依托福田区的供应链，万勋科技（深圳）有限公司的柔韧臂机器人攻克复杂环境下的安全作业难题。

河套深港合作区以“一区两园”模式推动深港协同创新，通过推出深

① 《千亿产业集群壮大　城区产业版图焕新》，搜狐新闻，2025 年 2 月 4 日，https://news.sohu.com/a/855720055_161794。

港“联合政策包”、科研“政策包”、产业“政策包”等专属政策，全力支持两地科技创新。凭借新一代可重构数据流 AI 芯片 CAISA 430，成功摘得“年度重大创新突破产品”的深圳鲲云信息科技有限公司，正是利用河套地区的天然区位优势，通过深港交流互通，融合各方力量，加快产业落地。

目前，福田区已培育国家高新技术企业 1603 家，专精特新中小企业 609 家、创新型中小企业 673 家，专精特新“小巨人”企业 60 家，[①] 正在重构创新城区范式。根据福田区科技和工业信息化局 2025 年工作计划，未来福田区将聚焦深港协同创新，在河套合作区构建“20+10+20”创新矩阵（20 个深港重大平台、10 个顶尖实验室、20 个企业研发中心），探索“港注深运”国际化模式。同步建设人工智能“模力福地”核心区，引入 10 家人工智能头部企业，算力调度规模达 20000P，构建“千模加速器社区”。

在产业升级方面，做强智能终端、软件与信息服务、新能源等 3 个千亿级产业集群，培育生物医药等 5 个百亿级产业集群，推动 2025 年战略性新兴产业增加值超 1100 亿元，同步推动都市制造向高端跃升，规模以上工业产值超 3000 亿元。

（二）赋能实体经济发展，促进创新链价值链产业链集聚

CBD 提升新质生产力，除了适应时代发展要求，以商务服务、科技创新双轮驱动，拓展发展空间外，还需要走出一条赋能实体经济、引导产业链集聚之路。

CBD 服务实体经济，就是从生产关系入手，从人才链优化劳动者、从供需链优化劳动工具，从价值链优化劳动对象，最终适配新质生产力。

因此，各地 CBD 需要依托产业经济发展基础，选择新赛道、打造新业态、探索新科技，充分利用金融、文化、信息、商务等生产性服务业的发展优势，推进产业链优化发展。

---

① 《深圳福田：CBD 与创新极核的双向奔赴》，新浪财经，2025 年 4 月 8 日，https：//cj. sina. com. cn/articles/view/1958132051/74b6b95300101v148。

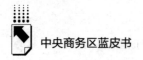

2025 年福田区《政府工作报告》提出，产业强经济强，产业兴百业兴，并提出产业发展的具体方案。①

第一，壮大 3 个千亿级金融支柱集群，提升金融中心能级。壮大银行、证券、保险 3 个营业收入千亿级金融支柱集群，以及私募证券、风投创投、融资租赁、金融科技 4 个营业收入百亿级新质金融产业集群；加快香蜜湖国际风投创投街区建设。有效发挥小微企业融资协调机制作用，促成信贷直达超 2000 家中小微企业，新增贷款超 50 亿元。

第二，构建千亿、百亿、十亿梯次产业格局，建强都市型科创区。构建“千亿引领、百亿支撑、十亿接续”的梯次产业格局，做强智能终端、新能源、软件与信息服务业等 3 个千亿级新质产业集群，做大生物医药、半导体与集成电路、人工智能等百亿级新质产业集群。推动市级以上创新载体突破 400 家，深入实施“模力福地”十大行动，加快打造算力中心、语料数据中心等“五大人工智能中心”。

第三，引进培育时尚品牌超 30 家，建设时尚之都核心区。升级打造车公庙时尚总部中心、华强北科技时尚创客孵化基地、八卦岭时尚创意基地。开展“时尚+AIGC”融合行动，全面赋能服装设计、广告设计等领域；精心举办天空大秀等国际时尚活动，布局 20 个时尚秀场，引进培育时尚品牌 30 家以上，推动时尚产业增加值突破 900 亿元。

第四，打造法律服务业百亿级产业集群，增强高端服务能力。建设涉外法律服务集群，打造国际法律服务平台，落户关键紧缺涉外法律服务机构，加速打造法律服务业百亿级产业集群。推动人力资源服务业实现营业收入 250 亿元。加快推进深圳会展中心改造提升，举办展会 120 场以上。

第五，总部经济增加值超 3000 亿元，拓展新经济新赛道。加快实施“九大新经济”高质量发展行动计划，巩固拓展总部经济、服务经济、楼宇经济，加速发展数字经济、绿色经济、平台经济，创新发展飞地经济、海洋

① 《千亿产业集群壮大　城区产业版图焕新》，搜狐新闻，2025 年 2 月 4 日，https：//news.sohu.com/a/855720055_161794。

经济、低空经济。新增10家市级总部企业，总部经济增加值超3000亿元，百亿级平台企业突破30家，数字创意产业集群增加值超85亿元，海洋经济生产总值突破700亿元。

南京河西CBD位于南京市建邺区。2025年1月17日，南京市建邺区产业科技创新大会暨河西中央科创区建设启动仪式在南京国际博览中心举办。围绕河西中央科创区建设，建邺区将从科创金融、人工智能等方向，大力招引“头雁企业”，打造一流生态，做强数据、算法、算力三大支撑，形成产业科技创新高峰。[①]《河西中央科创区建设（2025—2027）三年行动计划》显示，河西中央科创区将坚持以科技创新引领产业创新，充分把握以人工智能为内核、以数据要素为驱动的新质生产力发展趋势，以“青奥组团”和“鱼嘴组团”为主承载区，推动各类科技创新资源和人工智能企业向河西南集聚。2027年，全区数字经济核心产业及相关产业营业收入预计将超过1000亿元，新增各类产业人才超10万人，河西中央科创区将建设成为全省最具竞争力的“人工智能+”产业高地、最具影响力的产业科技创新承载中心、最具吸引力的“三生融合”城市客厅。

在产业能级提升方面，河西中央科创区将围绕“人工智能+”产业方向，实施企业“倍增”计划、壮大产业集群、打造品牌产品。其中，围绕垂直大模型方向，建邺区将发力“AI+金融”“AI+消费”“AI+政务”“AI+气象”等细分行业，招引培育“人工智能+”领域链主（准链主）企业，带动全区链主（准链主）企业以及人工智能企业总数实现双“倍增”。同时，发挥阿里、小米、恒生电子等链主企业带动作用，集聚一批行业领军企业和生态链企业；引入数据定制化开发、数据标注等大模型服务企业，完善数据产业链。此外，河西中央科创区还将联合江苏省数据局、南京市数据局，开发公共数据产品，共建数据利用生态，打造全省数字政府产业园、公共数据产业园。

---

① 《打造河西中央科创区，“科创建邺”展现更大作为》，新浪财经，2025年1月20日，https：//k. sina. com. cn/article_3233134660_c0b5b844020017tlw. html。

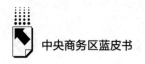

（三）提升专业服务能级，推进新质服务经济高质量发展

专业服务业[①]是 CBD 发展的基础性产业。伴随科技发展，CBD 专业服务的重要价值得以凸显。通过加快先进制造业和现代服务业深度融合，全力做强服务型制造和生产性服务业，CBD 可以充分发挥其专业服务业的优势，推进新质生产力和区域经济高质量发展。

提升专业服务能级，需要优化产业生态体系，完善区域服务功能，建立服务业发展协调机制，实施专业服务业提升行动，培育壮大一批面向制造业的科技研发、人力资源、供应链等专业服务机构，需要推动高水平制度型开放、打造全球领先的专业服务业高地。在这方面，上海陆家嘴 CBD 进行了有益探索。

2023 年 8 月，浦东新区人民政府印发《关于推进陆家嘴金融城专业服务业高质量发展的若干措施》[②]，深入推进陆家嘴 CBD 专业服务业发展。

例如，提升能级水平，引导专业服务业集群化发展。引进和集聚各类高能级机构。重点引进各主要国家和经济体排名领先、细分领域排名靠前的专业服务机构落户陆家嘴 CBD，着力培育立足国内、服务全球的旗舰机构，提高产业集聚度。在主管部门支持下，加快建设陆家嘴国际会计中心、涉外法律研究中心、涉外法律人才在职培训中心、特色律师楼宇等，加快引进特色机构和专业人才。

支持专业服务机构拓展功能、提升能级。促进高端专业服务业和高附加值业务集聚，提高在全球产业链中的地位和竞争力。鼓励专业服务机构新增业务、扩大规模，推动人工智能、区块链、数据安全等领域的数字化转型。推动专业服务业向新经济、新业态、新领域延伸。鼓励外资高端专业服务机

---

① “专业服务业”是指法律、会计、人力资源、知识产权、管理咨询、地产经纪、检验检测、征信评级、建筑设计、仲裁等智力密集型产业。

② 《浦东新区人民政府印发〈关于推进陆家嘴金融城专业服务业高质量发展的若干措施〉的通知》，上海市人民政府网站，2023 年 8 月 21 日，https://www.shanghai.gov.cn/rzfc-gqwj1/20240818/4d0b12d7b8d844cba995e3f9a9a11d14.html。

构设立跨国公司地区总部。推动服务外包向价值链高端延伸，创造高品质服务产品和高质量服务供给。

推动国际化发展。依托中央立法和法治保障授权政策，建立与服务业投资和服务贸易国际通行规则相衔接的制度型开放体系。在满足监管要求的条件下，鼓励专业服务机构拓展跨境服务，以跨境交付或自然人移动的方式提供更多跨境专业服务，推动出台浦东企业服务出口的增值税政策。在行业主管部门指导下，探索更多业务许可开放。

提升国际经济组织集聚度。建立行业主管部门、行业组织的协同机制，优化服务流程，强化法治保障，推动具有全球影响力的国际商会、行业协会、同业公会、产业联盟、标准化技术委员会等国际经济组织落户，依照相关政策，依法依规给予支持。支持国际经济组织依托其全球资源，开展宣传推介、主题展示和品牌推广活动，扩大在华、在沪业务范围。

发挥专业服务机构的专业化、市场化、国际化优势，强化国际经济中心功能建设，提高国际金融中心资源配置能力。发展国际贸易新业态、新模式，积极配合引进全球、全国首店，提升国际贸易中心能级。广泛开展区域战略合作，提升国际航运中心建设综合水平。聚焦新科技新热点，助力培育具有全球影响力的科技创新中心，实现市场资源和区域经济双向赋能。

创新投资促进合作模式。支持专业服务机构依托其丰富的信息渠道和较高的市场信任度，挖掘优质、丰富的客户资源，参与区域投资促进工作。发挥头部机构产业链接作用，通过全球网络和全国机构推介浦东新区和陆家嘴金融城，招引更多优质企业落户。向在陆家嘴 CBD 投资、置业的企业提供更多资讯、指导、平台和渠道。

重庆解放碑 CBD 则聚焦八大方向打造高质量发展极核。[①] 重庆解放碑 CBD 所在的渝中区发布《解放碑中央商务区高质量发展三年行动方案》，提

---

① 《重庆解放碑中央商务区聚焦八大方向打造高质量发展极核》，搜狐新闻，2025 年 2 月 26 日，https：//news. sohu. com/a/864055825_362042。

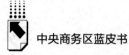

出五大重点专项行动。一是打造全球高端要素集聚地，聚焦龙头企业招引、高端载体提质、高精尖人才虹吸。二是建设国际消费目的地，聚焦提升品牌首位度、消费多元化、扩大影响力。三是构建国际经贸枢纽，聚焦通道升级扩容、平台能级提升、合作空间拓展。四是打造国际化都市形象，聚焦城市焕新、功能跃迁、服务最优。五是强化区域协同发展极核，聚力实施“领头雁”“排头兵”“桥头堡”行动。

据悉，2025 年解放碑 CBD 将围绕“规模化、高端化、特色化、市场化、国际化、品牌化、年轻化、便捷化”八大方向发力，重点包括打造现代金融集聚地，建设陆海新通道、国际消费中心、“一带一路”经贸文化交流中心，实施楼宇经济“标杆引领”三年行动计划，打造更多亿元楼、市级特色“星级”楼宇，活化历史建筑，打造“文旅商融合客厅”，发展电竞等经济新业态，深化“15 分钟高品质生活圈”建设等，助力解放碑 CBD 成为成渝地区双城经济圈高质量发展的“极核引擎”。

参考文献

张杰、高杰英等：《中央商务区产业发展报告（2024）》，社会科学文献出版社，2024。

张杰、高杰英等：《中央商务区产业发展报告（2023）》，社会科学文献出版社，2023。

张杰、蒋三庚等：《中央商务区产业发展报告（2022）》，社会科学文献出版社，2021。

《中共中央关于进一步全面深化改革　推进中国式现代化的决定》，中国政府网，2024 年 7 月 21 日，https：//www. gov. cn/zhengce/202407/content_6963770. htm？sid_fo r_share=80。

《定调超大特大城市，“中国速度”再升级》，央视网，2025 年 2 月 18 日，https：//news. cctv. com/2025/02/18/ARTIUsElHFs2p8J6igHzd8XS250218. shtml。

《超大特大城市加快转变发展方式》，国家发展和改革委员会网站，2024 年 8 月 7 日，https：//www. ndrc. gov. cn/xwdt/ztzl/xxczhjs/xcjsfz/202408/t20240807_1392278. html。

《习近平：发展新质生产力是推动高质量发展的内在要求和重要着力点》，中国政府网，2024 年 5 月 31 日，https：//www. gov. cn/yaowen/liebiao/202405/content _6954761. htm。

《新质生产力稳步发展》，求是网，2025 年 1 月 27 日，http：//www. qstheory. cn/20250127/5e8518bc53e3483fa1a5135a9e7d0251/c. html。

《打造全国高质量发展新动力源　五十项任务立足首都优势发展新质生产力》，中国政府网，2024 年 3 月 27 日，https：//www. gov. cn/lianbo/difang/202403/content _ 6941760. htm。

《深圳：以科技创新引领新质生产力发展》，中工网，2025 年 3 月 25 日，https：//www. workercn. cn/c/2025-03-05/8469753. shtml。

《打造“智慧大脑”科技让朝阳更美好》，北京市朝阳区人民政府网站，2022 年 9 月 27 日，https：//www. beijing. gov. cn/ywdt/gqrd/202209/t20220927_2824396. html。

《北京朝阳推动 CBD 中央商务区向 DBD 数字商务区转型》，新京报，2025 年 4 月 16 日，https：//www. bjnews. com. cn/detail/1744784770129224. html。

《杭州为何崛起“六小龙”？长期优化创新环境开花结果》，新浪财经，2025 年 2 月 15 日，https：//finance. sina. com. cn/jjxw/2025-02-15/doc-inekpaaq6735492. shtml#。

《总部经济持续发力！浦东再迎 13 家跨国公司地区总部、4 家外资研发中心》，澎湃新闻，2025 年 3 月 27 日，https：//www. thepaper. cn/newsDetail_forward_30504249。

《跨国公司地区总部达 998 家，上海做对了什么》，澎湃新闻，2024 年 10 月 19 日，https：//m. thepaper. cn/kuaibao_detail. jsp？contid=29084866。

《何以广州？解码跨境电商之城的产业突围密码》，“广州市规划院”微信公众号，2025 年 4 月 15 日，https：//mp. weixin. qq. com/s？_biz=MjM5MTU3ODc3OA==&mid=2649923318&idx=1&sn=2748d1c0d700f4c2e85a06b27e26ab47&chksm=bf9cce520aa43b6f4d67d31c752444a8747b097372059e4fead37dc8b7ae34095fcc18b0b5af&scene=27。

《【十年巡礼】滨海发布丨天津自贸试验区中心商务片区：用金融活水浇出全国标杆》，“澎湃新闻”百家号，2025 年 4 月 25 日，https：//m. thepaper. cn/baijiahao _30720719。

《邺企来·更精彩丨南京河西中央商务区：世界了解南京的窗口，南京接轨国际的前沿》，“钟山评论”微信公众号，2024 年 7 月 18 日，https：//mp. weixin. qq. com/s？__biz=MzI1NTYwMDA5MQ==&mid=2247546619&idx=2&sn=1dcd4a842cab2339aee305c9d99223f4&chksm=eb97969bc35f57d04eae6e4e2a0dd65de5f1c90e2caf9eb18b2ea863d6aa5f8a2f404ccf9d11&scene=27。

《江苏服务贸易聚焦高端谋转型》，江苏省人民政府网站，2025 年 2 月 6 日，https：//www. jiangsu. gov. cn/art/2025/2/6/art_88302_11485976. html。

《激活深圳 AI 引擎，华为（福田）人工智能人才培养基地正式揭牌》，中国日报网站，2024 年 4 月 26 日，https：//caijing. chinadaily. com. cn/a/202404/26/WS662b4a8ba3109f7860ddb248. html。

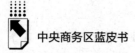

《深圳福田“CBD+科创区”转型成效显现，2024年规上工业产值增速全市第一》，界面新闻，2025年1月11日，https：//www.jiemian.com/article/12233881.html。

《重庆市人民政府办公厅关于印发重庆市软件和信息服务业“满天星”行动计划（2022—2025年）的通知》，重庆市人民政府网站，2022年7月15日，https：//www.cq.gov.cn/zwgk/zfxxgkml/szfwj/xzgfxwj/szfbgt/202207/t20220719_10934338.html。

《“1146”！渝中加速建设“重庆软件天地”打造软信产业集群体系“渝中样板”》，重庆市渝中区人民政府网站，2024年2月27日，https：//www.cqyz.gov.cn/zwxx_229/yzyw/202402/t20240227_12963163.html。

《关于加快打造江北嘴中央商务区生产性服务业功能区的实施意见（2024—2027年）（征求意见稿）》，重庆市江北区人民政府网站，2024年6月24日，https：//www.cqjb.gov.cn/zwgk_190/zdjcgk/zdjcgk_468011/zjyjgg/202406/t20240624_13316471.html。

《苏州聚力做强产业楼宇，折射了中国产业转型升级哪些风向标?》，澎湃新闻，2023年3月30日，https：//www.thepaper.cn/newsDetail_forward_22508306。

《苏州工业园区斩获中国楼宇经济峰会两项大奖》，苏州市人民政府网站，2024年8月29日，https：//www.suzhou.gov.cn/szsrmzf/qxkx/202408/7b87d6aebd9b46689368a363372519a8.shtml。

《苏州高新区（虎丘区）宣传部：寸土生金！高新区楼宇经济“拔节生长”》，苏州高新区管委会网站，2024年12月16日，http：//www.snd.gov.cn/hqqrmzf/tpxw/202412/90ec7c05e692412dab86f31c17231ee2.shtml。

《江汉区因地制宜，“闯关”全域数字化转型》，武汉市江汉区人民政府网站，2024年10月15日，https：//www.jianghan.gov.cn/xwzx/mtbd/202411/t20241106_2480851.shtml。

《升级建设国家高新区！市长“点名”，天河今年这样干→》，澎湃新闻，2025年2月20日，https：//m.thepaper.cn/baijiahao_30204030。

《CBD建成国内首个L4级别高精度城市级数字孪生平台》，北京市朝阳区人民政府网站，2022年9月5日，http：//www.bjchy.gov.cn/dynamic/news/4028805a82f86aff01830c5e72d50b26.html。

《全力打造国际金融聚集区　北京CBD成国际金融机构落户北京首选地》，北京市朝阳区人民政府网站，2024年3月13日，http：//www.bjchy.gov.cn/dynamic/zwhd/4028805a8e172e75018e35d815811130.html。

《新质生产力加速培育壮大　经济含“新”量不断增加　本市平均10天推出一项产业新政》，北京市人民政府网站，2025年4月9日，https：//www.beijing.gov.cn/ywdt/gzdt/202504/t20250409_4060274.html。

《北京朝阳：厚植沃土催“新”芽》，北京市朝阳区人民政府网站，2024年12月5日，http：//www.bjchy.gov.cn/slh/cyyw/4028805a938ff036019394c9778605d6.html。

《国内首个工业 AI 产业园落户朝阳区　中关村（朝阳）工业 AI 产业园亮相》，北京市人民政府网站，2025 年 4 月 1 日，https：//www. beijing. gov. cn/ywdt/gqrd/202504/t20250401_4051934. html。

《朝阳将建设“新质生产力融合示范先导区”》，首都文明网，2025 年 1 月 8 日，https：//www. bjwmb. gov. cn/wmdt/cyq/10088873. html。

《上海市市长龚正：聚焦“五个中心”建设主攻方向　扎实推进经济社会高质量发展》，新华每日电讯，2025 年 3 月 6 日，https：//www. xinhuanet. com/politics/20250306/9606f2188eb94be6aecc562325ed4d1c/c. html。

《上海金融助力新质生产力发展三年行动计划出炉　将在三年内投放 2 万亿元》，新华社，2024 年 4 月 16 日，https：//news. cnstock. com/news，bwkx-202404-5219289. htm。

《浦东新区人民政府印发〈关于推进陆家嘴金融城专业服务业高质量发展的若干措施〉的通知》，上海市人民政府网站，2023 年 8 月 21 日，https：//www. shanghai. gov. cn/rzfc-gqwj1/20240818/4d0b12d7b8d844cba995e3f9a9a11d14. html。

《浦东亮出行动方案：荟萃全球专业服务，赋能新质生产力发展》，搜狐财经，2024 年 11 月 13 日，https：//business. sohu. com/a/826490446_120244154。

《壮大新质生产力　合肥将实施五大工程》，人民网-安徽频道，2025 年 1 月 15 日，http：//ah. people. com. cn/n2/2025/0115/c227131-41109133. html。

《合肥庐阳：产业发展蓄势崛起向“新”而行》，新浪财经，2025 年 1 月 22 日，https：//finance. sina. com. cn/jjxw/2025-01-22/doc-inefutki7986821. shtml。

《中国产业链韧性位居世界第二　在制造业表现、产业总体情况、企业活力等方面优势明显》，上海市人民政府网站，2023 年 11 月 7 日，https：//www. shanghai. gov. cn/nw4411/20231107/fe4e7b2108f741518fad8f0058d5cd33. html。

《深圳各区 2024 年 GDP：龙岗甩掉宝安直追福田》，证券时报网站，2025 年 2 月 24 日，https：//www. stcn. com/article/detail/1539301. html。

《深圳南山创新能级再提升》，经济日报网站，2025 年 3 月 2 日，https：//www. jingjiribao. cn/static/detail. jsp？ id=573094。

《锦江区委宣传部：聚焦首发经济全产业链发展　成都锦江区发布“春熙行动”》，新华网，2025 年 2 月 5 日，http：//www. sc. xinhuanet. com/20250205/c484ca1febed4e53a14bc8e4f12b2746/c. html。

《新一年，拱墅区如何向“新”而行》，每日商报网站，2025 年 1 月 24 日，https：//hzdaily. hangzhou. com. cn/mrsb/2025/01/24/article_detail_3_20250124A034. html。

《2025 年北京朝阳将打造首都“入境消费第一站”》，人民日报客户端，2025 年 1 月 8 日，https：//www. peopleapp. com/column/30047949729-500006037970。

《千亿产业集群壮大　城区产业版图焕新》，搜狐新闻，2025 年 2 月 4 日，https：//news. sohu. com/a/855720055_161794。

《深圳福田：CBD 与创新极核的双向奔赴》，新浪财经，2025 年 4 月 8 日，https：//

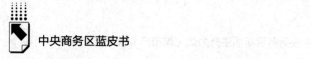

cj. sina. com. cn/articles/view/1958132051/74b6b95300101v148。

《打造河西中央科创区，“科创建邺”展现更大作为》，新浪财经，2025 年 1 月 20 日，https：//k. sina. com. cn/article_3233134660_c0b5b844020017tlw. html。

《重庆解放碑中央商务区聚焦八大方向打造高质量发展极核》，搜狐新闻，2025 年 2 月 26 日，https：//news. sohu. com/a/864055825_362042。

数据分析篇

B.2
中央商务区综合发展报告（2025）

范雨婷*

摘　要： 本报告以13个一线城市CBD和新一线城市CBD为研究对象，测度并分析我国CBD产业发展特征，挖掘发展新质生产力的典型经验。研究发现：一线城市CBD新质生产力赋能产业链的综合发展效应普遍高于新一线城市CBD，新一线城市CBD与一线城市CBD的综合发展效应均值差距正在进一步拉大。从综合发展效应的结构来看，不同CBD发展的结构性分异较强。综合发展效应结构性分异表现为一线城市CBD和新一线城市CBD个体发展的驱动差异。从新质生产力赋能城市产业链的发展经验来看，北京CBD、西安长安路CBD通过大力抓科技创新，促进新质生产力的乘数效应加速释放；上海陆家嘴CBD、深圳福田CBD则充分推动高端服务业和制造业升级。根据研究结论，本报告提出整合产业链资源、打造新科技应用场景、重构产业链价值体系等针对性政策建议。

* 范雨婷，赛迪研究院助理研究员、赛迪顾问高级分析师，首都经济贸易大学博士，主要研究方向为CBD产业发展。

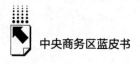

关键词： 中央商务区　新质生产力　产业链

一　引言

党的二十大报告明确指出，要“加快建设现代化经济体系，着力提高全要素生产率，着力提升产业链供应链韧性和安全水平”，这为我国城市产业转型升级指明了方向，也凸显了发展新质生产力的重要性和紧迫性。当前，全球产业链供应链加速重构，新一轮科技革命和产业变革深入发展，城市作为经济发展的主要载体，其产业链的现代化水平直接关系国家经济竞争力和可持续发展能力。发展新质生产力，是推动高质量发展、实现中国式现代化的关键举措。

中央商务区（CBD）是城市产业集聚区，是城市产业链的重要节点，发展新质生产力是推动城市产业链朝高端化、智能化、绿色化方向转型升级，培育新的经济增长点，实现城市经济高质量发展的内在要求。当前，我国多数中央商务区积极推动人工智能、大数据、云计算等新一代信息技术与金融、商务、科技服务等主导产业深度融合，应用场景不断拓展，产业协同机制逐步完善。但是新质生产力应用场景仍较单一，创新资源分散，缺乏有效的整合和共享机制，导致新质生产力应用广度和深度有所不足，对产业链的支撑能力尚需提高。当前，我国不同城市之间的新质生产力培育发展情况各异，因此城市产业链的发展方向和水平也呈现不同的特征。

本报告从中央商务区发展综合视角出发，测度并分析 2021～2023 年我国 13 个中央商务区新质生产力的不同演进特征和发展态势，总结发展经验，分析发展短板，为提升城市产业链竞争力提供经验参考和政策建议。

二　中央商务区综合发展效应指标体系构建

（一）新质生产力概念界定

本报告重点评价和分析城市中央商务区的新质生产力发展水平和特征，因此应先对中央商务区新质生产力做出概念界定。本报告中新质生产力的概念，是从中央商务区的视角出发，以科技创新为核心驱动力，以数字化、网络化、智能化为特征，以高端化、智能化、绿色化为方向的新型生产力形态。

对城市或某一区域新质生产力的评价主要采用指标体系法来评估，现有文献中主要有两种测度方式：一是基于过程的测度方式，这种方式下要测度一个城市的新质生产力发展水平需从投入产出的角度测度相关产业运行情况；二是基于结果的测度方式，该方式强调新质生产力对城市产业链造成的影响。投入产出数据无法识别某个城市的新质生产力发展情况，缺少了空间的概念，而基于结果的测度方式能够区分城市或 CBD 的新质生产力情况，并且能够包含新质生产力发展在城市或 CBD 中系统性、全方位的效应。因此，本报告从结果出发，采用指标体系法来测度中央商务区的新质生产力赋能城市产业链的综合发展效应。

（二）样本选取

本报告选取全国 13 个典型城市的中央商务区作为研究对象。虽然在中央商务区综合发展效应测算的过程中，把所有 CBD 都当成样本可使结果更能体现一般性。但是杭州、天津、深圳等城市的 CBD 众多，如果单一城市采用多个 CBD 进行效应测算，可能会出现数据重复使用的情况，结果缺乏可比性。为使综合发展效应更具有客观性，数据选取基于 2020~2022 年各区统计年鉴、国民经济和社会发展统计公报、城市统计年鉴等权威统计资料，不单纯依赖少数专家的主观评分法，使用尽可能可靠的数据。

（三）指标体系和指标说明

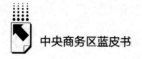

本报告认为基于结果对新质生产力赋能产业链的综合发展效应进行评估，主要用产业生态变化对城市经济社会系统造成的影响来指代新质生产力赋能产业链的结果效应。因此，在这种创新下，产业系统的调整和优化对城市经济社会系统的影响是全面的。基于此，根据全面性原则、规范性与可比性原则、动态性原则、可操作性原则、产业特性原则，本报告构建中央商务区综合发展效应指标体系，全面考虑了新质生产力对中央商务区经济社会发展变革产生的五大方面的效应，即经济发展效应、经济驱动效应、科技创新效应、社会发展效应和区域辐射效应。对应5个一级指标和22个二级指标，如表1所示。测算方法为：首先，各二级指标按熵值法确定权重计算合成一级指标；其次，5个一级指标按等权重原则合成综合发展效应。本报告的研究对象是CBD，分析的基础是CBD所在城区，如无特殊说明，采用区级数据和城市级数据进行指标计算。使用城市级数据时，会在指标解释中做出说明，比如每百人公共图书馆藏书、每万人拥有公交车辆。此类指标不存在严格的区级划分，而是互相流动、互相共享的，故使用城市级数据。

表1　中央商务区综合发展效应指标体系

一级指标	二级指标	指标测度	理论内涵
经济发展效应	GDP	CBD所在城区GDP	经济发展效应是CBD发展新质生产力的最直接的结果反映。内在机制在于新质生产力通过统筹CBD经济系统各要素，利用政府和市场两个途径，优化调整产业链、创新链布局。产业链的优化直接作用于CBD经济系统的边际产出
	人均GDP	CBD所在城区GDP/城区常住人口	
	地方一般预算收入	CBD所在城区纳入公共预算管理的财政收入，不含政府性基金收入	
	人口密度	CBD的常住人口/行政面积	
	城区GDP占城市GDP的比重	CBD所在城区的GDP/城市GDP	

续表

一级指标	二级指标	指标测度	理论内涵
经济驱动效应	全社会固定资产投资总额	CBD 所在城区以货币表现的建造和购置固定资产活动的数量	经济驱动效应是新质生产力培育壮大过程中对经济系统内部动能产生的调整效应。内在机制在于新质生产力的发展将促进经济系统要素优化，影响产业链供应链各环节生产要素的动能结构，包括投资、收入、出口、销售等
	城镇居民人均可支配收入	反映居民家庭全部现金收入中能用于安排家庭日常生活的那部分收入的人均量	
	社会消费品零售总额	批发和零售业、住宿和餐饮业以及其他行业直接销售给城乡居民和社会集团的消费品金额	
	外贸出口总额	出口总额	
	实际利用外资金额	批准的合同外资金额实际执行数，外商投资企业实际缴付的出资额等	
科技创新效应	专利授权数	使用城市级数据	产业发展依靠科技创新驱动。新质生产力本身与科技创新有关，通过产业链协同效应影响各环节的技术发展潜在能力和研发创新的方向。潜在能力体现在人力资本上，创新方向则体现在产业专利申请数上
	万人高校在校生数	使用城市级数据	
社会发展效应	教育支出占公共财政支出的比重	用常住人口计算，使用城市级数据	新质生产力赋能产业链既依赖社会治理和公共服务，又能改变城市的社会治理和服务体系，此处表现为社会发展效应
	每百人公共图书馆藏书	用常住人口计算，使用城市级数据	
	每千人拥有医疗机构床位数	用常住人口计算，使用城市级数据	
	每千人拥有执业医师数	用常住人口计算，使用城市级数据	
	每万人拥有公交车辆	用常住人口计算，使用城市级数据	
	人均城市道路长度	路面长度在 3.5 米以上的道路与常住人口的比值，使用城市级数据	
	人均公园绿地面积	绿地面积与常住人口的比值，使用城市级数据	

续表

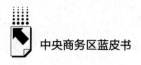

一级指标	二级指标	指标测度	理论内涵
区域辐射效应*	辐射能力效应	参见本书 B. 3《中央商务区区域辐射报告(2025)》	CBD 的新质生产力赋能作用主要通过优化产业链、供应链、创新链等进行,而“链”效应的存在本身就意味着产业生态存在空间上的外部性,此处表现为区域辐射效应
	辐射行动效应		
	辐射绩效效应		

注：指标解释中未注明的，均指城区数据。本报告直接采用本书 B. 3《中央商务区区域辐射报告（2025）》中的区域辐射结果测算综合发展效应。区域辐射效应的详细测算过程参见该报告。

资料来源：CBD 所在城区或城市统计年鉴、国民经济和社会发展统计公报。

1. 经济发展效应

GDP、地方一般预算收入、人均 GDP、城区 GDP 占城市 GDP 的比重，是 CBD 所处城区发展水平以及综合实力的反映，也充分体现了 CBD 的地位。

人口密度：通常，CBD 的人口数量很多，所以非常拥挤，人口密度也非常大。

2. 经济驱动效应

全社会固定资产投资总额：中央商务区集聚了非常多的高端服务业，所以交通、商业、商务以及娱乐等基础设施必须完善。基础设施的完善必然需要政府部门的支持，在资本方面具体体现为城市各种固定资产投资进一步增加。所以城市基础设施的实际建设情况在一定程度上也可以通过固定资产投资来反映。

社会消费品零售总额是消费能力的一种体现。城区以及附近居民的消费会进一步带动 CBD 的发展。城镇居民人均可支配收入也是居民消费潜力的一种体现，社会消费品零售总额是在特定时间段内居民消费水平的实际情况，同时是对 CBD 商业功能的一种反映。

外贸出口总额、实际利用外资金额：中央商务区具有开放性特征，在经济发展的过程中，不仅消费及投资发挥着带动作用，出口和外资流入因素也至关重要。

3. 科技创新效应

党的二十大报告明确提出必须坚持科技是第一生产力、人才是第一资源、创新是第一动力。全球经济发展越来越体现出科技创新的引领作用，不仅体现在核心技术层面，也体现在发展方向层面。一个城市的中央商务区，本来就集聚了各种高精尖产业，相较于其他区域来说，科技创新对该区域的发展至关重要。CBD 应该积极运用智能化技术及科技创新，在城市经济发展中发挥引领作用，抢占更多的市场先机。

专利授权数是衡量创新活动的一个指标。这个指标没有城区的数据，而是用城市级数据来替代。

万人高校在校生数：衡量城市的人才储备能力以及后续的创新潜力。当前我国普遍存在人口老龄化严重的现象，必须提升全民的教育水平，以此来挖掘更多的创新潜力。同一城市中，人才在各个区间的流动可以忽略不计，而且这个指标采用平均值，所以用城市级数据来代替。

4. 社会发展效应

社会发展效应反映了 CBD 所处城区优质资源集聚的吸引力以及综合环境。中央商务区反映的是高端城市的产业集聚现象，在该区域有非常多的高新技术企业，而且各种基础设施非常完善，信息的流动性非常好，整体的综合环境以及吸引力都能够进一步推动第三产业的发展和集聚。本报告认为在社会发展的过程中，二级指标中教育支出占公共财产支出的比重、每千人拥有医疗机构床位数、每百人公共图书馆藏书、每万人拥有公交车辆、人均公园绿地面积等在各城区间的共享度比较高，而且上述指标都采用平均值，没有明确的城区数据，所以都使用城市级数据来替代。

5. 区域辐射效应

指标说明及测算详见本书 B. 3《中央商务区区域辐射报告（2025）》。

三　测度结果与综合分析

（一）综合发展效应

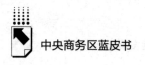

本报告具体按照熵值法计算原理，分别对2021~2023年13个CBD综合发展效应及五大分效应进行测算，详见表2。

表2　2021~2023年13个CBD综合发展效应及五大分效应

年份	CBD	经济发展效应	经济驱动效应	科技创新效应	社会发展效应	区域辐射效应	综合发展效应
2023	北京CBD	10.227	10.220	10.692	10.076	16.593	57.808
	上海陆家嘴CBD	11.312	12.319	10.447	10.182	16.923	61.183
	广州天河CBD	10.398	10.242	9.676	10.385	16.488	57.189
	深圳福田CBD	10.528	11.021	9.612	10.503	16.275	57.939
	天津滨海新区CBD	10.766	9.634	9.543	9.876	15.992	55.811
	西安长安路CBD	9.749	9.355	11.927	10.046	15.316	56.393
	重庆解放碑CBD	9.896	9.472	9.954	10.041	15.945	55.308
	杭州武林CBD	9.473	9.991	10.164	9.602	15.726	54.956
	武汉王家墩CBD	9.836	9.499	10.393	9.842	15.757	55.327
	成都锦江CBD	9.377	9.551	9.102	9.805	15.973	53.808
	南京河西CBD	9.469	9.670	9.036	9.993	15.576	53.744
	沈阳金融商贸CBD	9.412	9.434	9.883	9.938	15.221	53.888
	长沙芙蓉CBD	9.557	9.591	9.570	9.711	15.305	53.734
2022	北京CBD	10.211	10.446	10.579	10.088	16.893	58.217
	上海陆家嘴CBD	11.327	12.059	10.153	9.853	16.992	60.384
	广州天河CBD	10.404	10.288	9.844	10.504	16.305	57.345
	深圳福田CBD	10.419	11.103	9.472	10.655	16.303	57.952
	天津滨海新区CBD	10.757	9.825	9.506	9.867	16.265	56.220
	西安长安路CBD	9.777	9.283	11.579	10.277	15.670	56.586
	重庆解放碑CBD	9.899	9.421	9.020	10.125	15.934	54.399
	杭州武林CBD	9.493	9.930	10.261	9.493	15.902	55.079
	武汉王家墩CBD	9.848	9.542	11.859	9.774	15.943	56.966
	成都锦江CBD	9.361	9.532	9.190	9.807	16.102	53.992

续表

年份	CBD	经济发展效应	经济驱动效应	科技创新效应	社会发展效应	区域辐射效应	综合发展效应
2022	南京河西 CBD	9.483	9.623	9.122	9.929	15.423	53.580
	沈阳金融商贸 CBD	9.444	9.385	9.732	9.863	15.325	53.999
	长沙芙蓉 CBD	9.577	9.563	9.682	9.765	15.575	53.912
2021	北京 CBD	10.249	10.401	10.636	9.906	16.832	58.024
	上海陆家嘴 CBD	11.306	12.213	10.090	10.450	17.061	61.120
	广州天河 CBD	10.395	10.260	9.581	11.176	16.277	57.689
	深圳福田 CBD	10.514	10.965	9.353	10.264	16.306	57.402
	天津滨海新区 CBD	10.772	9.795	9.495	10.074	16.346	56.482
	西安长安路 CBD	9.776	9.253	11.602	9.848	15.632	56.111
	重庆解放碑 CBD	9.906	9.365	10.080	9.628	16.135	55.114
	杭州武林 CBD	9.457	9.911	10.201	9.253	15.939	54.761
	武汉王家墩 CBD	9.826	9.714	11.670	10.187	15.942	57.339
	成都锦江 CBD	9.339	9.671	9.027	9.940	16.114	54.091
	南京河西 CBD	9.494	9.601	9.062	9.979	15.431	53.567
	沈阳金融商贸 CBD	9.404	9.345	9.625	9.816	15.514	53.704
	长沙芙蓉 CBD	9.564	9.506	9.578	9.471	15.328	53.447

资料来源：区域辐射效应采用 B.3《中央商务区区域辐射报告（2025）》测算结果，其余效应及综合发展效应为笔者测算，下同。

本报告将 13 个城市划分为一线城市和新一线城市。一线城市包括北京、上海、广州、深圳等 4 个城市，其余样本为新一线城市。划分依据来自第一财经·新一线城市研究所发布的《2024 新一线城市魅力排行榜》。[①] 根据综合发展效应结果，分析如下。

第一，从整体上来看，2021～2023 年，一线城市 CBD 和新一线城市 CBD 综合发展效应之间的差异较为明显。和以往研究的结论类似，一线城市 CBD 综合发展效应均高于新一线城市 CBD。三年间，一线城市 CBD 新质

① 《2024 新一线城市魅力排行榜发布！成都，榜首！》，成都市人民政府网站，2024 年 9 月 21 日，https://www.chengdu.gov.cn/cdsrmzf/c169603/2024-05/30/content_651dc25aa725413c96f98532daeb709d.shtml。

生产力综合发展效应均值回升向好，从 2022 年的 58.474 上升到 2023 年的 58.530，增长幅度约为 0.096%。新一线城市 CBD 综合发展效应均值从 54.970 下降到 54.774，降幅为 0.357%。从两组 CBD 的综合发展效应均值来看，新一线城市与一线城市 CBD 的差距在进一步拉大。

第二，一线城市 CBD 中，CBD 综合发展效应存在异质性。2023 年，上海陆家嘴 CBD 综合发展效应明显增强，产业升级的加速器效应加速释放，综合发展效应为 61.183，北京 CBD 不断培育壮大新质生产力，赋能产业升级效果逐渐显现，综合发展效应为 57.808。上海陆家嘴 CBD 综合发展效应实现了较大幅度的增长，涨幅为 1.323%。上海陆家嘴 CBD 综合发展效应的增长主要得益于陆家嘴汇聚了全球顶尖的金融机构，为产业链升级提供了充足的资本支持，同时周边张江科学城的研发能力（如芯片、生物医药）与陆家嘴的资本、市场优势形成联动，推动“研发—转化—产业化”闭环。除上海陆家嘴 CBD 外，北京 CBD、广州天河 CBD 在 2021~2023 年的综合发展效应呈现略微的下降趋势，说明其正处于产业结构深度调整期。广州天河 CBD 综合发展效应从 2022 年的 57.345 下降到 2023 年的 57.189，基本维持在 57 的水平以上，深圳福田 CBD 则从 2022 年的 57.952 下降到 2023 年的 57.939。国内市场需求增长趋缓和外贸环境恶化的内外叠加效应正倒逼广州天河 CBD 和深圳福田 CBD 加快发展新质生产力。

第三，新一线城市 CBD 中，2021~2023 年，西安长安路 CBD 综合发展效应正加速释放，2023 年综合发展效应为 56.393，这说明西安长安路 CBD 科学技术创新驱动新质生产力发展，产业链布局逐渐优化，产业链和创新链融合程度较高，对经济社会发展产生了持续的正反馈效应。2023 年，综合发展效应超过 55 的 CBD 还包括天津滨海新区 CBD、武汉王家墩 CBD 和重庆解放碑 CBD，其综合发展效应分别为 55.811、55.327 和 55.308，新质生产力的支撑效果逐渐形成。杭州武林 CBD 的综合发展效应为 54.956。2023 年，杭州武林 CBD 数字技术加快向商贸服务业渗透、融合，对城市产业链的升级产生了深刻影响。整体来看，新一线城市 CBD 正处于产业发展的深度调整期和升级关键期。

从5个分效应的贡献来看，区域辐射效应在5个发展效应中占比最高，从其余4个分效应来看，北京CBD在加快培育新质生产力的过程中，其产生的科技创新效应最显著，即北京CBD新质生产力赋能产业链在推动科技创新上具有最大的效果。上海陆家嘴CBD和深圳福田CBD则更多体现在经济驱动效应上。对广州天河CBD来说，发展新质生产力对产业链的作用则直接体现在了经济发展上，经济发展效应的占比最高。对于新一线城市CBD来说，经济发展效应占比最高的是天津滨海新区CBD；西安长安路CBD、杭州武林CBD和武汉王家墩CBD的科技创新效应占比最高，新质生产力赋能产业链在科技创新提升上的作用不可忽视；重庆解放碑CBD、成都锦江CBD、南京河西CBD、沈阳金融商贸CBD、长沙芙蓉CBD的新质生产力赋能效应则更多地体现在社会发展上，在综合发展效应中社会发展效应占比最高（见图1）。

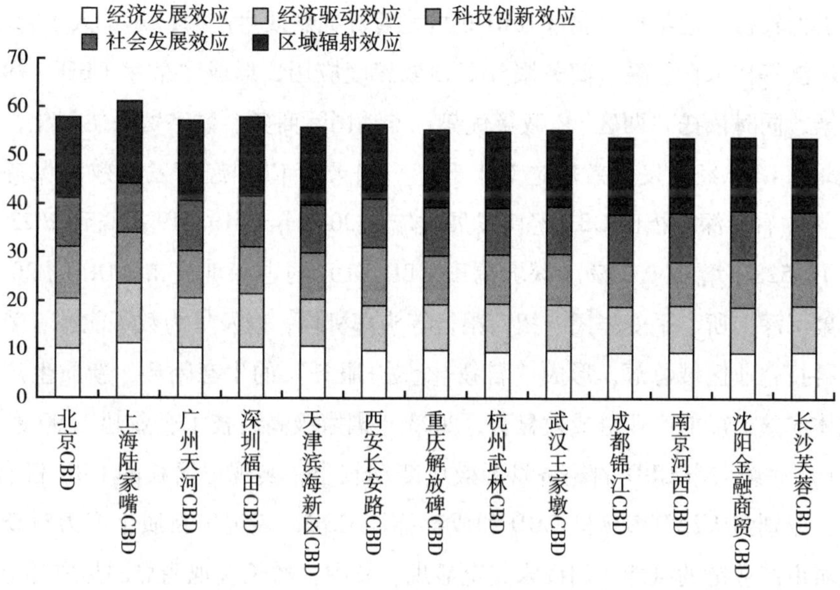

图1　2023年13个CBD综合发展效应构成

资料来源：笔者根据各区统计年鉴、国民经济和社会发展统计公报等数据计算整理得到。

（二）经济发展效应

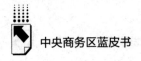

经济发展效应包含的细分指标有5项，分别为人均GDP、GDP、地方一般预算收入、城区GDP占城市GDP的比重、人口密度。本报告根据细分指标测算经济发展效应。具体分析如下。

第一，从经济发展效应来看，一线城市CBD经济发展效应总体上高于新一线城市CBD。如图2所示，在一线城市CBD中，上海陆家嘴CBD经济发展效应突出，新质生产力赋能高质量增长的作用显著。具体测度数据显示，2022~2023年上海陆家嘴CBD经济发展效应保持在11.3以上，在经济下行趋势下，表现出新质生产力优化城市产业链、对冲经济下行压力的较强韧性。一线城市CBD中，北京CBD经济发展效应增长明显，从2022年的10.211提高到2023年的10.227。北京CBD集聚了全市40%以上的跨国公司地区总部和近百家世界500强企业，创新要素高度集聚，高成长科技企业吸引力较强。近年来，北京CBD积极培育壮大新质生产力，5G、人工智能、区块链等技术在金融、商务服务等领域深度应用，形成“数字CBD”标杆场景，同时依托“两区”[①] 政策优势，推动国际商务、数字贸易便利化，促进北京CBD经济发展效应逆势上升。广州天河CBD经济发展效应保持在10.4左右，深圳福田CBD经济发展效应从2022年的10.419提高到2023年的10.528，增长1.05%。深圳福田CBD GDP约占深圳全市GDP的20%，汇聚了深交所、平安集团、招商银行等头部机构，以及华为数字能源、荣耀等科技企业区域总部，形成“科技+金融+服务”的生态闭环，新质生产力载体成熟，赋能产业链成效显著，2023年国家级高新技术企业超1500家。[②] 9个新一线城市CBD的经济发展效应变动较小，实现正增长的CBD仅有2个，分别为天津滨海新区CBD和成都锦江CBD，表现出新质生产力对新一线城市产业链的赋能作用尚未完全显现。其中，增长表现明显的是成都锦江

① “两区”指的是国家服务业扩大开放综合示范区、自贸试验区。

② 《产业特色》，福田政府在线，2025年2月19日，https：//www.szft.gov.cn/zjft/ftgk/content/post_12007862.html。

CBD，从 2022 年的 9.361 增长到 2023 年的 9.377，增长 0.17%。天津滨海新区 CBD 经济发展效应从 2022 年的 10.757 增长到 2023 年的 10.766，增幅较小。

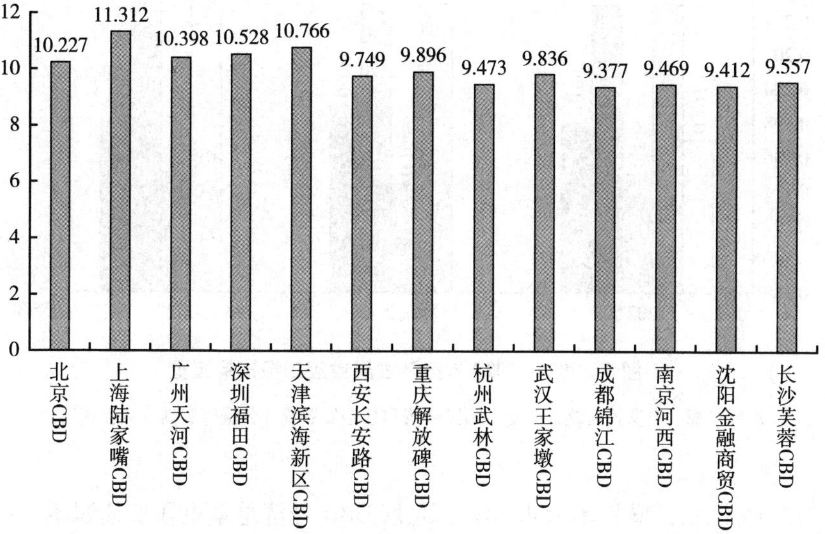

图 2　2023 年 13 个 CBD 经济发展效应

资料来源：根据各区统计年鉴、国民经济和社会发展统计公报等数据计算整理得到。

第二，从经济发展效应的具体作用方面来看，三年间指标贡献值变动不大。从图 3 中可以看出，5 个指标中，略有变动的是地方一般预算收入和城区 GDP 占城市 GDP 的比重，这表明 13 个 CBD 培育和发展新质生产力对地方一般预算收入和城区 GDP 占城市 GDP 的比重相对敏感，影响也较大。

从 5 个二级指标可以看出新质生产力对 CBD 产业链产生的经济发展效应具体提升的边际效应。

第一，从 CBD 的 GDP 指标来看，2023 年 13 个 CBD 的 GDP 均实现增长，如图 4 所示。2023 年，13 个 CBD 的 GDP 为 56353.74 亿元，比 2022 年增长了 4.75%。从增长率来看，2023 年 13 个 CBD 的 GDP 增长率大都高于 2022 年，不同于 2021 年经济的恢复性强劲增长，进入复苏的"慢周期"。在一线城市 CBD 中，上海陆家嘴 CBD 拥有较高的 GDP，2023 年达到

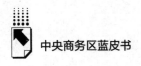

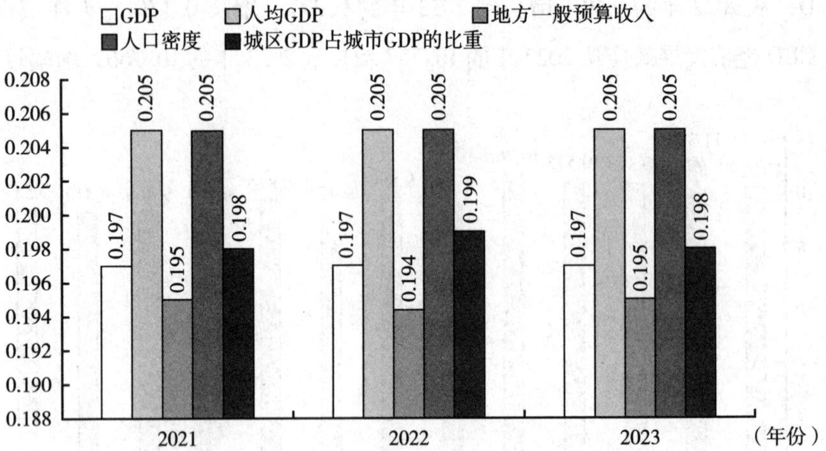

图 3　2021~2023 年经济发展效应二级指标权重

资料来源：根据各区统计年鉴、国民经济和社会发展统计公报等数据计算整理得到。

16715.15 亿元，增长率为 4.38%。北京 CBD 经济总量也在加速积累，2023 年 GDP 达到 8387.2 亿元，增长率为 5.90%，在 4 个一线城市 CBD 中经济增长态势领先。2023 年，广州天河 CBD 和深圳福田 CBD 的 GDP 分别为 6551.26 亿元和 5704.55 亿元。深圳福田 CBD 的 GDP 增长率为 3.65%，广州天河 CBD 的 GDP 增长率为 5.40%，相对来说，广州天河 CBD 得益于新质生产力的发展，GDP 回到中高速增长轨道。新一线城市 CBD 中，2023 年，成都锦江 CBD 和武汉王家墩 CBD 实现了经济总量的快速跃迁，GDP 分别达到 1446.2 亿元和 1627.11 亿元，分别实现了 10.89% 和 6.56% 的增长。2023 年，成都锦江 CBD 围绕数字经济和消费场景进行了多项创新，引进人工智能、大数据等企业超百家，建成西部首个“AI 创新应用先导区”，同时，春熙路—太古里商圈升级为“数字消费示范区”“锦江数智产业园”等 10 个科创载体吸引字节跳动、腾讯等头部企业设立区域研发中心，一系列培育发展新质生产力的行动助推成都锦江 CBD 经济总量快速攀升。武汉王家墩 CBD 则大力发展总部经济，作为武汉现代服务业核心区，2023 年经济增速明显高于全市平均水平，现代金融、数字经济、高端商务等产业贡献突出，重点发展金融、法律、咨询等生产性服务业，引入区域性总部和功能性机构，企业总部集聚效应增强，吸引了平安保险、中石化华中总部等 500 强企业入驻，带动产业链上下游协同发展。天津滨海新区 CBD GDP 突破 7000 亿元达到 7248.79 亿元。

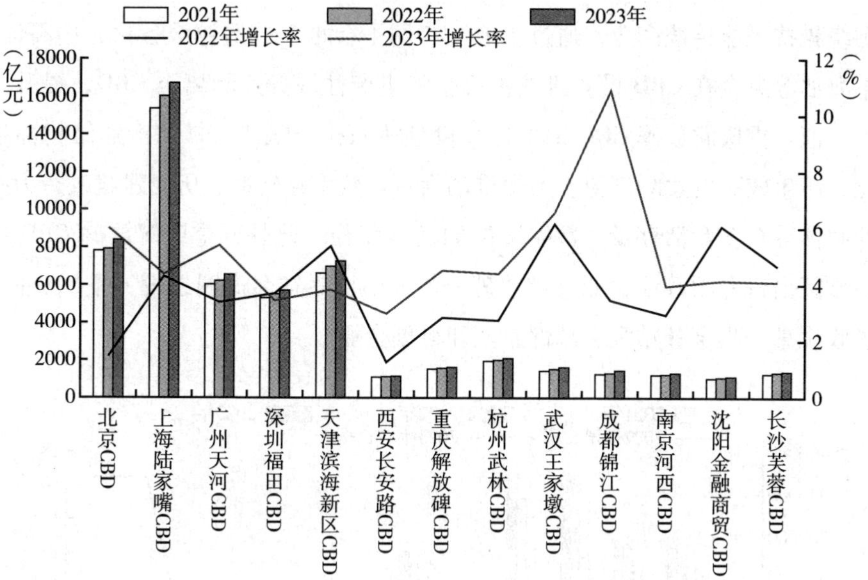

图 4　2021~2023 年 13 个 CBD 的 GDP 及增长率

资料来源：根据各区统计年鉴、国民经济和社会发展统计公报等数据计算整理得到。

第二，从人均 GDP 来看，如图 5 所示，2023 年，13 个 CBD 的人均 GDP 均实现了正增长。一线城市 CBD 中，北京 CBD 人均 GDP 达到 243531 元，低于其他 3 个一线城市 CBD 的人均 GDP，但从增长率来看，北京 CBD 人均 GDP 的增长率是 4 个一线城市 CBD 中最高的，达到 5.84%。这得益于北京 CBD 现代服务业结构不断朝着高端化的战略方向推进，依托中关村科技园区政策外溢效应，CBD 加速数字化转型，吸引人工智能、区块链、金融科技等新质生产力企业，高附加值产业直接推升人均产出，同时，通过数字 CBD 建设，推动传统商务与数字技术融合，提升生产效率。深圳福田

CBD 的人均 GDP 最高，达到 375052.60 元，增长率为 3.22%。上海陆家嘴 CBD 和广州天河 CBD 的人均 GDP 分别为 287642 元和 293798 元，增长率分别为 3.86%和 4.63%。在新一线城市 CBD 中，人均 GDP 最高的是天津滨海新区 CBD，其次是重庆解放碑 CBD，2023 年分别达到 358460.59 元和 282724 元，增长率分别为 3.91%和 5.62%。究其原因，天津滨海新区 CBD 围绕科技赋能传统产业，通过工业互联网平台推动制造业服务化，中石油、中海油等央企在 CBD 设立研发中心，将生产性服务业剥离至 CBD，提升人均产值。重庆解放碑 CBD 则聚焦存量盘活和科技赋能，推动产业结构高端化，产生较高的边际产值，力图推动商贸业数字化转型、历史建筑改造为商业载体等众多盘活存量、数字赋能的发展路径。此外，重庆解放碑 CBD 所在城区出台专项政策，如《解放碑—朝天门世界知名商圈建设方案》，通过税收优惠、租金补贴吸引总部企业和科创企业。

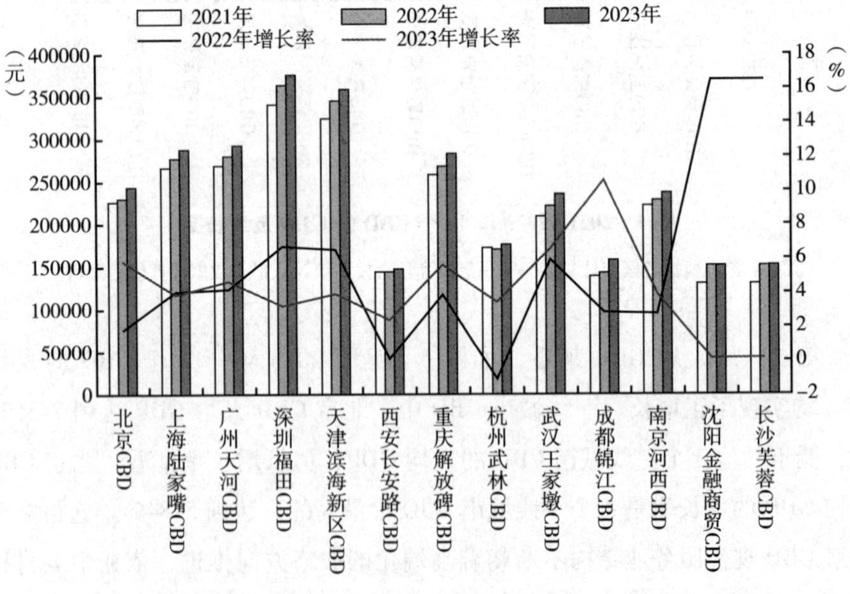

图 5　2021~2023 年 13 个 CBD 人均 GDP 及增长率

资料来源：根据各区统计年鉴、国民经济和社会发展统计公报等数据计算整理得到。

第三，从地方一般预算收入来看，总体上，新质生产力赋能产业的过程对地方财政的支撑作用实现短暂回升。在一线城市 CBD 中，从总量来看，如图 6 所示，上海陆家嘴 CBD 所在浦东新区的一般公共预算收入最高，超过 1300 亿元，其次是北京 CBD，达到 563.49 亿元，广州天河 CBD 的地方一般预算收入相对较少，为 82.77 亿元。从增长率来看，北京 CBD 的增长率最高，达到 12.02%。在新一线城市 CBD 中，9 个 CBD 有 8 个实现正增长，其中增长率最高的是沈阳金融商贸 CBD，2023 年达到 70.6%，总量为 94.7 亿元，其次是天津滨海新区 CBD，一般公共预算收入达 565.4 亿元，增长率达 11.87%。武汉王家墩 CBD 地方一般预算收入为负增长。事实上，2021~2022 年，在经济下行压力下，产业结构调整速度加快，对财政预算造成短期的下行冲击，同时叠加减税降费规模加大，财政收入进入中低速增长轨道。大规模留抵退税政策在 2022 年集中实施后，2023 年回归常态，政策对财政收入的挤压减弱，税收基数效应显现。此外，各地 CBD 招商引资促

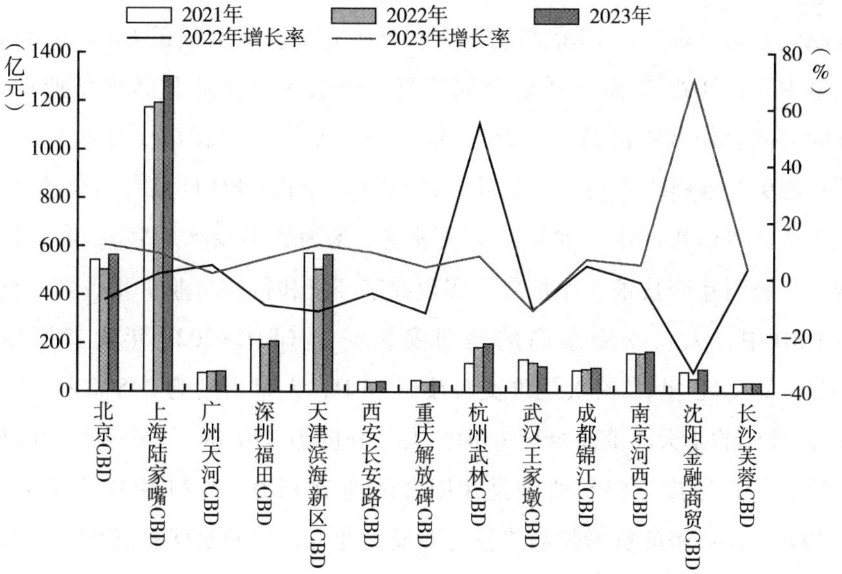

图 6　2021~2023 年 13 个 CBD 地方一般预算收入及增长率

资料来源：根据各区统计年鉴、国民经济和社会发展统计公报等数据计算整理得到。

进新质生产力相关产业入驻，对财政的补充效果初步显现，房地产市场局部企稳，部分地方政府通过盘活资产、提高资源类收入等非税收入弥补税收缺口。但是长期来看，各 CBD 地方一般预算收入仍面临挑战，土地财政依赖未根本改变，中央加杠杆增发国债支撑财政，推动化债，但地方化债和偿债能力仍面临一定的挑战，未来仍取决于经济转型和收支结构优化的成效。在此情况下，优化升级传统产业、培育壮大新兴产业、前瞻布局未来产业将成为培育和发展新质生产力、提升产业链韧性的关键路径。

第四，从人口密度来看，各 CBD 加快培育新质生产力对人口质量和数量都将产生一定程度的优化调整作用，进而对产业链中的劳动力要素供给形成影响。如图 7 所示，与 2022 年一半以上的城区人口密度下降的情况相比，2023 年 13 个 CBD 中，有 4 个 CBD 人口密度负增长，其他均为正增长。具体来看，一线城市 CBD 中，人口密度最高的是广州天河 CBD，为 23233 人/公里^2，增长率为 0.74%；其次是深圳福田 CBD，为 21642 人/公里^2，增长率为 12.39%，在一线城市 CBD 中，增长率处于首位。究其原因，与深圳福田 CBD 产业集聚和升级有关。深圳福田 CBD 作为深圳金融中心，2023 年商务活动全面恢复，吸引大量企业和新增就业返岗，同时前海合作区扩区政策（2021 年）进一步强化福田的金融枢纽地位，带动相关产业链人才流入。此外，2023 年，福田 CBD 重点布局金融科技、人工智能等新兴产业（如腾讯金融科技、华为数字能源总部），高薪岗位增加，吸引年轻技术人才集聚，实现数字经济和科技企业扩张。新一线城市 CBD 中，人口密度最高的是西安长安路 CBD，2023 年人口密度达 33316.2 人/公里^2，其次是重庆解放碑 CBD，人口密度为 24870.91 人/公里^2，最低的是天津滨海新区 CBD，人口密度为 890.84 人/公里^2。从增速来看，人口密度下降最快的是沈阳金融商贸 CBD，2023 年的增长率为-4.49%，人口密度负增长趋势较为明显。此外，即便是保持正增长的新一线城市 CBD，也仅仅是微弱增长。这表明，新一线城市培育发展新质生产力的效应目前尚未在提升劳动要素数量上有所体现，这将在短期内制约新一线城市产业链“延链、补链、强链”的进程和成效。

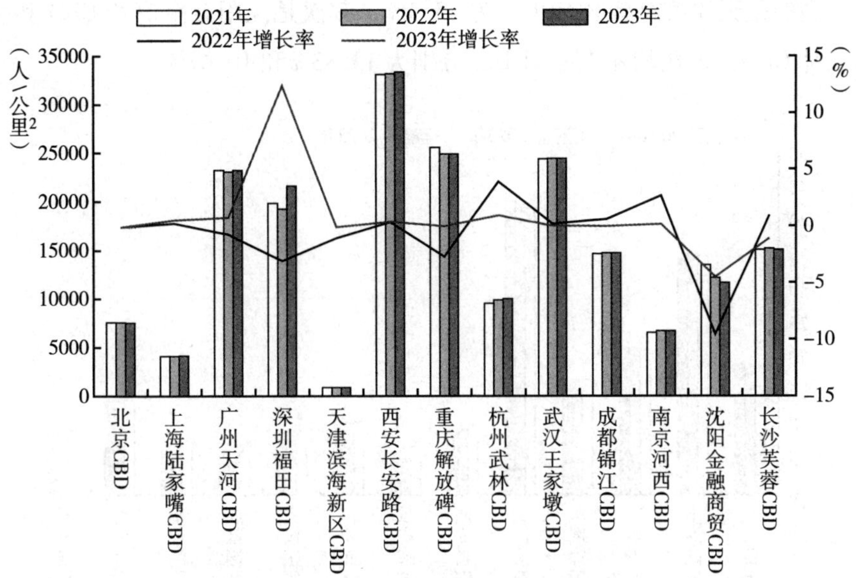

图7　2021~2023年13个CBD人口密度及增长率

资料来源：根据各区统计年鉴、国民经济和社会发展统计公报等数据计算整理得到。

第五，从城区GDP占城市GDP的比重（以下简称“GDP占比”）来看，一线城市CBD的经济总量贡献率明显高于新一线城市CBD，且2021~2023年，13个CBD的GDP占比大部分较为稳定。具体来看，如图8所示，一线城市CBD中GDP占比最高的是上海陆家嘴CBD，2023年占比为35.4%，相比2022年的35.86%有所下降，下降0.46个百分点。上海陆家嘴CBD国际金融服务业产值占比较高，2023年受全球货币政策紧缩（美联储加息）、国内资本市场波动等方面的影响，行业盈利承压，拉低金融服务业增加值。此外，陆家嘴集聚较多的房企总部，房企营收收缩，连带影响上下游（建筑、法律、咨询等）服务业表现收缩，上海多中心发展分化陆家嘴高端服务业集聚度，也在一定程度上降低了上海陆家嘴CBD的GDP占比。广州天河CBD和北京CBD的GDP占比相对稳定，分别稳定在21.6%和19.2%左右。大部分新一线城市CBD的GDP占比低于一线城市CBD，可见新一线城市CBD的现代服务业对经济贡献相对较低。具体来看，GDP占比最高的是天津滨海新区 CBD，为 43.3%，其次是沈阳金融商贸 CBD 和杭州武林 CBD，占比均在 10%以上，分别为 13.83%和 10.42%。

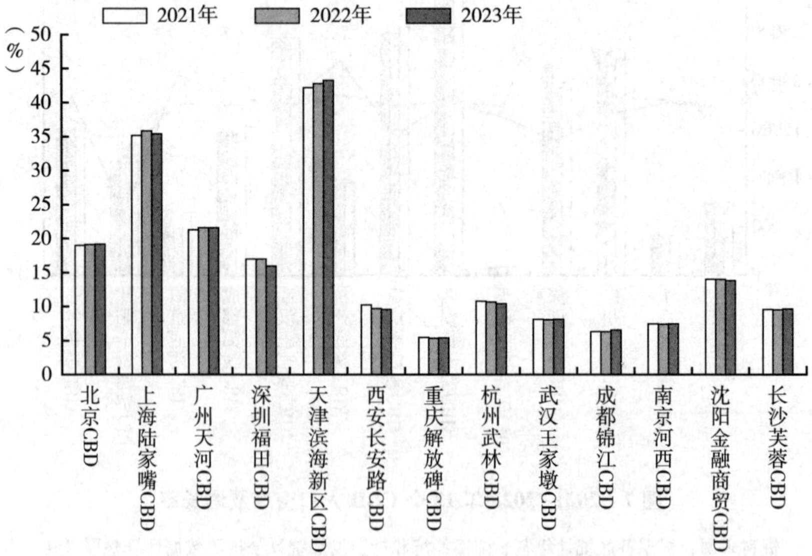

图 8　2021~2023 年 13 个 CBD 的城区 GDP 占城市 GDP 的比重

资料来源：根据各区统计年鉴、国民经济和社会发展统计公报等数据计算整理得到。

（三）经济驱动效应

经济驱动效应二级指标主要有城镇居民人均可支配收入、全社会固定资产投资总额、外贸出口总额、社会消费品零售总额以及实际利用外资金额(5 个)。

2021~2023 年，13 个 CBD 的经济驱动效应整体稳定。如图 9 所示，具体来看，一线城市 CBD 中，经济驱动效应仅上海陆家嘴 CBD 实现正增长。2023 年，上海陆家嘴 CBD 的经济驱动效应为 12.319，相对 2022 年的 12.059 提高了 2.16%，其新质生产力驱动城市产业发展效果显著，具有较强的经济驱动能力。深圳福田 CBD 经济驱动效应为 11.021，相对 2022 年的 11.103 略有下降，广州天河 CBD 和北京 CBD 的经济驱动效应分别为 10.242

和 10.220。新一线城市 CBD 中，经济驱动效应最强的是杭州武林 CBD，2023 年为 9.991，相对 2022 年提高 0.61%。其次为南京河西 CBD，2023 年为 9.670，相对 2022 年提高了 0.49%。天津滨海新区 CBD 和武汉王家墩 CBD 经济驱动效应有所下降，分别为 9.634 和 9.499，分别下降 1.94%和 0.45%。

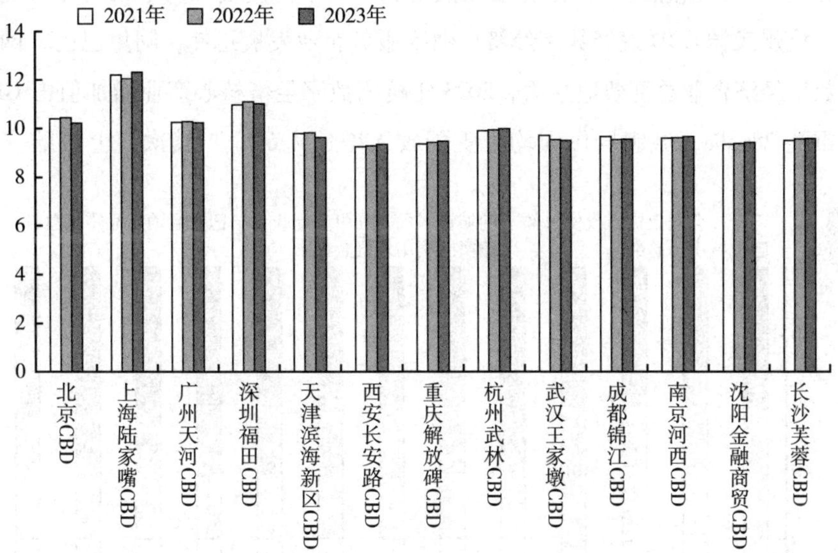

图 9　2021~2023 年 13 个 CBD 经济驱动效应

资料来源：根据各区统计年鉴、国民经济和社会发展统计公报等数据整理。

从经济驱动效应各二级指标占比来看，13 个 CBD 各二级指标对经济驱动的贡献存在明显差异。如图 10 所示，总体来看，培育和发展新质生产力为经济注入强大驱动力，进而在投资、消费、出口等各方面产生了较为均衡的影响。从具体数据来看，经济驱动效应中，城镇居民人均可支配收入占比相对偏高。13 个 CBD 中，北京 CBD、广州天河 CBD、杭州武林 CBD、南京河西 CBD、长沙芙蓉 CBD 城镇居民人均可支配收入的占比均是各 CBD 经济驱动效应的 5 个二级指标中占比最高的。可见，各 CBD 培育发展新质生产赋能产业链的过程中对所属地区的收入增加效应最显著，即收入对培育发展新质生产力最为敏感。事实上，我国逐渐降低外商直接投资准入门槛，并在 2024 年发布《外商投资准入特别管理措施（负面清单）》（2024年版），这促使上海陆家嘴CBD、天津滨海新区CBD、沈阳金融商贸CBD等直接受益。北京CBD依托中关村科技园和金融街的联动发展新质生产力，集聚了字节跳动、小米等科技巨头，以及高盛、摩根大通等国际金融机构。2024年北京金融业增加值占比16.4%，信息技术服务业增加值增长11%，[①] 直接拉动了人均可支配收入。杭州武林CBD发展数字经济，数字服务企业发展迅速，阿里巴巴、网易等数字经济企业总部效应显著，2023年杭州数字经济核心产业增加值占GDP比重达28.3%，城镇居民人均可支配收入增长4.6%。[②] 其次，上海陆家嘴

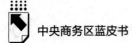

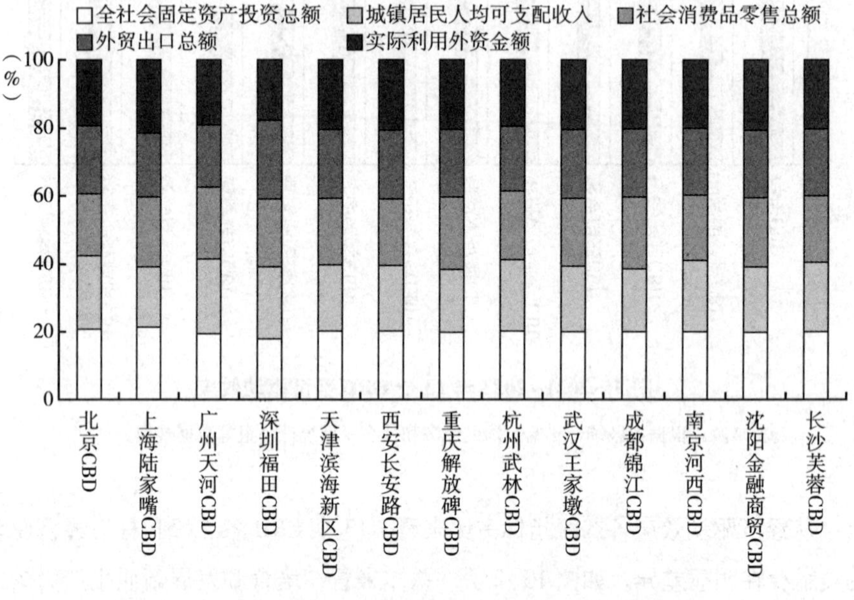

图10　2023年13个CBD经济驱动效应二级指标占比

资料来源：根据各区统计年鉴、国民经济和社会发展统计公报等数据整理。

---

① 《2024年度全市金融运行情况》，北京市地方金融监督管理局网站，2025年2月11日，https：//jrj. beijing. gov. cn/zwgkn/sjxx/sdjryxqknd/202502/t20250211_4008094. html；《服务业运行总体平稳 发展质量稳步提升——2024年北京服务业运行情况解读》，北京市人民政府网站，2025年1月21日，https：//www. beijing. gov. cn/gongkai/gkzt/2024bjsjjyxqk/jj/202501/t20250121_3995443. html。

② 《2023年杭州市国民经济和社会发展统计公报》，杭州市统计局网站，2024年3月15日，https：//tjj. hangzhou. gov. cn/art/2024/3/15/art_1229279682_4246532. html。

CBD、天津滨海新区 CBD、西安长安路 CBD、成都锦江 CBD、沈阳金融商贸 CBD 的实际利用外资金额在经济驱动效应中占比最高，这说明，在近些年外资承压加大的形势下，上述 5 个 CBD 发展新质生产力赋能产业发展的过程中，赋能外资韧性增强，吸引外资抗压能力较强。究其原因，与其本身的产业基础相关。2023 年，上海陆家嘴 CBD 推动金融开放，伴随着人民币国际化进程，金融业和总部经济发展韧性强；天津滨海新区 CBD 则依靠港口便利性，聚焦新质生产力领域发展高端制造业和现代服务业；西安长安路 CBD 则利用“一带一路”节点优势和硬科技生态吸引共建国家投资。

从 5 个二级指标来看，可以得出如下结论。

第一，全社会固定资产投资受新质生产力发展影响的差异较大。如图 11所示，2021~2023 年，上海陆家嘴 CBD 全社会固定资产投资总额最高，2023 年达到 3452 亿元，同比增长 14.1%。究其原因，2021 年《中共中央　国务院关于支持浦东新区高水平改革开放打造社会主义现代化建设引领区的意见》明确要求“强化高端产业引领功能”①，2023 年进入项目密集落地期。此外，一线城市 CBD 中，北京 CBD 全社会固定资产投资总额达到 1270 亿元，比 2022 年增长 7.3%。深圳福田 CBD 全社会固定资产投资总额呈现负增长，2023 年为 616.08 亿元，同比下降 8.8%，这与深圳福田 CBD 自身发展阶段有关。目前，深圳福田 CBD 作为深圳市中心城区的核心地段，开发强度已超 90%，2023 年新增建设用地面积同比下降 65%，传统房地产和基建投资大幅收缩，促使福田区从“增量建设”转向“存量更新”。同时，深圳福田 CBD 以金融业和总部经济为主导，固定资产投资需求弱化。新一线城市 CBD 中，全社会固定资产投资总额最高的是杭州武林 CBD，2023 年为 843.4 亿元，同比增长 19.92%。这与杭州市数字经济和高端商业发展密不可分。2023 年，蚂蚁集团全球总部二期（投资额超 80 亿元）全面开工，恒隆广场总投资 190 亿元，2023 年完成主体结构，引入 LV、Gucci

① 《中共中央　国务院关于支持浦东新区高水平改革开放打造社会主义现代化建设引领区的意见》，中国法院网，2021 年 7 月 15 日，https：//www.chinacourt.org/article/detail/2021/07/id/6151972.shtml。

等国际品牌旗舰店，商业地产投资增长迅速。武汉王家墩 CBD 全社会固定资产投资总额呈现负增长，2023 年总规模为 302 亿元，同比下降 5.33%。沈阳金融商贸 CBD 的全社会固定资产投资总额最低，2023 年为 207.22 亿元，但是增长率较高，同比增长 19%。

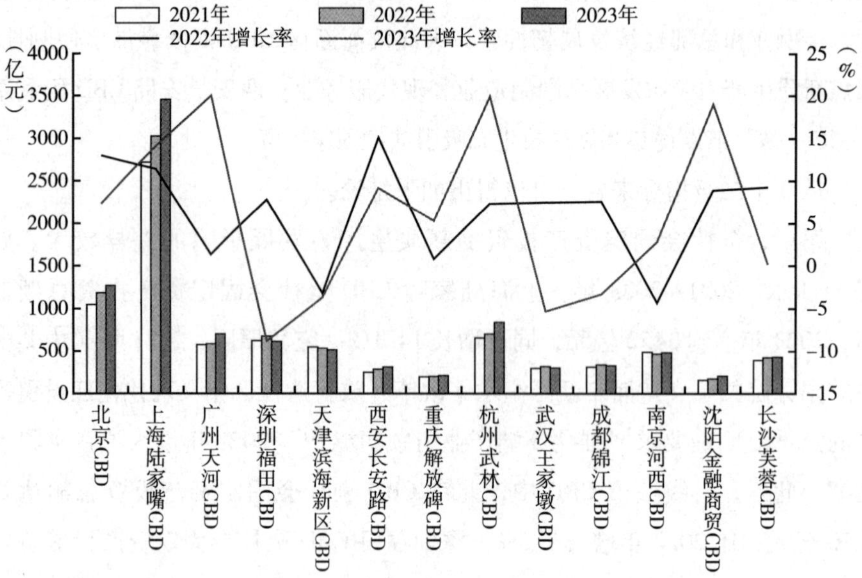

图 11　2021~2023 年 13 个 CBD 全社会固定资产投资总额及增长率

资料来源：根据各区统计年鉴、国民经济和社会发展统计公报等数据计算整理。

第二，总体上，城镇居民人均可支配收入实现正增长。如图 12 所示，一线城市 CBD 中城镇居民人均可支配收入最高的是深圳福田 CBD，2023 年其城镇居民人均可支配收入达到 101810 元，同比增长 6.35%，是新一线城市 CBD 中唯一突破 10 万元的 CBD。究其原因，2023 年，在大力培育发展新质生产力的背景下，深圳福田 CBD 依托深圳完善的产业链，通过智能制造、数字经济等新业态优化传统产业，并推动产业升级，催生了对高端服务业的新需求，促使深圳福田 CBD 整体劳动生产率进一步提高，城镇居民人均可支配收入增加。此外，在粤港澳大湾区协同发展的进程中，2023 年深港恢复通关后，跨境金融、科技合作加强，深圳福田 CBD 作为衔接节点，受益于资金流、人才流汇聚，提升区域经济活力。一线城市 CBD 城镇居民人均可支配收入居于深圳福田 CBD 之后的是广州天河 CBD 和北京 CBD，2023 年城镇居民人均可支配收入分别为 94717 元和 92501 元，同比分别增长 1.18%和 6.35%。在新一线城市 CBD 中，城镇居民人均可支配收入最高的是杭州武林 CBD，2023 年达到 83039 元，同比增长 4.94%。杭州是全国数字经济高地，杭州武林 CBD 集聚了大量数字经济企业，如电商、金融科技、人工智能企业等，新质生产力相关产业依托新技术，如 AI、大数据、云计算，提升生产效率，推动高附加值岗位增长，直接拉高了杭州武林 CBD 城镇居民人均可支配收入。西安长安路 CBD 的城镇居民人均可支配收入增速在新一线城市 CBD 中是最高的，2023 年城镇居民人均可支配收入为 58723，同比增长 5.87%。2023 年，西安长安路 CBD 包含 SKP、中贸广场等高端商业体在内的商圈不断升级，同时在小雁塔、省体育场周边打造夜经济消费场景，消费活力得以进一步激发，促进城镇居民人均可支配收入增长。

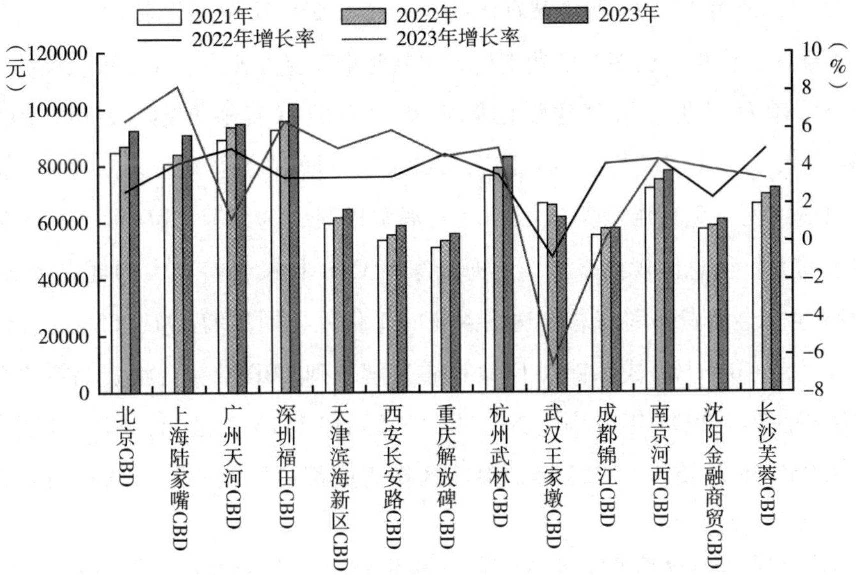

图 12　2021~2023 年 13 个 CBD 城镇居民人均可支配收入及增长率

资料来源：根据各区统计年鉴、国民经济和社会发展统计公报等数据整理。

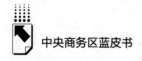

城镇居民人均可支配收入居于杭州武林 CBD 之后的是南京河西 CBD，2023 年城镇居民人均可支配收入达到 78061 元，同比增长 4.34%。

第三，整体上，社会消费品零售总额增速由负转正，各 CBD 之间差异较大。如图 13 所示，2022 年，13 个 CBD 中有 7 个 CBD 的社会消费品零售总额负增长，分别为上海陆家嘴 CBD、广州天河 CBD、西安长安路 CBD、重庆解放碑 CBD、武汉王家墩 CBD、成都锦江 CBD、沈阳金融商贸 CBD。2023 年，13 个 CBD 全部实现正增长。一线城市 CBD 中，北京 CBD 社会消费品零售总额增长迅速，2023 年社会消费品零售总额为 624.2 亿元，同比增长 21.49%。究其原因，在供给端，北京 CBD 产业基础相关的金融、科技等高附加值产业集聚，高收入人群消费能力强劲，带动高端零售增长，新能源、低碳技术应用催生绿色消费（如新能源汽车销售增长），北京 CBD 作为试点区域受益明显。在政策端，2022 年以来，国家和北京市发布多项政策，刺激消费增长，其中，中共中央、国务院印发《扩大内需战略规划纲要（2022—2035 年）》[①]，明确鼓励国际消费中心城市建设，北京 CBD 作为核心承载区，获得了更多的消费支持；中共北京市委办公厅、北京市人民政府办公厅印发《北京培育建设国际消费中心城市实施方案（2021—2025 年）》[②]，支持CBD 引入首店经济，2023 年新增首店超 300 家，同时，推行离境退税、免税店政策，推动境外消费回流，为北京 CBD 消费提级提供了助力。从总体规模来看，上海陆家嘴 CBD 持续保持较大的规模优势，2023 年社会消费品零售总额达到 4090.71 亿元，同比增长 13.65%。在新一线城市 CBD 中，成都锦江 CBD 和重庆解放碑 CBD 的社会消费品零售总额居于前列，2023 年分别达到 1444.9 亿元和 1413.7 亿元，同比分别增长 9.95%和 7.95%。2023 年，锦江区作为成都商贸核心区，通过引入智

---

① 《中共中央 国务院印发〈扩大内需战略规划纲要（2022—2035 年）〉》，中国政府网，2022 年 12 月 14 日，https://www.gov.cn/zhengce/2022-12/14/content_5732067.htm。

② 《北京市人民政府办公厅关于印发〈北京培育建设国际消费中心城市实施方案（2021—2025 年）〉的通知》，北京市人民政府网站，2021 年 9 月 24 日，https://www.beijing.gov.cn/zhengce/zhengcefagui/202109/t20210924_2500473.html。

慧商业（如 AI 导购、无人零售）、直播电商等新业态，推动线上线下融合。同时，2023 年商务部推动各地发放消费券，开展“消费提振年”全国性活动，成都联动政策在锦江区重点商圈（如太古里、IFS）落地，直接拉动了家电、餐饮等领域的消费。2023 年社会消费品零售总额最低的是西安长安路 CBD，为 512.68 亿元，同比增长 7.10%。

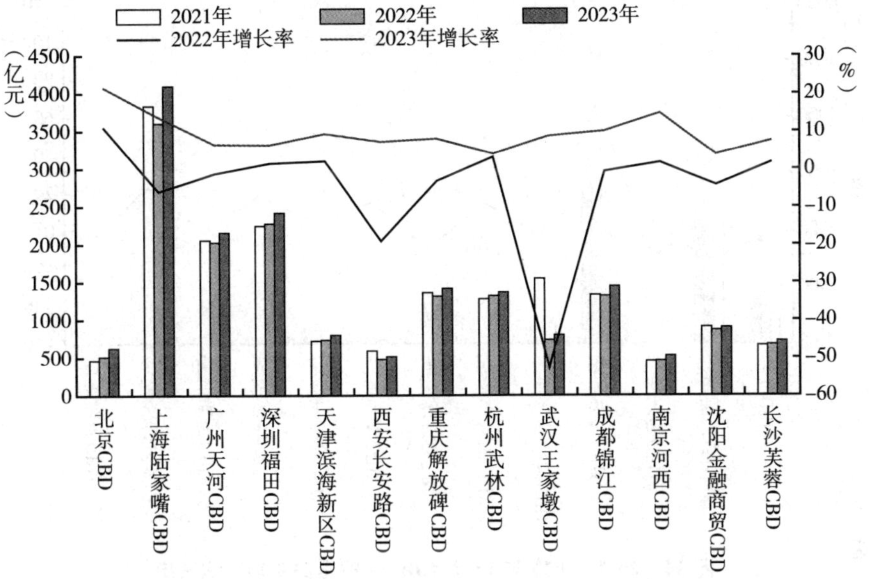

图 13　2021~2023 年 13 个 CBD 社会消费品零售总额及增长率

资料来源：根据各区统计年鉴、国民经济和社会发展统计公报等数据计算整理得到。

第四，外贸出口仍相对疲软。在全球需求不振、供应链转移、经济摩擦和地缘政治的综合影响下，我国新质生产力发展赋能产业链的作用在外贸出口层面尚未有明显的提升。具体来看，如图 14 所示，在一线城市 CBD 中，2023 年，外贸出口总额最高的是深圳福田 CBD，为 3255.76 亿美元，其次是上海陆家嘴 CBD，外贸出口总额为 2147 亿美元。广州天河 CBD 外贸出口总额为 39.27 亿美元。从增长率来看，一线城市 CBD 中，2023 年除广州天河 CBD 恢复正增长外，其他三个 CBD 均在不同程度上呈现负增长。新一线城市 CBD 中，天津滨海新区 CBD、武汉王家墩 CBD 和杭州武林 CBD 的外贸出口总额居于前列，分别为 326.39 亿美元、259.08 亿美元和 149.48 亿美元。从增长率来看，杭州武林 CBD 的增长率超过 100%，在新一线城市 CBD 中处于高增长态势。

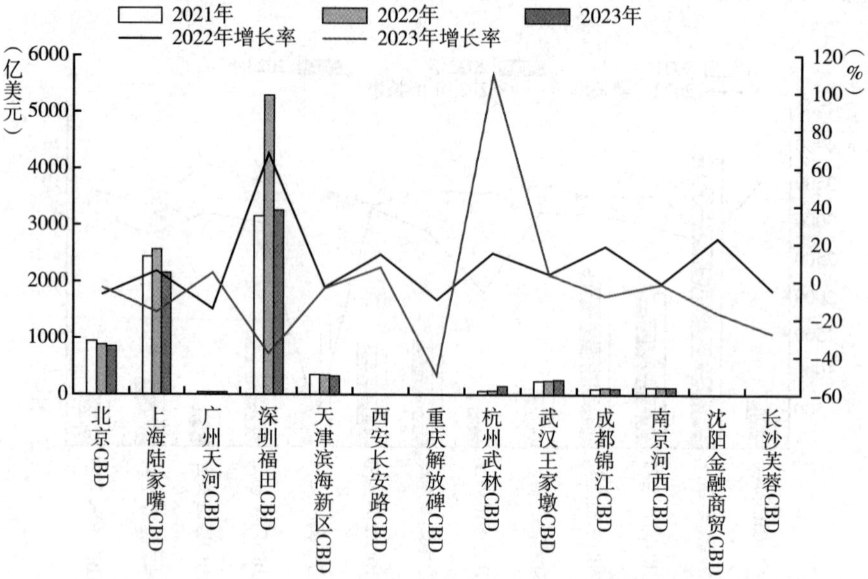

图 14　2021~2023 年 13 个 CBD 外贸出口总额及增长率

资料来源：根据各区统计年鉴、国民经济和社会发展统计公报等数据整理。

第五，整体上，实际利用外资金额进入中低速增长阶段，部分 CBD 实际利用外资金额负增长。如图 15 所示，一线城市 CBD 中，上海陆家嘴 CBD 的实际利用外资金额居于首位，2023 年规模为 980000 万美元，但是从增长率来看，实际利用外资金额下降，下降了 11.43%。与此同时，北京 CBD 和广州天河 CBD 的实际利用外资金额也存在不同程度的下降，2023 年分别为 310467 万美元和 37501 万美元，均呈现负增长。深圳福田 CBD 的实际利用外资金额逆势增长，2023 年达到 258100 万美元。究其原因，与深圳前海合作区扩区相关。2021 年，深圳前海合作区扩区后，深圳福田 CBD 被纳入前海政策覆盖范围，享受更高水平的开放政策。此外，深圳试点“跨境理财通”和本外币一体化池等政策，便利外资进入，而上海和广州受国际金融环境（如中美贸易摩擦）影响更大。在新一线城市 CBD 中，天津滨海新区 CBD 实际利用外资金额最高，2023 年达到 507600 万美元。杭州武林 CBD 增长最快，2023 年实际利用外资金额达到 76500 万美元，相对 2022 年实现 182.29%的高增速。2021~2023 年，杭州武林 CBD 数字经济高速发展，人工智能、大数据、云计算、机器人等行业发展势头充足，全球资本正从传统金融地产转向高科技和数字经济领域，杭州的产业定位更契合这一趋势。此外，随着浙江自贸区杭州片区扩容，2023 年杭州在数字贸易、数据跨境流动等领域推出创新政策，吸引外资参与数字基建和跨境服务。武汉王家墩 CBD、成都锦江 CBD 和南京河西 CBD 的实际利用外资金额分别为 30700 万美元、16382 万美元和 14600 万美元。

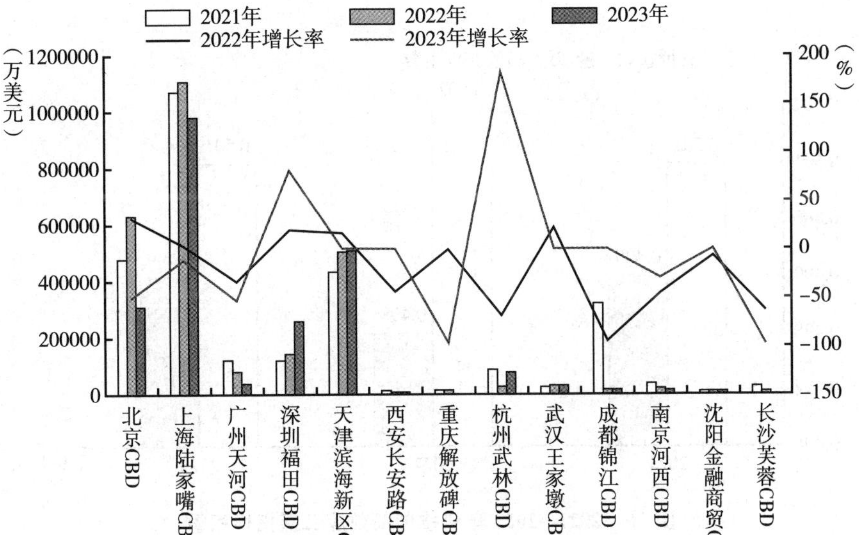

图 15　2021~2023 年 13 个 CBD 实际利用外资金额及增长率

资料来源：根据各区统计年鉴、国民经济和社会发展统计公报等数据计算整理得到。

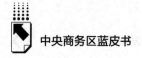

（四）科技创新效应

科技创新效应具体涉及专利授权数和万人高校在校生数 2 个二级指标。相关文献中用于衡量科技创新效应的指标非常多，如专利数量、高技术人才的比重、创新能力以及 R&D 投入与占比等。然而，因为不同 CBD 的统计公报以及年鉴中的数据存在差异，部分 CBD 统计数据尚未公布，所以无法将上面的所有内容都充分容纳。考虑到数据完整性和准确性，本报告在测算过程中采用专利授权数和万人高校在校生数两个指标来衡量 13 个 CBD 发展新质生产力的科技创新效应。

从科技创新效应的具体指标来看，如图 16 所示，万人高校在校生数指标的权重保持在 0.499 左右，专利授权数指标权重保持在 0.501 左右，可见人力资本要素产生的创新边际效应基本稳定。这说明，全国 13 个 CBD 培育发展新质生产力由依靠创新要素量的堆积转移向创新成果质的提升转变。

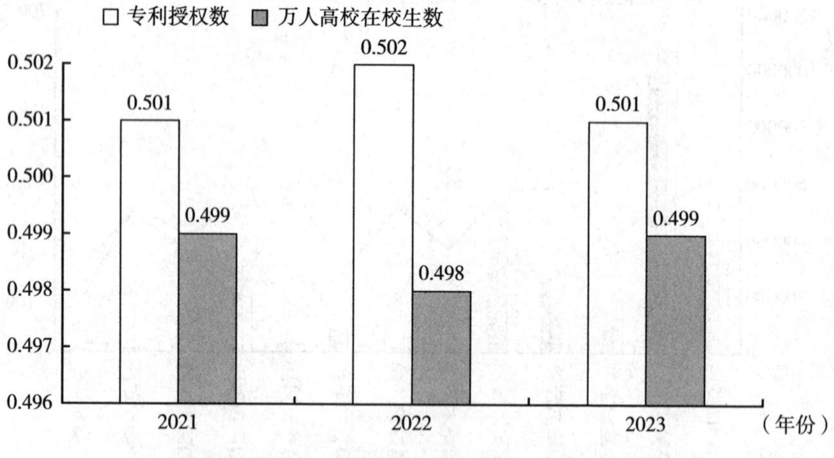

图 16　2021~2023 年科技创新效应二级指标权重

资料来源：根据各区统计年鉴、国民经济和社会发展统计公报等数据计算整理得到。

从科技创新效应来看，如表 3 所示，一线城市 CBD 中，北京 CBD 的科技创新效应最高，2023 年达到 10.692，其次是上海陆家嘴 CBD，科技创新效应为 10.447，广州天河 CBD 和深圳福田 CBD 的科技创新效应分别为 9.676 和 9.612。与 2021 年相比，一线城市 CBD 科技创新效应差距正在缩小。相比于一线城市 CBD，部分新一线城市 CBD 科技创新效应超过一线城市 CBD。新一线城市 CBD 中，西安长安路 CBD 的科技创新效应为 11.927，是新一线城市 CBD 的最高值。杭州武林 CBD 的科技创新效应也较高，为 10.164。2023 年，西安长安路 CBD 作为“秦创原”创新驱动平台的核心承载区，推动区内建成 12 个新型研发机构，技术合同交易额同比激增 62%。同时，西安长安路 CBD 在长安国际中心等超高层建筑中打造“立体实验室”，形成“楼上创新、楼下转化”模式，依托小寨商圈百万级客流和 8 所高校（西安交通大学、西安电子科技大学等）环绕优势，建成全省首个“院士成果转化基地”，实现了从“商圈流量”到“创新留量”的转化。而杭州武林 CBD 则受益于杭州城西科创大走廊（未来科技城、紫金港科技城）的辐射，吸引科技企业设立研发或商务中心，同时《浙江省科技创新发展“十四五”规划》提出构建“互联网+”科创高地，支持杭州打造数字经济第一城，杭州武林 CBD 作为中心节点承接科技成果转化和科技服务项目，具有浓厚的科创氛围和良好的营商环境。

表 3　2023 年 13 个 CBD 科技创新效应二级指标

组别	CBD	专利授权数	万人高校在校学生数	科技创新效应
一线城市	北京 CBD	5.358	5.334	10.692
	上海陆家嘴 CBD	5.273	5.174	10.447
	广州天河 CBD	5.216	4.460	9.676
	深圳福田 CBD	5.456	4.156	9.612
新一线城市	天津滨海新区 CBD	5.360	4.183	9.543
	西安长安路 CBD	5.206	6.721	11.927
	重庆解放碑 CBD	4.839	5.115	9.954
	杭州武林 CBD	4.836	5.328	10.164
	武汉王家墩 CBD	4.532	5.861	10.393

续表

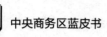

组别	CBD	专利授权数	万人高校在校学生数	科技创新效应
新一线城市	成都锦江 CBD	4.893	4.209	9.102
	南京河西 CBD	4.563	4.473	9.036
	沈阳金融商贸 CBD	4.915	4.968	9.883
	长沙芙蓉 CBD	4.443	5.127	9.570

资料来源：根据各区统计年鉴、国民经济和社会发展统计公报等数据计算整理得到。

参考上一年蓝皮书，本报告对上海陆家嘴 CBD 和北京 CBD 所在城市的科技创新能力进行单独比较，如表 4 所示。本报告选取技术合同成交数量、技术合同成交总额、专利授权量和 PCT 国际专利申请量等指标进行综合评估。在技术合同成交数量和技术合同成交总额方面，北京远高于上海。2023 年，北京 CBD 所在城市技术合同成交数量是上海陆家嘴 CBD 所在城市的 2 倍以上。北京技术合同成交总额突破 8000 亿元，同比增长了 7.42%。在创新成果方面，本报告选取专利授权量来分析。2023 年北京和上海的专利授权量分别为 193973 件和 159100 件，比 2022 年分别下降了 4.32% 和 10.78%，其中发明专利数分别增长了 22.41% 和 20.39%。可见，北京 CBD 新质生产力的培育和壮大的过程直接推动了科技创新能力稳步提升，北京 CBD 发明专利数增长潜力较大。此外，从 PCT 国际专利申请量来看，北京远高于上海，2023 年，北京 PCT 国际专利申请量达 11438 项。综上，北京 CBD 的科技创新能力高于上海陆家嘴 CBD，这也为北京 CBD 新质生产力的强势打造提供了技术基础和人才支撑。2024 年，北京在《北京国际科技创新中心建设条例》[①] 的推动下，进一步强化了对基础研究、关键核心技术攻关和科技成果转化的政策扶持。其中，中关村新一轮先行先试政策，允许科研机构科技成果转化收益的 90% 以上归属研发团队。同时，在国家实验室

① 《北京国际科技创新中心建设条例》，北京市人民政府网站，2024 年 1 月 26 日，https://www.beijing.gov.cn/zhengce/dfxfg/202401/t20240126_3547046.html。

与大科学装置布局下，北京怀柔科学城在 2023 年新增 2 个大科学装置（高能同步辐射光源、多模态跨尺度生物医学成像设施）①，使北京的国家级大科学装置总数达到 12 个，远超上海的 7 个。

表 4　2021～2023 年北京 CBD 和上海陆家嘴 CBD 所在城市科技创新能力

年份	CBD 所在城市	技术合同成交数量（项）	技术合同成交总额（亿元）	专利授权量（件）		PCT 国际专利申请量（项）
				总数	发明专利数	
2021	北京	93563	7005.7	198778	79210	10358
	上海	36998	2761.3	179317	32860	4830
2022	北京	95061	7947.5	202722	88127	11463
	上海	38265	4003.5	178323	36797	5591
2023	北京	106552	8536.9	193973	107875	11438
	上海	50824	4850.2	159100	44300	6185

资料来源：历年《北京统计年鉴》《上海统计年鉴》。

（五）社会发展效应

社会发展效应具体涉及 7 个二级指标，分别为教育支出占公共财政支出的比重、每千人拥有医疗机构床位数、每百人公共图书馆藏书、每万人拥有公交车辆、每千人拥有执业医师数、人均城市道路长度以及人均公园绿地面积。新一线城市 CBD 以及一线城市 CBD 的社会发展效应差距不大。如图 17 所示，在具体测算中，一线城市 CBD 中深圳福田 CBD 的社会发展效应最高，2023 年为 10.503，其中，教育支出占公共财政支出的比重、每百人公共图书馆藏书和人均公园绿地面积均比其他三个 CBD 高，这说明，深圳福田 CBD 在培育发展新质生产力的过程中，对城市发展的带动力较大，推动了城市治理的升级。事实上，福田 2023 年出台《都市型科创区高质量发展

① 《怀柔科学城　明年又有两个“大科学装置”试运行》，国际科技创新中心网站，2022 年 12 月 28 日，https：//www.ncsti.gov.cn/kjdt/scyq/hrkxc/cqdt/202212/t20221228_105477.html。

行动方案》，打破 CBD 传统商务区定位，允许商办楼宇按 30%比例改造为研发空间，具有较高的政策弹性，同时打造“硬科技+软服务”融合的新质生产力发展生态，规划创建全国首个 CBD“科创生活圈”，在福田中心区推行“500 米科技生活圈”建设，将 COCO Park 等商业综合体改造为“科技体验+社区服务”混合空间，入驻企业需提供不低于 10%的公益服务时长，打造“教育科技融合示范区”。福田模式的本质在于通过制度设计将新质生产力的发展深度嵌入社会肌理，形成“技术创新→民生改善→需求升级→技术迭代”的正向循环。其核心经验是打破传统 CBD“经济单极发展”路径，构建科技与社会协同进化的新型城市形态，这为我国 CBD 转型发展提供了典型的范式。广州天河 CBD 社会发展效应也较高，2023 年为 10.385，北京 CBD 和上海陆家嘴 CBD 的社会发展效应分别为 10.076 和 10.182。在新一线

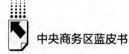

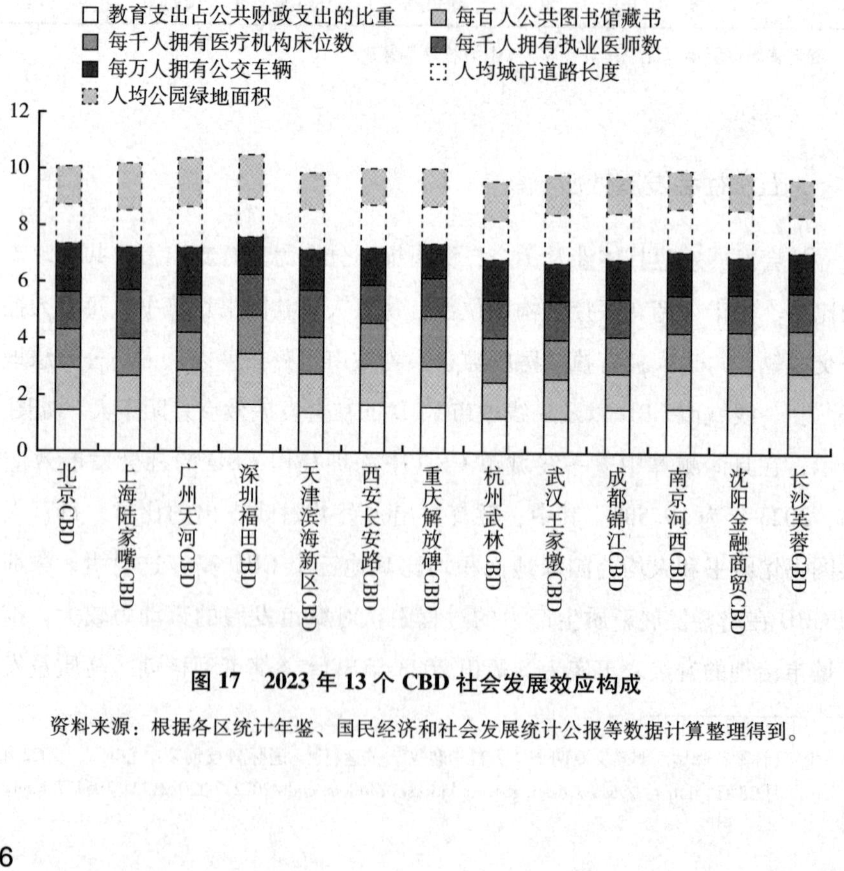

图 17　2023 年 13 个 CBD 社会发展效应构成

资料来源：根据各区统计年鉴、国民经济和社会发展统计公报等数据计算整理得到。

城市 CBD 中，西安长安路 CBD 和重庆解放碑 CBD 的社会发展效应超过 10，分别为 10.046 和 10.041，是新一线城市 CBD 中为数不多的社会发展效应超过 10 的两个 CBD。其中，西安长安路 CBD 依托独特的高校资源和历史文化资源，形成了“历史文化+硬科技”驱动的“科教产城”融合模式，依托西安交通大学和西北工业大学推行“一校一策”，加快推动科技成果转化，并将科技成果中的 AI 技术与城市治理、文旅相融合，形成“AI+基层治理”和数字文旅新业态。重庆解放碑 CBD 则是强化新质生产力驱动下的场景创新，推行“解放碑智慧商圈”试点，通过 AR 试衣镜、无人配送机器人等提升消费体验，同时为洪崖洞等坡地商户开发智能仓储系统，促进“两江四岸”数据开放，政府开放嘉陵江水文、交通数据，供企业开发防洪预警、智慧航运应用，实现了高技术赋能 CBD 社会治理效能的再提升。

四　结论与政策建议

本报告通过熵值法实际测度中国 13 个中央商务区 2021~2023 年的新质生产力赋能城市产业链的发展状况。在所选择的样本中，分为一线城市组 4 个样本和新一线城市组 9 个样本。通过综合发展效应测度和分析，本报告的研究结论如下。从新质生产力产生的效应来看，一线城市 CBD 的综合发展效应普遍高于新一线城市 CBD，新一线城市 CBD 与一线城市 CBD 综合发展效应的均值差距正在进一步拉大。2021~2023 年，一线城市 CBD 中上海陆家嘴 CBD 新质生产力加快发展，发展趋势良好；新一线城市 CBD 中，西安长安路 CBD 科技创新效应表现亮眼，显著高于其他 8 个 CBD，天津滨海新区 CBD 经济驱动效应有所下降，新质生产力培育和发展对经济系统的作用还在缓慢释放。从综合发展效应的结构来看，不同 CBD 发展的结构性分异较强，区域辐射效应占比最高。除此之外，新质生产力结构性分异表现为一线城市 CBD 和新一线城市 CBD 个体发展的驱动差异。根据二级指标占比得出，2021~2023 年，除区域辐射效应外，经济发展效应占比最高的 CBD 为天津滨海新区 CBD、广州天河 CBD，经济驱动效应占比最高的 CBD 为上海陆家嘴 CBD 和深圳福田 CBD，科技创新效应占比最高的 CBD 为北京 CBD、西安长安路 CBD、武汉王家墩 CBD 和杭州武林 CBD，社会发展效应占比最高的 CBD 为重庆解放碑 CBD、成都锦江 CBD、南京河西 CBD、沈阳金融商贸 CBD 和长沙芙蓉 CBD。从新质生产力赋能城市产业链的发展经验来看，北京 CBD、西安长安路 CBD 通过大力抓科技创新，形成高密度科技创新成果，促进新质生产力的乘数效应加速释放；上海陆家嘴 CBD、深圳福田 CBD 则充分发挥国内国外两个市场，加快推动高端服务业和制造业升级，形成新质生产力。多数新一线城市的 CBD 以数字化技术提升科技创新能力，加速构建智能化、高端化、绿色化产业体系，推动产业链、价值链、创新链深度融合，催生更多新质生产力相关产业，推动产业链做大做强。

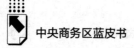

基于以上结论，本报告提出 CBD 发展新质生产力赋能产业链的具体建议。

（一）构建数字化产业生态平台，整合产业链资源

以 CBD 为核心搭建全域数字化协同平台，整合产业链上下游数据流与资源，推动产业智能化升级。首先，建设产业互联网中枢，基于 5G、云计算、大数据等技术，搭建覆盖全产业链的数字化管理平台，实现供应链实时监测、智能排产、物流优化等功能。例如，可联合制造业龙头企业开发行业级工业互联网平台，帮助中小企业接入数字化生产体系，降低转型成本。其次，推动数据要素市场化，建立数据交易中心，探索数据确权、定价和流通机制，促进企业间数据共享。可借鉴上海数据交易所模式，确定数据交易规则，确保合规流通，同时利用区块链技术保障数据安全。此外，设立数字化转型基金，联合金融机构、风投机构设立专项基金，为企业提供低息贷款、融资租赁等支持，重点扶持智能制造、智慧供应链等领域的创新项目。最后，打造“数字孪生 CBD”，运用数字孪生技术，对 CBD 内的产业运行、能源消耗、交通物流等进行动态模拟，优化资源配置，提高运营效率。

（二）打造硬科技孵化加速器，打造新科技应用场景

聚焦“CBD研发+周边转化”模式，实现原创性技术突破与商业化应用，推动新质生产力落地。发挥CBD的高端人才、资本和创新机构密集优势，打造“从实验室到市场”的全链条硬科技孵化体系。首先，联合高校、科研院所设立技术评估机构，筛选具有市场潜力的早期技术，并提供资金、实验设备和中试支持，加速技术成熟。其次，构建“孵化—加速—产业化”三级体系，在孵化层聚焦种子期项目，提供办公空间、天使投资和创业辅导；在加速层针对成长型企业，提供产业对接、市场拓展和A轮融资支持；在产业化层与周边工业园区合作，推动成熟技术规模化生产，形成“CBD研发+外围制造”的协同格局。最后，设立跨境技术转移通道，与国际创新中心（如美国硅谷、以色列）合作，引入海外先进技术，同时帮助本土科技企业“走出去”。

（三）设计服务业赋能体系，重构产业链价值体系

发展高端生产性服务业，以专业化服务重构产业链价值，提升城市产业链竞争力。充分发挥CBD的法律、金融、咨询等高端服务业发达的优势，未来，可围绕产业链关键痛点提供高端服务。首先，组建“产业升级服务联盟”，整合会计师事务所、知识产权机构、管理咨询公司等资源，为企业提供“一站式”解决方案，如供应链优化、ESG合规、跨境并购等。其次，发展“科技服务+”新业态，如智能法务、碳资产管理、工业设计服务等。最后，推动服务业开放试点，引入国际认证机构，帮助本土企业对接全球标准，同时吸引跨国企业区域总部入驻。

参考文献

R. A. Frosch, N. E. Gallopoulos, “Strategies for Manufacturing,” *Scientific American*,

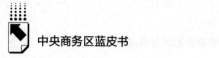

1989, 261 (3): 144-153.

张杰、高杰英等：《中央商务区产业发展报告（2024）》，社会科学文献出版社，2023。

张杰、高杰英等：《中央商务区产业发展报告（2023）》，社会科学文献出版社，2023。

张杰、蒋三庚等：《中央商务区产业发展报告（2022）》，社会科学文献出版社，2022。

段永彪、董新宇：《新质生产力助推城市高质量发展的内在逻辑与实现路径》，《西安交通大学学报》（社会科学版）2025 年第 2 期。

宋冬林、刘甫钧、丁文龙：《新质生产力视角下关键节点数字供应链建设对上下游供应链韧性的影响》，《华南师范大学学报》（社会科学版）2025 年第 2 期。

刘英、陈运平：《数字经济驱动新质生产力发展的理论逻辑、作用机制及战略举措》，《首都经济贸易大学学报》2025 年第 2 期。

毛强、庞凯：《新质生产力与现代化产业体系的内在契合与互动路径》，《改革》2025 年第 2 期。

吕越：《我国产业链供应链韧性的风险防范与新质生产力赋能的机制路径》，《学术论坛》2025 年第 1 期。

张林、黄懿翀、陈云涛：《数字新质生产力对中国式产业链现代化的影响与机制——基于本土技术创新的中介效应》，《中国流通经济》2025 年第 2 期。

李修远、马知遥：《新质生产力赋能中国式现代化的发展逻辑、战略重点与推进路径》，《科学管理研究》2024 年第 6 期。

刘如、邬亭玉、李佳娱：《现代化产业体系理论逻辑构建与路径选择研究——基于发展新质生产力的视角》，《中国科技论坛》2024 年第 12 期。

B.3

中央商务区区域辐射报告（2025）

李晓艳*

摘　要：　本报告以北京、上海、广州、深圳、天津、成都、武汉、杭州、重庆、南京、西安、长沙、沈阳等13个城市的CBD为研究对象，对其区域辐射效应进行计算、分析与评价。研究发现，2021~2023年，13个CBD区域辐射效应总体呈现不均衡的特点，4个一线城市CBD和新一线城市CBD中天津滨海新区CBD的区域辐射效应依然领跑，新一线城市CBD中南京河西CBD的区域辐射效应相对突出，其他CBD之间的区域辐射效应差距不大。中央商务区更新成为全球主要城市更新的最新发力点，针对以新质生产力推动CBD的高质量发展，本报告提出以下建议；实行双轮驱动国家战略，一线城市和新一线城市CBD采用差异化定位赋能高质量发展；通过技术赋能、空间适配与制度创新，助力CBD高端产业融合发展；充分借鉴国内外城市和CBD的实践经验，加强地区间CBD合作。

关键词：　中央商务区　区域辐射　辐射能力　新质生产力

中央商务区是地区产业结构升级和地区功能转变的重要引擎，是城市对外开放交流的重要节点和重要推动力，是集聚外部性的重要载体。在全球化深度重构与国内大循环主体性增强的双重语境下，以新质生产力为战略引擎，通过CBD多中心协同发展、强化产业链关联的协同创新与要素融通，实现技术势差弥合、要素流空间重构与制度型开放突破，构筑开放共享、韧

---

* 李晓艳，经济学博士，国家卫生健康委科学技术研究所、CBD发展研究基地特聘研究员，主要研究方向为经济理论与政策、经济增长与人口健康发展。

性共生的高质量发展新格局，推动城市群突破地理集聚的初级形态，迈向基于知识外溢、风险共担与收益共享的深度价值互联，不仅是 CBD 高质量发展的核心命题，也是塑造中国式现代化城市发展新范式的战略支点。目前，中国 CBD 主要集中在一线城市和新一线城市，为充分发挥 CBD 在城市更新中的作用，以新质生产力为战略引擎驱动城市产业链重构升级与能级跃升，本报告以北京、上海、广州、深圳、天津、成都、武汉、杭州、重庆、南京、西安、长沙、沈阳等 13 个城市的 CBD 为研究对象，通过构建科学合理的指标体系，对 CBD 区域辐射效应进行计算、分析与评价，总结和提炼推进城市创新产业生态优化过程中存在的问题和经验，并提出相应的对策。按照第一财经 · 新一线城市研究所发布的“新一线城市魅力排行榜”①，本报告中提及的一线城市包括北京、上海、广州和深圳 4 个城市，其他城市均被列为新一线城市，排名不分先后。

一　指标体系构建

中央商务区区域辐射效应指标体系包括辐射能力效应、辐射行动效应和辐射绩效效应 3 个一级指标。本报告在贯彻新发展理念的基础上，基于数据的可得性和可操作性，在《中央商务区产业发展报告（2024）》中 B. 3 报告的基础上继续对 CBD 区域辐射效应指标体系进行优化调整，二级指标保持不变，三级指标由 17 个调整为 18 个。其中，在辐射能力效应指标中，区域联通能力的三级指标在“CBD 所在城区城市道路总长度”的基础上，增加“互联网宽带接入用户数量”，衡量数字基础设施水平。在辐射行动效应指标中，居民辐射行动的三级指标调整为“全国累计接待游客人数”和“对外劳务合作派出人数”。具体指标见表 1。本报告的数据主要来自 2021~2023 年各 CBD 所在城区或城市的统计年鉴、城市年鉴、国民经济和社会发展统计公报和我国卫生

① 《2024 新一线城市魅力排行榜发布！成都，榜首!》，成都市人民政府网站，2024 年 5 月 30 日，https：//www. chengdu. gov. cn/cdsrmzf/c169603/2024 - 05/30/content _ 651dc25aa725413c96f98532daeb709d. shtml。

健康事业发展统计公报等权威的公开统计资料，以及《中国对外投资合作发展报告（2023）》。指标解释中如未注明，数据均为城区数据。

表 1　CBD 区域辐射效应指标体系

一级指标	二级指标	三级指标解释及数据来源
辐射能力效应	总体经济能力	CBD 所在城区 GDP(亿元)
	政府行为能力	地方一般预算收入(亿元)
	区域创新能力	创新投入:科学技术支出占一般公共预算支出比重(%) 创新产出:每万人专利授权量(件)
	区域联通能力	传统基础设施:CBD 所在城区城市道路总长度(公里),使用城市级数据 数字基础设施:互联网宽带接入用户数量,使用城市级数据
辐射行动效应	政府辐射行动	利用外资占比:实际利用外资金额/GDP(%) 对外投资占比:对外直接投资金额/GDP(%)
	金融机构辐射行动	金融机构本外币存款余额(亿元),使用城市级数据 金融机构本外币贷款余额(亿元),使用城市级数据
	居民辐射行动	对外劳务合作派出人数(人),使用城市级数据 全年累计接待游客人数(万人次),使用城市级数据
辐射绩效效应	经济绩效	人均 GDP(元) 城镇单位在岗职工平均工资(元)
	社会绩效	每万名中小学生拥有专任教师数(人) 每千人医疗卫生机构床位数(张),用常住人口计算
	环境绩效	建成区绿化覆盖率(%) 细颗粒物($PM_{2.5}$)年均浓度(微克/米^3)

数据来源：北京、上海、天津、广东、深圳、重庆等地 CBD 对外直接投资的数据来源于《2023 年度中国对外投资合作发展报告》，其中广东的数据不包括深圳，其他数据来自各省份统计年鉴。

二　测度结果与综合分析

（一）区域辐射效应

根据熵值法计算原理，测算出的 2021~2023 年 13 个 CBD 区域辐射效应及增长率，详见图 1。

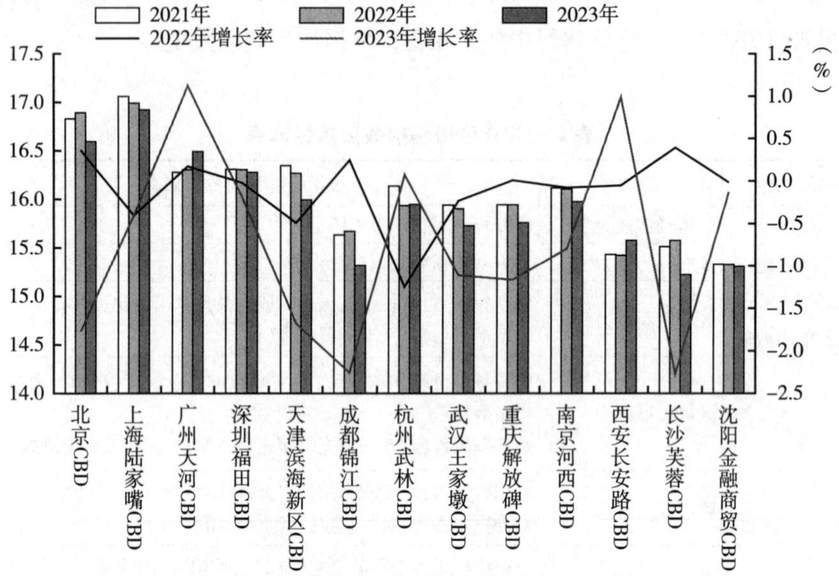

图1　2021~2023年13个CBD区域辐射效应及增长率

2021~2023年，4个一线城市CBD和新一线城市CBD中天津滨海新区CBD的区域辐射效应总体高于其他新一线城市CBD，其中，上海陆家嘴CBD的区域辐射效应连续3年居首位，其他CBD之间的区域辐射效应差距不大。从区域辐射效应的变化来看，2022年，长沙芙蓉CBD和北京CBD的区域辐射效应的增幅较大，分别比2021年提高0.39%和0.36%，杭州武林CBD和天津滨海新区CBD的区域辐射效应降幅较大，分别比2021年下降约1.25%和0.50%。2023年，广州天河CBD和西安长安路CBD的区域辐射效应增幅较大，分别比2022年提高1.12%和0.99%，长沙芙蓉CBD和成都锦江CBD的区域辐射效应降幅较大，分别比2022年下降2.27%和2.26%。区域辐射效应逐年提高的CBD是广州天河CBD，区域辐射效应逐年下降的CBD是上海陆家嘴CBD、深圳福田CBD、天津滨海新区CBD、武汉王家墩CBD、南京河西CBD和沈阳金融商贸CBD。

2023年，4个一线城市CBD区域辐射效应总体高于新一线城市CBD，区域辐射能力领跑（见图2）。新一线城市CBD中，天津滨海新区CBD、南京河西CBD、杭州武林CBD的区域辐射综合优势相对突出，除成都锦江CBD和长沙芙蓉CBD的区域引领辐射带动能力有待增强外，其他新一线城市CBD的区域辐射效应总体水平比较均衡。

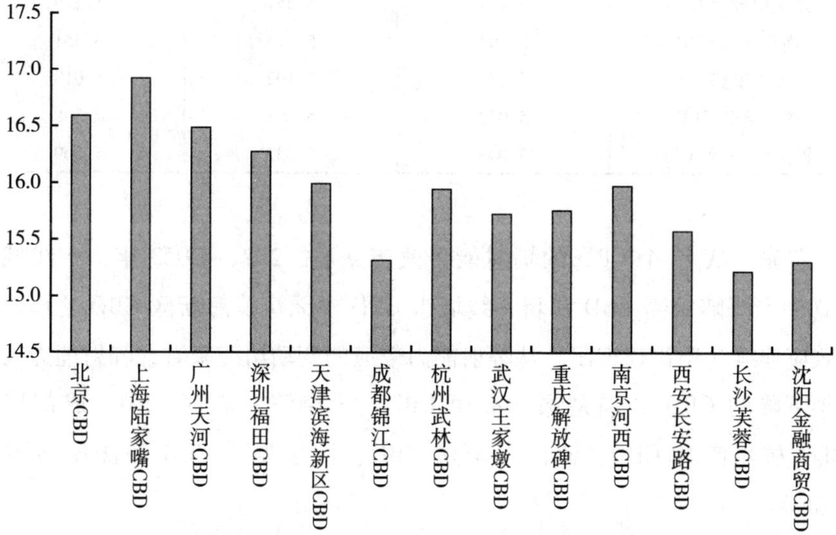

图2　2023年13个CBD区域辐射效应

（二）辐射能力效应

2021~2023年13个CBD辐射能力效应见表2。

表2　2021~2023年13个CBD辐射能力效应

CBD	2021年	2022年	2023年
北京CBD	5.396	5.389	5.398
上海陆家嘴CBD	5.664	5.659	5.717
广州天河CBD	5.499	5.427	5.537
深圳福田CBD	5.423	5.413	5.355
天津滨海新区CBD	5.613	5.487	5.382

续表

CBD	2021 年	2022 年	2023 年
成都锦江 CBD	5.156	5.095	4.892
杭州武林 CBD	5.340	5.287	5.212
武汉王家墩 CBD	5.353	5.263	5.229
重庆解放碑 CBD	5.224	5.257	5.219
南京河西 CBD	5.367	5.416	5.351
西安长安路 CBD	5.093	5.102	5.018
长沙芙蓉 CBD	5.087	5.068	4.899
沈阳金融商贸 CBD	5.043	5.032	5.009

首先，从 13 个 CBD 的辐射能力效应来看，2021～2023 年，一线城市 CBD 中上海陆家嘴 CBD 和新一线城市 CBD 中天津滨海新区 CBD 的辐射能力效应连续 3 年比较突出。从辐射能力效应的变动情况来看，辐射能力效应逐年下降的 CBD 分别是深圳福田 CBD、天津滨海新区 CBD、成都锦江 CBD、杭州武林 CBD、武汉王家墩 CBD、长沙芙蓉 CBD 和沈阳金融商贸 CBD。

2023 年，一线城市 CBD 中上海陆家嘴 CBD 和广州天河 CBD 的辐射能力效应突出，新一线城市 CBD 中天津滨海新区 CBD 和南京河西 CBD 的辐射能力效应可以与一线城市 CBD 中深圳福田 CBD 相媲美，辐射能力效应总体较强（见图 3）。其他新一线城市 CBD 中，成都锦江 CBD、长沙芙蓉 CBD 和沈阳金融商贸 CBD 的辐射能力效应与上述 CBD 有一定差距。

其次，从辐射能力效应的构成来看，2021～2023 年 13 个 CBD 的区域创新能力和区域联通能力的权重比较突出，其对辐射能力效应的贡献率略高于总体经济能力和政府行为能力的贡献率，尤其是区域联通能力的影响力逐年提高（见图 4），这与各个 CBD 不断创新，尤其是在数字经济发展的大背景下，持续不断推进人工智能和互联网的发展有很大的关系。

最后，13 个 CBD 辐射能力效应二级指标的具体情况如下。

1. 总体经济能力

2021～2023 年，13 个 CBD 的 GDP 总体上稳步提升，再创新高，但也呈

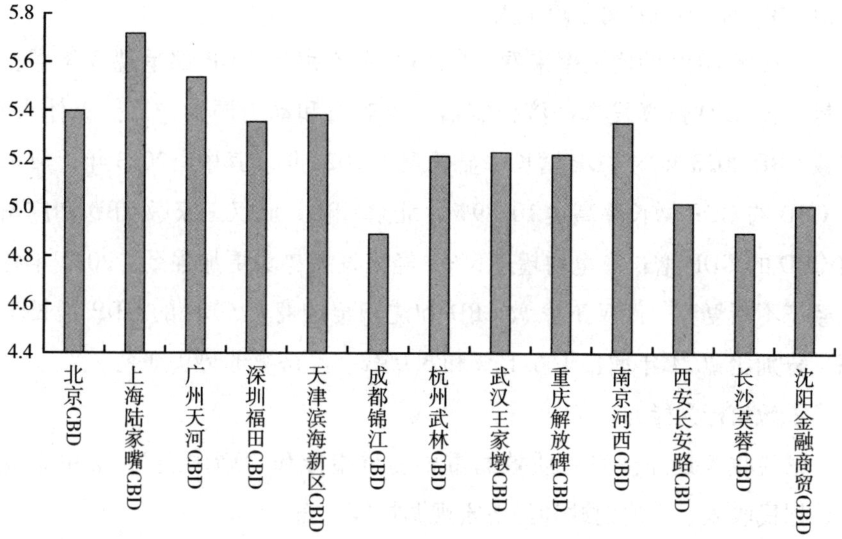

图 3　2023 年 13 个 CBD 辐射能力效应

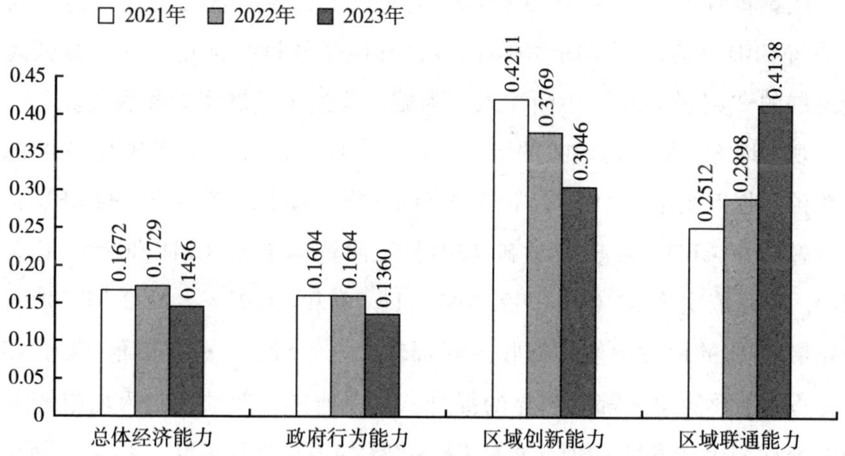

图 4　2021~2023 年 13 个 CBD 辐射能力效应二级指标权重

现不均衡的特点，一线城市 CBD 和天津滨海新区 CBD 的 GDP 远超其他新一线城市 CBD，其中，上海陆家嘴 CBD 的 GDP 连续 3 年超过 10000 亿元，断崖式领先。新一线城市 CBD 中，除天津滨海新区 CBD 的 GDP 比较亮眼，其他 CBD 的 GDP 之间差距不大。

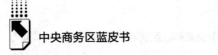

从城区 GDP 的增长率来看，各 CBD 所在城区 GDP 都呈现逐年增长的态势，各 CBD 持续发挥经济稳定器、压舱石和动力源的作用。总体来看，多数 CBD 2023 年的 GDP 增长率显著高于 2022 年。其中，2023 年，成都锦江 CBD 的 GDP 增长率高达 10.89%，北京 CBD、武汉王家墩 CBD 和广州天河 CBD 的 GDP 增长率也均超过 5%，经济发展势头更加强劲。2022 年各地区经济不断复苏，武汉王家墩 CBD 和沈阳金融商贸 CBD 的 GDP 增长率较高，分别比 2021 年增长了 6.15%和 6.05%，经济复苏势头强劲。

2. 政府行为能力

财税收入是经济发展质效的重要衡量指标和“晴雨表”，关乎企业运营、居民收入、政府财政和经济宏观调控等方面。

从地方一般预算收入来看，2021～2023 年，上海陆家嘴 CBD、北京 CBD 和天津滨海新区 CBD 的地方一般预算收入较高，上海陆家嘴 CBD 地方一般预算收入尤为突出，在 1000 亿元以上，表明这三个地区财税收入水平与 CBD 所在城区 GDP 增幅同步，发展质效持续优化，支撑城区高质量发展的“财税活水”不断注入，为城区积攒了发展实力和底气。

观察地方一般预算收入的增长率可以发现，2022 年大多数 CBD 的地方一般预算收入相比 2021 年有不同程度的下降。其中，降幅较大的 CBD 有沈阳金融商贸 CBD、重庆解放碑 CBD、天津滨海新区 CBD 和武汉王家墩 CBD，降幅依次为 33.01%、12.16%、11.7%和 11.03%。2023 年，除武汉王家墩 CBD 的地方一般预算收入降幅较大（9.52%）外，其他 12 个 CBD 的地方一般预算收入都有明显的提升，其中地方一般预算收入增幅较大的 CBD 有沈阳金融商贸 CBD、北京 CBD 和天津滨海新区 CBD，增幅分别高达 70.59%、12.02%和 11.86%。

3. 区域创新能力

本报告采用创新投入和创新产出来表示区域创新能力。其中，创新投入用 CBD 所在城区科学技术支出占一般公共预算支出比重衡量，创新产出用 CBD 所在城区每万人专利授权量衡量。

2021~2023 年 13 个 CBD 科学技术支出占一般公共预算支出比重差别较大（见图 5）。从科学技术支出占一般公共预算支出比重来看，占比相对较高的 CBD 有南京河西 CBD、天津滨海新区 CBD、武汉王家墩 CBD 和杭州武林 CBD，充分显示了上述 CBD 所在地区政府对科技发展的重视程度较高，对科技创新的资源投入力度较大，利好该地区的产业升级。从创新投入的变化来看，2022 年科学技术支出占一般公共预算支出比重下降明显的 CBD 有广州天河 CBD 和天津滨海新区 CBD，分别比 2021 年下降了 2.34 个百分点和 1.7 个百分点，科学技术支出占一般公共预算支出比重明显提高的 CBD 有南京河西 CBD，比 2021 年明显提高了 8.05 个百分点。2023 年科学技术支出占一般公共预算支出比重增幅相对较大的 CBD 有广州天河 CBD、上海陆家嘴 CBD 和深圳福田 CBD，分别比 2022 年提高了 4.99 个百分点、2.3 个百分点和 1.92 个百分点，科学技术支出占一般公共预算支出比重下降相对明显的 CBD 有南京天河 CBD 和天津滨海新区 CBD，分别比 2022 年下降了 0.81 个百分点和 0.55 个百分点。各 CBD 所在城区的科学技术支出占一般公共预算支出比重是观察地方政府战略方向和经济健康发展的重要窗口，这个

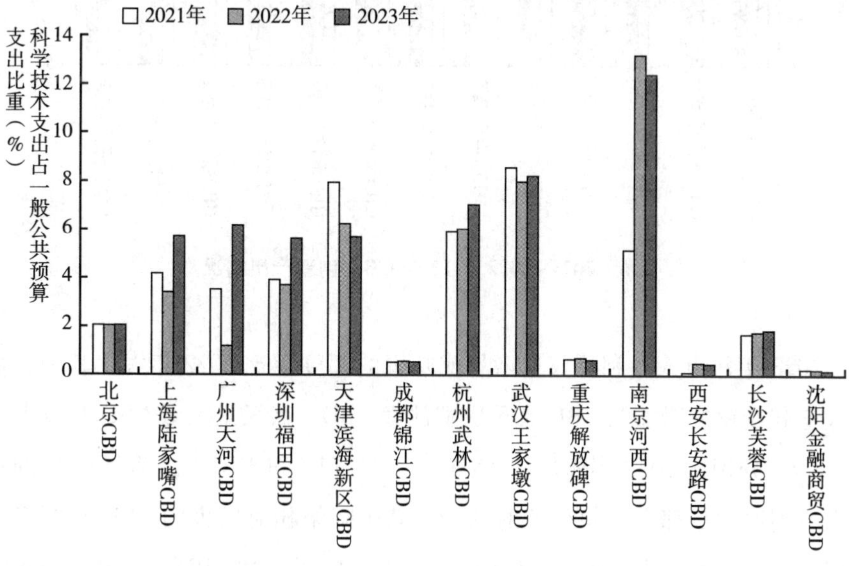

图 5　2021~2023 年 13 个 CBD 创新投入情况

指标在短期内有一定的起伏变化，反映了各级地方政府在不同年份的政策导向和优先事项，需要结合多维度评价，避免片面结论。

2021~2023 年 13 个 CBD 创新产出情况详见图 6。2022 年，每万人专利授权量增加相对较多的 CBD 有重庆解放碑 CBD、武汉王家墩 CBD 和深圳福田 CBD，分别比 2021 年增加了 16.11%、9.32%和 6.87%。每万人专利授权量减少相对较多的 CBD 有广州天河 CBD、天津滨海新区 CBD、西安长安路 CBD 和成都锦江 CBD，分别比 2021 年减少了 30.39%、11.10%、10.35%和 9.88%。

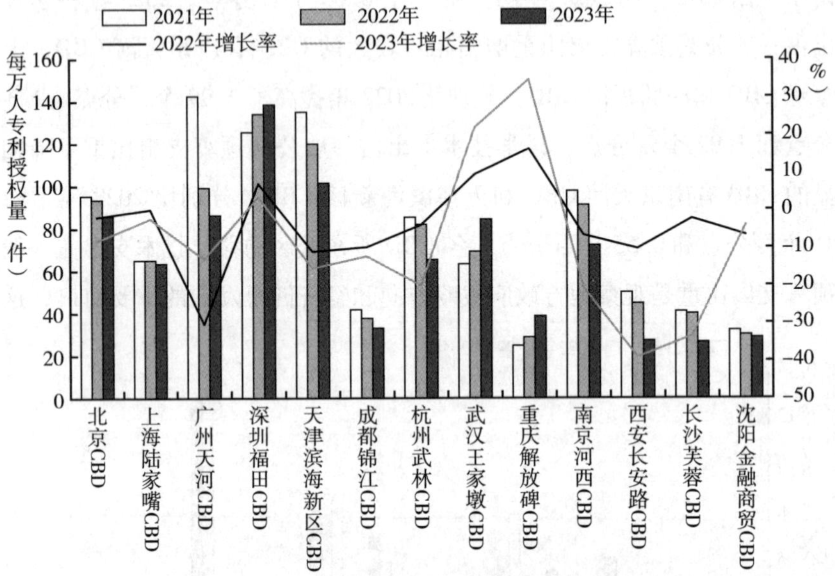

图 6　2021~2023 年 13 个 CBD 创新产出情况

2023 年每万人专利授权量增加或减少的幅度都比 2022 年大。其中，每万人专利授权量增加的 CBD 有重庆解放碑 CBD、武汉王家墩 CBD 和深圳福田 CBD，分别比 2022 年增加了 34.47%、21.77%和 3.32%，其余 CBD 的每万人专利授权量都有不同程度的减少，其中降幅相对较大的 CBD 有西安长安路 CBD、长沙芙蓉 CBD、南京河西 CBD、杭州武林 CBD、天津滨海新区 CBD 和成都锦江 CBD，分别比 2022 年下降了 39.18%、33.56%、20.82%、

20.07%、15.52%和12.39%。

4. 区域联通能力

本报告选取CBD所在城区城市道路总长度作为传统基础设施的替代指标，以互联网宽带接入用户数量作为数字基础设施的替代指标，共同衡量CBD的区域联通能力。

（1）CBD所在城区城市道路总长度

2021~2023年13个CBD所在城区城市道路总长度及增长率见图7。一线城市CBD中，上海陆家嘴CBD和广州天河CBD所在城区城市道路总长度绝对值位居前列，新一线城市CBD中重庆解放碑CBD和南京河西CBD所在城区城市道路总长度绝对值也比较突出，充分反映了上述CBD所在城区有序推动城市交通基础设施建设，不断补齐交通基础设施建设短板，提高城市道路交通效率和承载能力取得了突出的成绩。除了长沙芙蓉CBD外，其他CBD所在城区城市道路总长度差距不大。

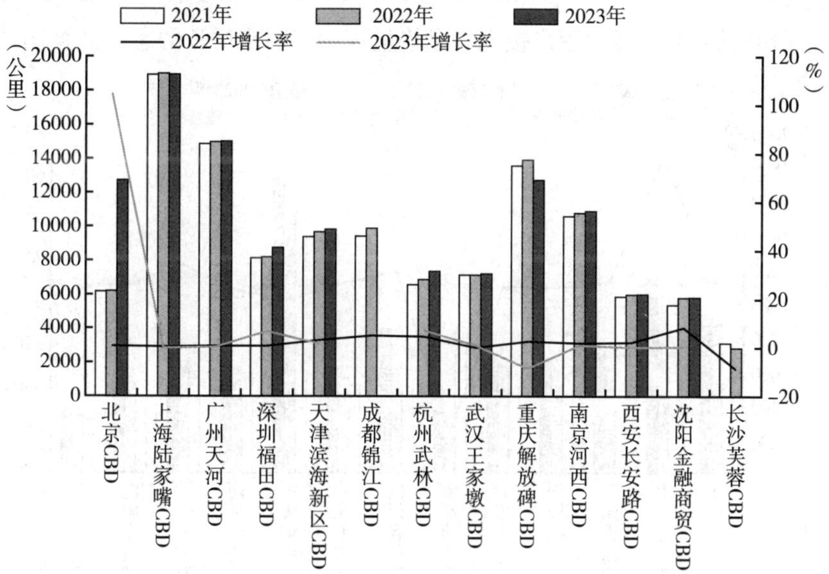

图7　2021~2023年13个CBD所在城区城市道路总长度及增长率

注：成都和长沙两地2023年的城市道路总长度未在各公报和统计年鉴中体现，此处数据缺失。

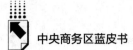

从各 CBD 所在城区城市道路总长度年度增长情况来看，2022 年和 2023 年，大多数 CBD 所在城区城市道路总长度增长率相对平稳。但是，2022 年长沙芙蓉 CBD 所在城区城市道路总长度比 2021 年减少了 8.83%，2023 年重庆解放碑 CBD 和上海陆家嘴 CBD 所在城区城市道路总长度比 2022 年分别减少了 8.64%和 0.21%，可能与近年来部分城市的公路划归市政道路，城市道路总长度减少有关。

（2）互联网宽带接入用户数量

互联网宽带接入用户数量是数字经济时代的“基础脉搏”，是新型基础设施建设完善与否的表现，是衡量一个地区经济发展状况、信息化水平和社会进步水平的主要指标。随着网络强国和数字中国建设的全力推进，各个地区 5G、千兆光网等新型信息基础设施建设取得新进展，互联网宽带接入用户数量猛增，互联网服务提供商、软件和信息技术服务企业等能够获得更多的客户资源，从而推动数字产业的规模不断扩大。

2021~2023，除 2022 年成都锦江区 CBD 的互联网宽带接入用户数量下降，其他 CBD 的互联网宽带用户接入数量均呈现逐年稳步增长的态势（见图 8），

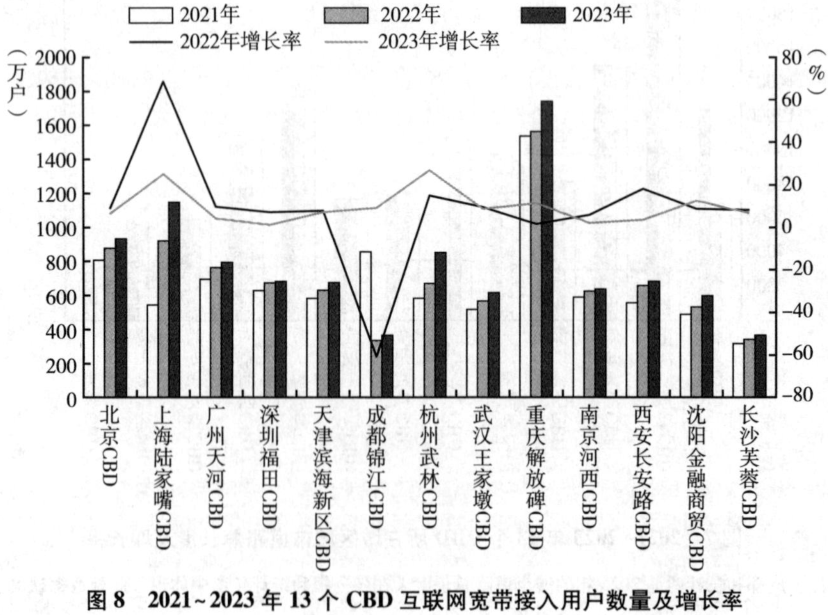

图 8　2021~2023 年 13 个 CBD 互联网宽带接入用户数量及增长率

反映出当地对互联网基础设施的持续投入和居民对宽带接入需求的不断增加。其中，重庆解放碑 CBD 的互联网宽带接入用户数量遥遥领先，截至 2023 年年末，重庆互联网宽带接入用户数量达 1939. 77 万户，比 2022 年增长 11. 35%。上海陆家嘴 CBD 的互联网宽带接入用户数量稳步增长，2022 年和 2023 年互联网宽带接入用户数量分别比 2021 年和 2022 年提高了 68. 62%和 25. 05%。杭州武林 CBD 的互联网宽带接入用户数量也逐年攀升，2022 年互联网宽带接入用户数量比 2021 年提高了 14. 98%，2023 年比 2022 年提高了 26. 83%，互联网宽带接入用户数量不断增加为打造数字经济新优势、增强经济发展新动能提供了有力支撑。

（三）辐射行动效应

2021～2023 年 13 个 CBD 辐射行动效应及增长率见图 9。

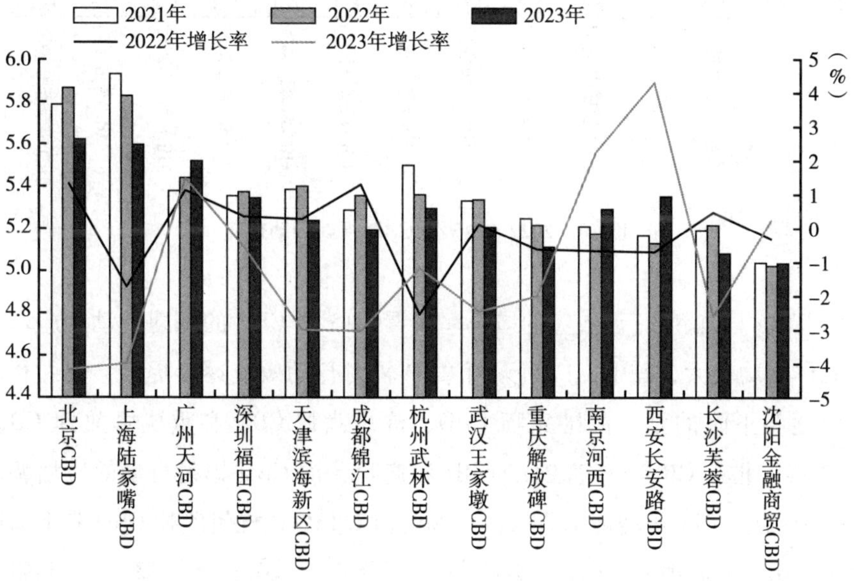

图 9　2021～2023 年 13 个 CBD 辐射行动效应及增长率

首先，从辐射行动效应来看，2021～2023 年，一线城市 CBD 中，上海陆家嘴 CBD 和北京 CBD 的辐射行动效应总体高于广州天河 CBD 和深圳福田

CBD。新一线城市 CBD 中，杭州武林 CBD 和天津滨海新区 CBD 的辐射行动效应突出。2023 年，一线城市 CBD 中，北京 CBD、上海陆家嘴 CBD 和广州天河 CBD 的辐射行动效应位居前列。新一线城市 CBD 中，西安长安路 CBD、杭州武林 CBD 和南京河西 CBD 的辐射行动效应明显比其他新一线城市 CBD 高（见图 10）。

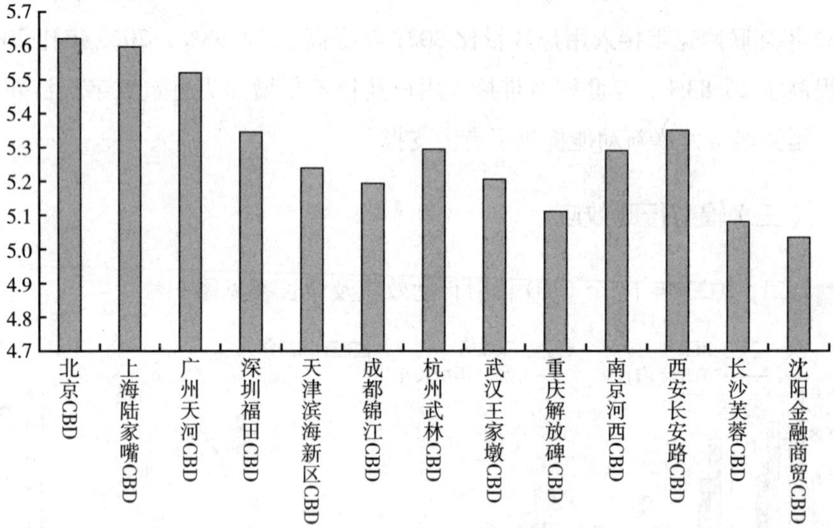

图 10　2022 年 13 个 CBD 辐射行动效应

其次，从辐射行动效应的增长率来看，13 个 CBD 的辐射行动效应增长率总体波动较大，其中，广州天河 CBD 辐射行动效应逐年提高，辐射行动效应逐年下降的是上海陆家嘴 CBD、杭州武林 CBD 和重庆解放碑 CBD。2022 年，北京 CBD、成都锦江 CBD 和广州天河 CBD 辐射行动效应增幅较大，分别比 2021 年增加 1.34%、1.30%和 1.13%，杭州武林 CBD 和上海陆家嘴 CBD 的辐射行动效应降幅较大，分别比 2021 年下降了 2.54%和 1.73%。2023 年，超过一半的 CBD 辐射行动效应下降，其中北京 CBD、上海陆家嘴 CBD、天津滨海新区 CBD 和成都锦江 CBD 的降幅较大，分别比 2022 年下降了 4.17%、3.99%、3.03%和 3.00%。

最后，13 个 CBD 辐射行动效应二级指标的具体情况如下。

1. 政府辐射行动

本报告采用双向投资即各 CBD 所在城区实际利用外资金额/GDP（以下简称“利用外资占比”）、对外直接投资金额/GDP（以下简称“对外投资占比”）来衡量政府辐射行动，反映政府的开放程度，彰显政府在吸引外商投资 CBD 方面做出的贡献，积极引导 CBD 区域内企业“走出去”，提升对外界的影响力和辐射力。

（1）利用外资占比

由图 11 可以看出，2021~2023 年各 CBD 之间利用外资占比差距较大。总体而言，北京 CBD、上海陆家嘴 CBD 和天津滨海新区 CBD 利用外资占比较高，显示出上述三个 CBD 所在地区的营商环境和经济开放度较好，吸引了更多的外资参与当地的经济发展，对当地经济增长起到一定的推动作用。2023 年，除深圳福田 CBD、杭州武林 CBD 外，其他 CBD 的利用外资占比较 2022 年有所下降。从利用外资占比的变动来看，13 个 CBD 中仅深圳福田 CBD 利用外资占比呈现逐年提高的特点，2022 年和 2023 年分别比 2021 年

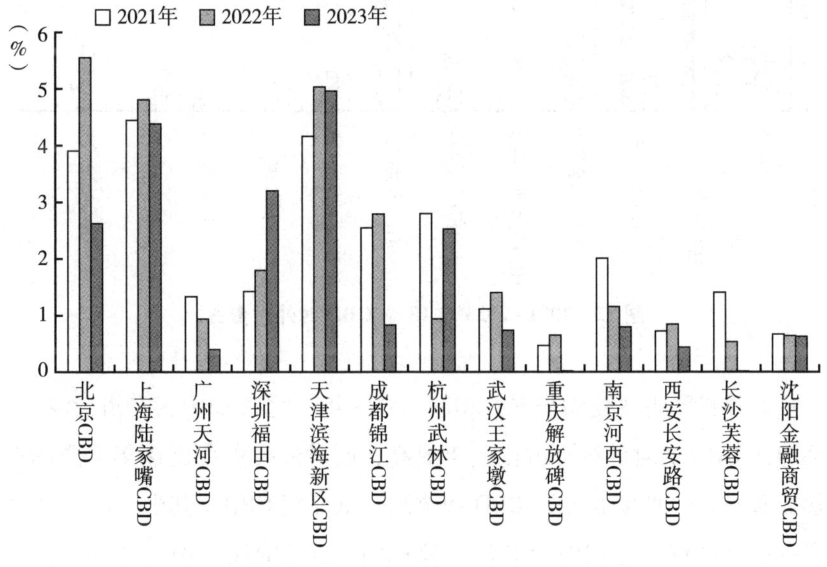

图 11　2021~2023 年 13 个 CBD 利用外资占比

和2022年提高了0.372个百分点和1.408个百分点。利用外资占比逐年下降有广州天河CBD、南京河西CBD、长沙芙蓉CBD和沈阳金融商贸CBD。外商直接投资下降可能与利润下降有关。对外投资的意愿降低。另外，受部分国家科技投资限制和严监管的影响，一部分行业和科技企业投资受到冲击。

（2）对外投资占比

从对外投资占比来看，2021~2022年上海陆家嘴CBD、杭州武林CBD的对外投资占比较高，明显高于其他CBD，其中2021年两地的对外投资占比分别为2.87%和2.83%，2022年分别为1.66%和1.69%。2023年上海陆家嘴CBD和广州天河CBD对外投资占比突出，分别为4.18%和6.30%（见图12），表明上述地区对外扩张能力较强。

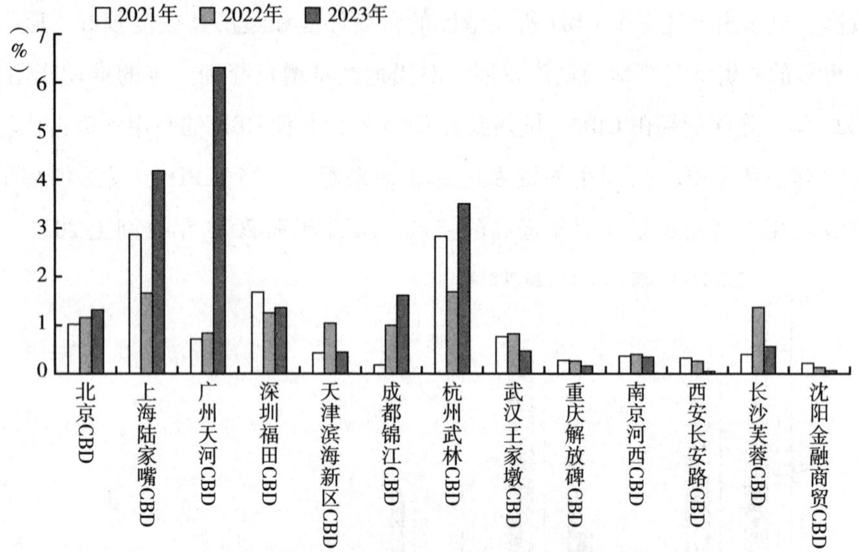

图12　2021~2023年13个CBD对外投资占比

从对外投资占比变动来看，2021~2023年，北京CBD、广州天河CBD、成都锦江CBD的对外投资占比逐年提高，而对外投资占比逐年下降的有重庆解放碑CBD、西安长安路CBD和沈阳金融商贸CBD。其中，2022年对外投资占比提高较多的CBD是长沙芙蓉CBD、成都锦江CBD和天津滨海新区CBD，分别比2021年提高了0.97个百分点、0.82个百分点和0.61个百分点，对外投资占比下降较多的 CBD 有杭州 CBD 和上海陆家嘴 CBD，分别比 2021 年下降了 1.14 个百分点和 1.21 个百分点。2023 年对外投资占比提高较多的是广州天河 CBD 和上海陆家嘴 CBD，分别比 2022 年提高了 5.47 个百分点和 2.53 个百分点。

2. 金融机构辐射行动

本报告采用 CBD 所在城市金融机构本外币存款余额和金融机构本外币贷款余额两个指标来衡量金融机构辐射行动。

（1）金融机构本外币存款余额

从金融机构本外币存款余额来看，2021～2023 年，除 2023 年西安长安路 CBD 金融机构本外币存款余额有所下降外，其他 12 个 CBD 金融机构本外币存款余额呈现稳步增长的态势，4 个一线城市 CBD 的金融机构本外币存款余额明显高于其他 CBD，其中北京 CBD 和上海陆家嘴 CBD 的金融机构本外币存款余额遥遥领先，深圳福田区 CBD 的金融机构本外币存款余额位列第三（见图 13）。从金融机构本外币存款余额增幅来看，2022 年西安长

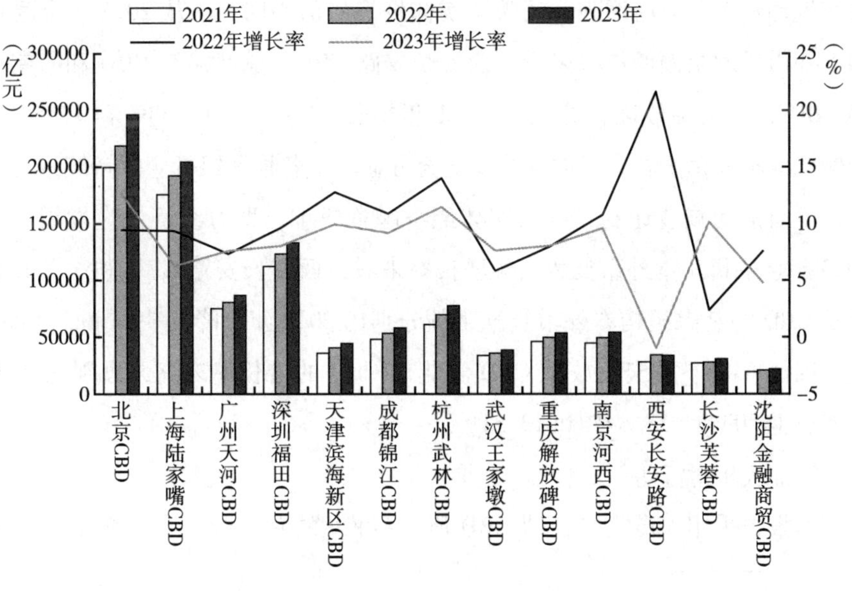

图 13　2021～2023 年 13 个 CBD 金融机构本外币存款余额及增长率

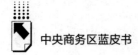

安路 CBD、杭州武林 CBD、天津滨海新区 CBD、成都锦江 CBD 和南京河西 CBD 增幅比较突出，分别比 2021 年增长 21.63%、14.00%、12.77%、10.88%和 10.79%。2023 年，北京 CBD、杭州武林 CBD 和长沙芙蓉 CBD 的金融机构本外币存款余额增幅较大，分别比 2022 年增长了 12.72%、11.49%和 10.16%，可以看出，在支持经济修复和提质增效的过程中，银行业发展总体稳健向好，金融机构本外币存款余额不断增加，为经济发展提供稳定的资金来源。

（2）金融机构本外币贷款余额

从金融机构本外币贷款余额来看，2021~2023 年，4 个一线城市 CBD 的金融机构本外币贷款余额远超新一线城市 CBD，其中北京 CBD、上海陆家嘴 CBD 在 2022 年的表现尤为突出（见图 14）。从金融机构本外币贷款余额增长率来看，2021~2023 年，北京 CBD、上海陆家嘴 CBD、深圳福田 CBD、天津滨海新区 CBD、重庆解放碑 CBD 和长沙芙蓉 CBD 等 12 个 CBD 金融机构本外币贷款余额逐年增加，表明各地企业扩大生产、投资新项目或补充流动资金的意愿增强，反映了实体经济的信心回升。从 2022 年金融机构本外币贷款余额增长率来看，西安长安路 CBD、成都锦江 CBD 和南京河西 CBD 的增长率较高，分别比 2021 年增长 21.99%、14.28%和 12.60%。金融机构本外币贷款余额的增量变化充分显示了各地区银行企业持续进行创新，不断推动减费让利，降低实体经济融资成本，助力经济快速发展。从 2023 年金融机构本外币贷款余额增长率来看，西安长安路 CBD 和沈阳金融商贸 CBD 的金融机构本外币贷款余额分别比 2022 年下降 0.39%和 2.14%，成都锦江 CBD、重庆解放碑 CBD 和北京 CBD 的增长率较高，分别比 2022 年增长 14.03%、13.34%和 13.31%。

3. 居民辐射行动

本报告采用人员往来，即 CBD 所在省份①的对外劳务合作派出人数和

① 由于无法获得城市级别的对外劳务合作派出人数数据，除了北京、上海、天津和深圳采用市级数据，其他各 CBD 该指标均采用省级数据。

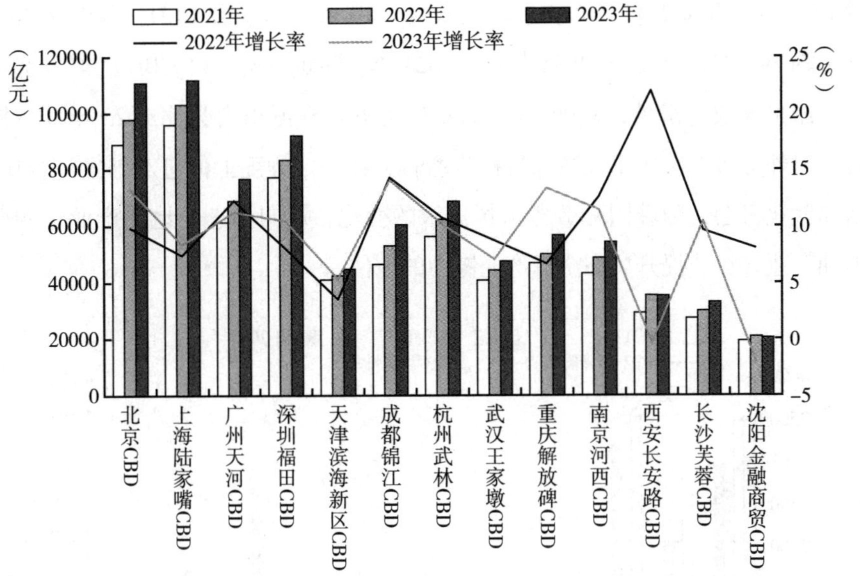

图 14　2021~2023 年 13 个 CBD 金融机构本外币贷款余额及增长率

CBD 所在城市全年累计接待游客人数来衡量 CBD 的居民辐射行动。

（1）对外劳务合作派出人数

从对外劳务合作派出人数来看，2021~2023 年北京 CBD、上海陆家嘴 CBD 和广州天河 CBD 的对外劳务合作派出人数占绝对优势（见图 15），随着经济一体化深度和广度不断拓展、我国“走出去”战略的深入推进，这些城市的外派劳务取得长足发展，成为当地对外经济活动的重要内容。2023 年南京河西 CBD 的对外劳务合作派出人数高达 27707 人，创 2021~2023 年的新高。

从对外劳务合作派出人数的增长率[①]来看，2023 年对外劳务合作派出人数的增长率总体高于 2022 年。2022 年，受经济复苏的不稳定性和不确定性影响，除了重庆解放碑 CBD 和武汉王家墩 CBD 的对外劳务合作派出人数有所增加外（分别比 2021 年增长了 16.31%和 0.04%），大多数 CBD 所在省份对外劳务合作业务受到严重影响，对外劳务合作派出人数有所减少，其中下滑明显

① 由于 2022 年深圳福田 CBD 对外劳务合作派出人数缺失，所有分析讨论基于已有数据。

的 CBD 有天津滨海新区 CBD、杭州武林 CBD 和长沙芙蓉 CBD，分别比 2021 年下降 59.54%、51.1%和 35.75%。2023 年，除重庆解放碑 CBD 的对外劳务合作派出人数下滑外，其他 CBD 的对外劳务合作派出人数比 2022 年有所提高。对外劳务合作派出人数保持稳步增长，在一定程度上促进对外经济合作，增加就业机会，随着国际劳务市场需求的变化，反向推进当地的产业结构调整和产业升级，提升其在全球产业链中的地位。

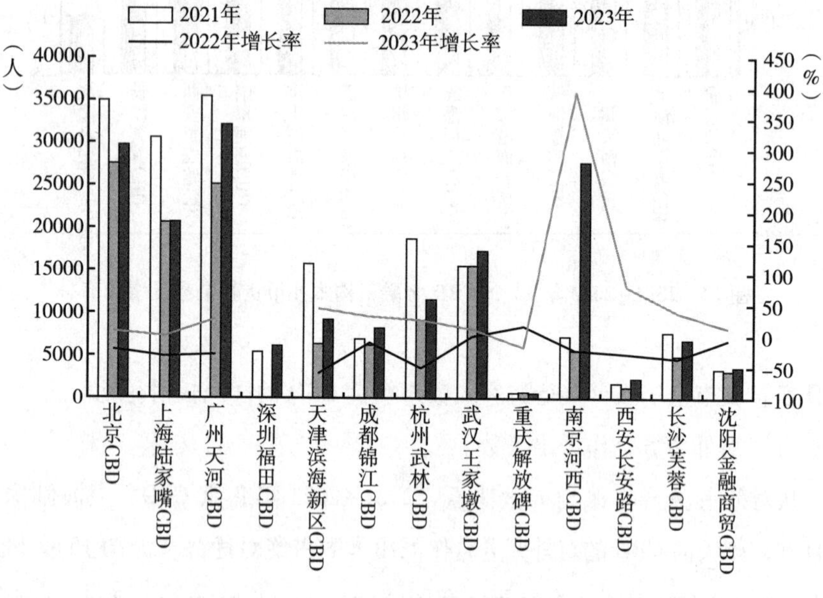

图 15　2021~2023 年 13 个 CBD 对外劳务合作派出人数及增长率

（2）全年累计接待游客人数①

基于能获得的数据，2021~2023 年，各 CBD 所在城市全年累计接待游客人数变化较大，其中 2022 年，除广州天河 CBD、深圳福田 CBD 和沈阳金融商贸 CBD 所在城市的全年累计接待游客人数比 2021 年有所增加外，大多数 CBD 所在城市全年累计接待游客人数减少，其中，受影响较大的有天津滨海新区 CBD、上海陆家嘴 CBD、北京 CBD 和长沙芙蓉 CBD 所在城市，其

① 中国旅游研究院：《中国入境旅游发展报告（2023—2024）》，2024 年 6 月。

全年累计接待游客人数分别比 2021 年下滑了 37.41%、36.52%、28.53%和 25.77%，这可能与居民外出旅游意愿减少有关。2023 年全部 CBD 所在城市全年累计接待游客人数呈现井喷式发展，尤其是天津滨海新区 CBD 所在城市全年累计接待游客人数比 2022 年翻了一番多，旅游市场呈现强劲的复苏态势（见图 16）。

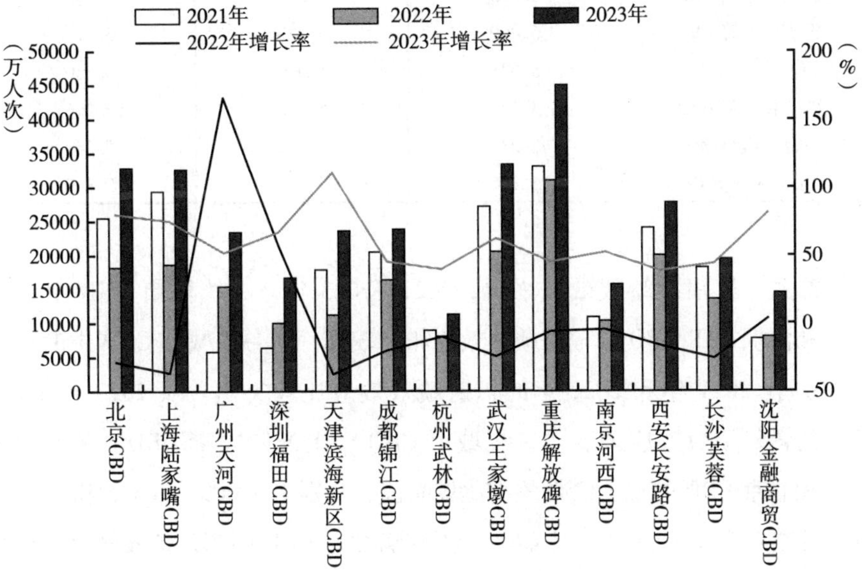

图 16　2021~2023 年 13 个 CBD 所在城市全年累计接待游客人数及增长率

（四）辐射绩效效应

2021~2023 年，13 个 CBD 辐射绩效效应详情见表 3。

表 3　2021~2023 年 13 个 CBD 辐射绩效效应

CBD	2021 年	2022 年	2023 年
北京 CBD	5. 648	5. 638	5. 574
上海陆家嘴 CBD	5. 466	5. 504	5. 609
广州天河 CBD	5. 399	5. 439	5. 431

续表

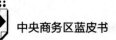

CBD	2021年	2022年	2023年
深圳福田CBD	5.528	5.516	5.575
天津滨海新区CBD	5.348	5.378	5.371
成都锦江CBD	5.187	5.218	5.230
杭州武林CBD	5.296	5.287	5.437
武汉王家墩CBD	5.255	5.301	5.290
重庆解放碑CBD	5.469	5.470	5.427
南京河西CBD	5.538	5.510	5.330
西安长安路CBD	5.172	5.190	5.206
长沙芙蓉CBD	5.235	5.290	5.241
沈阳金融商贸CBD	5.246	5.270	5.260

首先，从辐射绩效效应来看，2021~2023年，一线城市CBD中北京CBD和深圳福田CBD的辐射绩效效应相对较强，新一线城市CBD中南京河西CBD在2021年和2022年的辐射绩效效应比较突出。从2023年13个CBD的辐射绩效效应来看，一线城市CBD中上海陆家嘴CBD、深圳福田CBD和北京CBD的辐射绩效效应比较靠前，分别为5.609、5.575和5.574，新一线城市CBD中杭州武林CBD和重庆解放碑CBD的辐射绩效效应比较突出，分别为5.437和5.427。其他CBD的辐射绩效效应与上述提及的CBD尚有差距。

其次，从辐射绩效效应的增长状况来看，2021~2023年，各CBD的起伏波动较大。上海陆家嘴CBD、成都锦江CBD和西安长安路CBD的辐射绩效效应逐年提高，北京CBD、南京河西CBD的辐射绩效效应逐年下降。从辐射绩效效应的增长率来看，2022年，长沙芙蓉CBD和武汉王家墩CBD的辐射绩效效应的增幅较大，分别为1.04%和0.88%，南京河西CBD和深圳福田CBD辐射绩效效应的降幅较大，分别为0.49%和0.22%。2023年，辐射绩效效应增幅较大的CBD有杭州武林CBD和上海陆家嘴CBD，分别为2.84%和1.92%。辐射绩效效应降幅较大的CBD有南京河西CBD、北京CBD，降幅分别为3.27%和1.13%（见图17）。

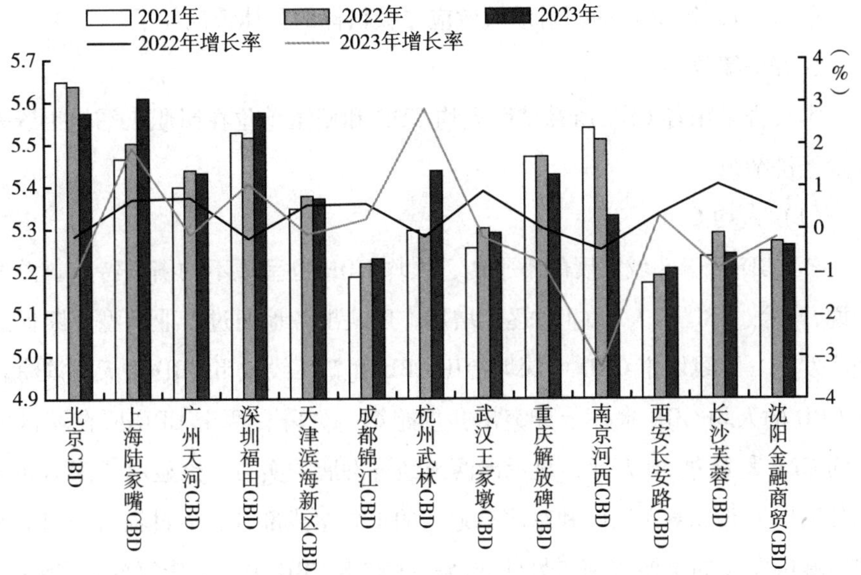

图 17　2021~2023 年 13 个 CBD 辐射绩效效应及增长率

再次，从辐射绩效效应的二级指标权重来看，在三个分项指标中，2022年和2023年，经济绩效对整个辐射绩效效应的贡献最高，2021年环境绩效对辐射绩效效应的贡献最高（见图18）。

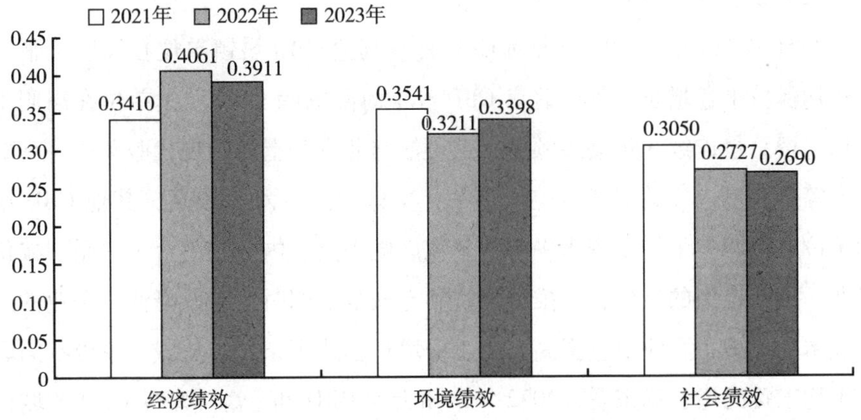

图 18　2021~2023 年 13 个 CBD 辐射绩效效应二级指标权重

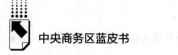

最后，13 个 CBD 的辐射绩效效应二级指标的具体情况如下。

1. 经济绩效

本报告采用各 CBD 所在城区人均 GDP 和城镇单位在岗职工平均工资来衡量经济绩效。

（1）人均 GDP

各 CBD 由于区域发展的不平衡，人均 GDP 也呈现不均衡的特点。总的来说，多数 CBD 的人均 GDP 逐年增加，反映出各地通过产业转型不断促进经济发展。一线城市 CBD 中深圳福田 CBD 和新一线城市 CBD 中天津滨海新区 CBD 的人均 GDP 水平十分突出，领跑第一方阵，两个 CBD 所在城区的人均 GDP 均超过 30 万元，显示出两地经济发展的实力，也显示了深圳和天津分别作为粤港澳大湾区和京津冀地区的重要组成部分，通过辐射效应带动周围城市发展的重要作用。另外，新一线城市 CBD 中，重庆解放碑 CBD 的人均 GDP 也较为突出，连续 3 年超过 25 万元，在一定程度上反映出重大资源项目逐渐向新一线城市转移，避免了资源过度向一线城市集中的特点。从人均 GDP 的增幅来看，2022 年沈阳金融商贸 CBD、长沙芙蓉 CBD 的人均 GDP 增幅较大，其他 CBD 人均 GDP 增幅相对均衡，2023 年成都锦江 CBD 的人均 GDP 增幅（10.59%）最大。

（2）城镇单位在岗职工平均工资

2021~2023 年，除广州天河 CBD 外，其他 CBD 城镇单位在岗职工平均工资均保持平稳增长，其中北京 CBD 和上海陆家嘴 CBD 城镇单位在岗职工平均工资总量连续 3 年遥遥领先，这可能与北京和上海的现代服务业、高新技术等产业发达，总部经济突出有关，整体的工资水平较高，其他 CBD 城镇单位在岗职工平均工资水平差距不大。党中央、国务院出台了一系列减税降费、援企稳岗的措施，在推动经济稳定恢复的同时，有效降低了企业的经营成本，促进了企业效益提高，为工资增长创造了条件。从城镇单位在岗职工平均工资的增长率来看，2022 年广州天河 CBD 和上海陆家嘴 CBD 的城镇单位在岗职工平均工资增长率较高，分别比 2021 年增长了 14.18% 和 10.75%。2023 年，广州天河 CBD 城镇单位在岗职工平均工资比上年下降了

3.91%，其他CBD中城镇单位在岗职工平均工资增长率较高的有武汉王家墩CBD、上海陆家嘴CBD和沈阳金融商贸CBD，分别比上年增加了8.10%、7.92%和6.66%（见图19）。

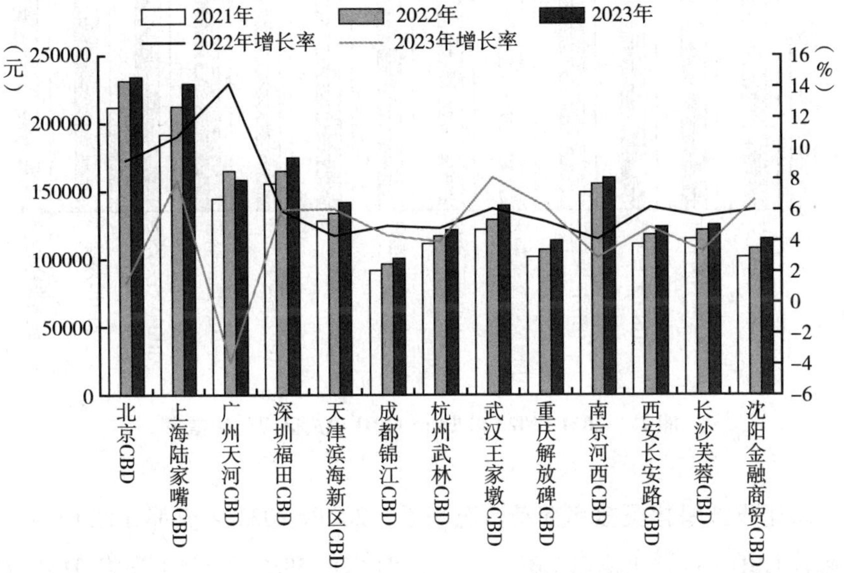

图19 2021~2023年13个CBD城镇单位在岗职工平均工资及增长率

2. 环境绩效

本报告用建成区绿化覆盖率和细颗粒物（$PM_{2.5}$）年均浓度来衡量公共环境情况，建成区绿化覆盖率越高，表明绿化水平越高，细颗粒物（$PM_{2.5}$）年均浓度越低，表明环境质量越好。建成区绿化覆盖率不仅反映了城市环境和生态状况，也体现了社会对环境保护和城市美化的重视。通过这一指标，可以更全面地了解城市环境状况和规划发展情况，为环境保护和可持续发展提供有力支撑。

（1）建成区绿化覆盖率

由图20可知，13个CBD的建成区绿化覆盖率都相对较高，其中北京CBD建成区绿化覆盖率高达48%以上，位居13个CBD之首，这与北京多措并举进行城市治理，提升空气质量和居民生活质量，推动北京向生态宜居城市发展密不可分。

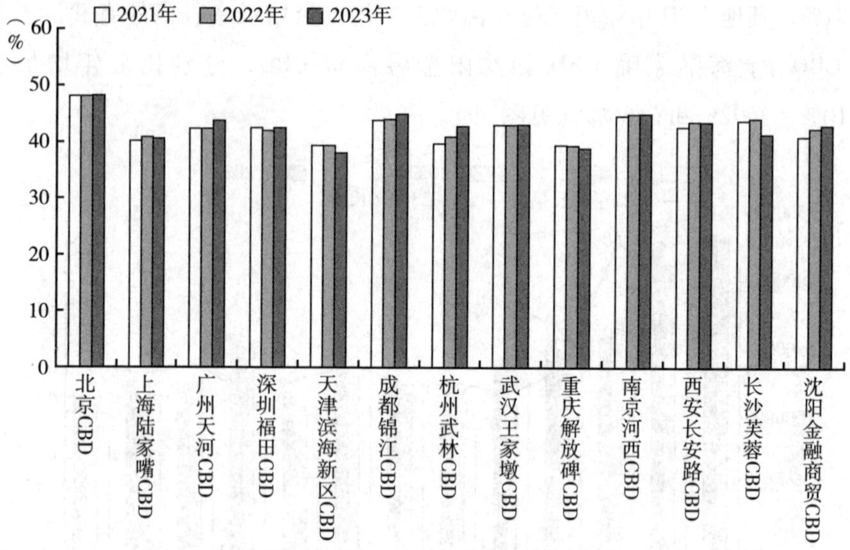

图 20　2021~2023 年 13 个 CBD 建成区绿化覆盖率

从建成区绿化覆盖率变动情况来看，2021~2023 年成都锦江 CBD、杭州武林 CBD、武汉王家墩 CBD、南京河西 CBD 和沈阳金融商贸 CBD 建成区绿化覆盖率逐年提高，重庆解放碑 CBD 建成区绿化覆盖率逐年下降。2022 年，大多数 CBD 建成区绿化覆盖率比 2021 年有所提高，其中沈阳金融商贸 CBD 和杭州武林 CBD 建成区绿化覆盖率增幅相对突出，分别比 2021 年提高了 1.48 个百分点和 1.22 个百分点，而深圳福田 CBD 和重庆解放碑 CBD 建成区绿化覆盖率有所下降，分别比 2021 年下降了 0.50 个百分点和 0.10 个百分点。2023 年，建成区绿化覆盖率比 2022 年有所下降的 CBD 有上海陆家嘴 CBD、天津滨海新区 CBD、重庆解放碑 CBD、西安长安路 CBD 和长沙芙蓉 CBD，其中降幅较大的是长沙芙蓉 CBD 和天津滨海新区 CBD，分别比 2022 年下降了 2.75 个百分点和 1.30 个百分点。

（2）细颗粒物（$PM_{2.5}$）年均浓度

细颗粒物（$PM_{2.5}$）年均浓度是一个自然年内每天细颗粒物平均浓度的算术平均值。《环境空气质量标准》增设 $PM_{2.5}$ 浓度限值，设定空气质量一级标准年平均浓度限值为 15 微克/米^3，24 小时平均浓度限值为 35 微克/

米^3；空气质量二级标准年平均浓度限值为 35 微克/米^3，24 小时平均浓度限值为 75 微克/米^3。有研究显示，如果城市的细颗粒物（$PM_{2.5}$）年均浓度能达到空气质量二级标准，每年就可以避免 164 亿元的经济损失。

2021~2023 年，一线城市 CBD 的细颗粒物（$PM_{2.5}$）年均浓度总体比新一线城市 CBD 低，细颗粒物（$PM_{2.5}$）年均浓度均达到空气质量二级标准（见图 21）。新一线城市 CBD 中，杭州武林 CBD 和南京河西 CBD 连续三年稳定达标空气质量二级标准。

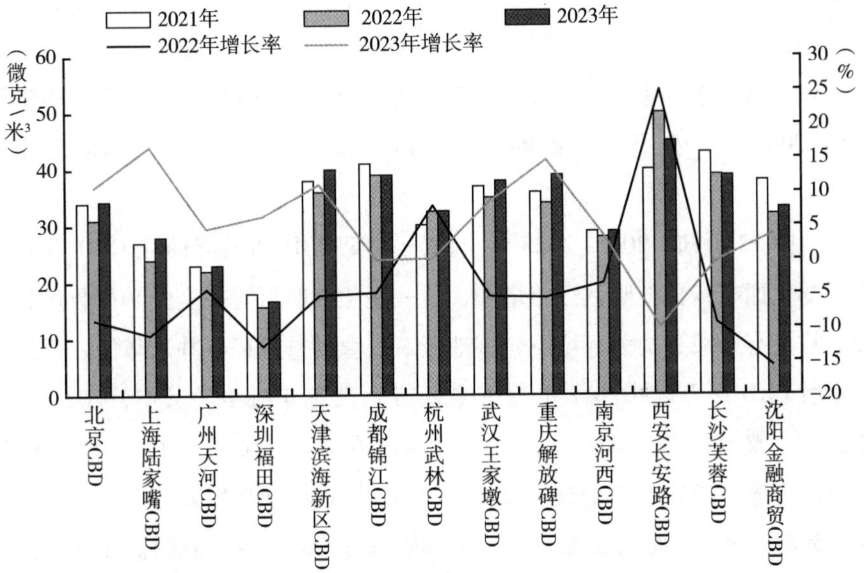

图 21　2021~2023 年 13 个 CBD 细颗粒物（$PM_{2.5}$）年均浓度及增长率

从细颗粒物（$PM_{2.5}$）年均浓度的变化情况来看，长沙芙蓉 CBD 的细颗粒物（$PM_{2.5}$）年均浓度呈现逐年下降的趋势，表明该地空气质量改善明显，而杭州武林 CBD 的细颗粒物（$PM_{2.5}$）年均浓度呈现逐年升高的趋势。2022 年，除杭州武林 CBD 和西安长安路 CBD 的细颗粒物（$PM_{2.5}$）年均浓度有所提高外，其他 CBD 的细颗粒物（$PM_{2.5}$）年均浓度均有不同程度的下降，其中沈阳金融商贸 CBD 的细颗粒物（$PM_{2.5}$）年均浓度比 2021 年下降了 15.79%，空气质量改善幅度最大。2023 年，西安长安路

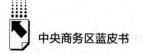

CBD 和长沙芙蓉 CBD 的细颗粒物（$PM_{2.5}$）年均浓度有所下降，分别比 2022 年下降 10.00%和 0.26%，其他 CBD 的细颗粒物（$PM_{2.5}$）年均浓度均有不同程度的提高，其中升幅较大的是上海陆家嘴 CBD、重庆解放碑 CBD、天津滨海新区 CBD 和北京 CBD，分别比 2022 年提高了 16.67%、14.71%、11.11%和 10.65%。

3. 社会绩效

本报告用每万名中小学生拥有专任教师数和每千人医疗卫生机构床位数来衡量社会绩效。

（1）每万名中小学生拥有专任教师数

每万名中小学生拥有专任教师数，即专任教师的数量/在校中小学生数量×10000，在一定程度上能够反映各地的教育资源配置、教师队伍建设情况。

由图 22 可知，2021~2023 年上海陆家嘴 CBD 和成都锦江 CBD 每万名中小学生拥有专任教师数逐年增加，这一变化表明尽管在全国学校数量和在校生数量有所减少的大环境下，该地区对教育的重视程度并未降低。而武汉王家墩 CBD 每万名中小学生拥有专任教师数逐年减少。其中，2021 年和 2022 年，南京河西 CBD 每万名中小学生拥有专任教师数在 13 个 CBD 中具有绝对优势，2023 年上海陆家嘴 CBD 和杭州武林 CBD 每万名中小学生拥有专任教师数增加迅猛，充分展现了上海陆家嘴 CBD 和杭州武林 CBD 所在地区对教育师资投入的力度，为教育质量提升注入了强大动力。

从每万名中小学生拥有专任教师数的增长率来看，2022 年，上海陆家嘴 CBD、广州天河 CBD、成都锦江 CBD、重庆解放碑 CBD、南京河西 CBD 和西安长安路 CBD 的每万名中小学生拥有专任教师数是提高的，其中南京河西 CBD 的增速较高，比 2021 年提高了 4.9%，其他 CBD 的每万名中小学生拥有专任教师数下降，其中深圳福田 CBD 和长沙芙蓉 CBD 的每万名中小学生拥有专任教师数下降比较明显，分别比 2021 年下降了 10.36%和 9.34%。2023 年，上海陆家嘴 CBD、深圳福田 CBD、天津滨海新区 CBD、成都锦江 CBD、杭州武林 CBD 和长沙芙蓉 CBD 每万名中小学生拥有专任教师数分别比 2022 年增长了 38.48%、12.42%、13/12%、4.33%、48.27%和 1.84%。

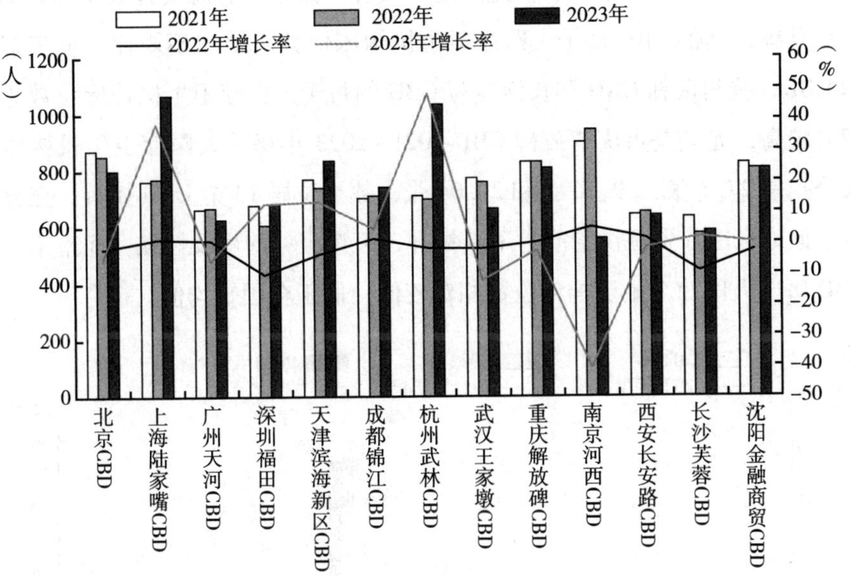

图 22　2021~2023 年 13 个 CBD 每万名中小学生拥有专任教师数及增长率

（2）每千人医疗卫生机构床位数

每千人医疗卫生机构床位数是衡量一个国家或地区医疗资源供给能力、医疗服务能力的重要指标，反映了住院医疗服务的可及性。每千人医疗卫生机构床位数的增加对经济发展具有积极的影响，一方面，它为社会增加了大量的就业机会，推动了医疗产业链上下游相关产业的蓬勃发展，进一步促进了经济的繁荣。另一方面，为政府规划医疗设施建设提供依据。

从图 23 可以看出，2021~2023 年医疗资源分配不均衡现象仍然存在。4 个一线城市 CBD 中北京 CBD 和深圳福田 CBD 的每千人医疗卫生机构床位数相对较高并且逐年稳定增加，均超过 2021 年（6.7 张）、2022 年（6.92 张）和 2023 年（7.23 张）的全国每千人医疗卫生机构床位数，新一线城市 CBD

中天津滨海新区 CBD、武汉王家墩 CBD、长沙芙蓉 CBD 和沈阳金融商贸 CBD 每千人医疗卫生机构床位数逐年平稳增加，充分显示了上述 CBD 所在城区加大投入力度、新建和扩建医院卫生院，医疗服务规模和服务能力不断优化升级，其他 CBD 每千人医疗卫生机构床位数的增减不规律。重庆解放碑 CBD、杭州武林 CBD 和长沙芙蓉 CBD 的每千人医疗卫生机构床位数总体相对较高，尤其是重庆解放碑 CBD 2021~2023 年每千人医疗卫生机构床位数分别是 27.3 张、29.36 张和 29.04 张，数量位居 13 个 CBD 榜首，充分显示了该地区医疗资源供给能力不断提升，医疗服务的可及性强。而南京河西 CBD 每千人医疗卫生机构床位数相对较低，低于全国平均值。

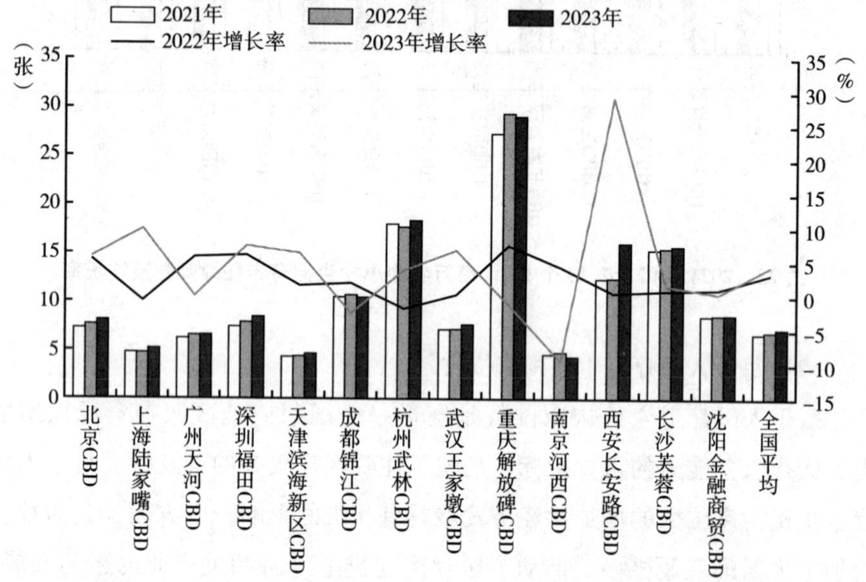

图 23　2021~2023 年 13 个 CBD 及全国每千人医疗卫生机构床位数及增长率

2022 年，除上海陆家嘴 CBD 和杭州武林 CBD 的每千人医疗卫生机构床位数有小幅减少外，其他 CBD 的每千人医疗卫生机构床位数增长相对平稳。2023 年成都锦江 CBD、重庆解放碑 CBD 和南京河西 CBD 的每千人医疗卫生机构床位数分别比 2022 年下降了 2.42%、1.10%和 9.43%。

三 基本结论和对策建议

本报告根据熵值法计算原理，测算了2021~2023年13个CBD的区域辐射效应，结论如下。

从区域辐射效应来看，2021~2023年，13个CBD的区域辐射效应总体呈现不均衡的特点，一线城市CBD和新一线城市CBD中天津滨海新区CBD的区域辐射效应依然领跑，同时，新一线城市CBD中南京河西CBD的区域辐射效应相对突出，其他CBD之间的区域辐射效应差距不大。在辐射能力效应方面，一线城市CBD中上海陆家嘴CBD、新一线城市CBD中天津滨海新区CBD连续3年辐射能力效应突出；在辐射行动效应方面，一线城市CBD中上海陆家嘴CBD和北京CBD，新一线城市CBD中杭州武林CBD和天津滨海新区CBD的辐射行动效应突出；在辐射绩效效应方面，一线城市CBD中北京CBD和深圳福田CBD、新一线城市CBD中南京河西CBD辐射绩效效应突出。

综上所述，本报告认为新质生产力以科技创新、数字智能、绿色低碳为核心，是重构城市产业链、提升CBD能级的关键驱动力。以新质生产力优化城市产业链发展，通过政策引导实现技术、产业、空间三者的深度融合，可推动CBD从传统要素驱动向创新驱动跃升。以下为具体政策建议。

（一）双轮驱动国家战略：一线城市与新一线城市CBD采用差异化定位赋能高质量发展

城市是国家发展的基本单元，CBD又是城市发展的超级引擎。加快发展新质生产力，“以科技创新引领现代化产业体系建设”是各级CBD高质量发展的内在要求。一线城市CBD要将“全球化枢纽+创新策源地”作为其发展定位，充分利用自身优势，聚焦高端产业，以科技创新、数字化转型、绿色低碳和高端服务为核心积极培育和发展新质生产力，通过技术创新重构产业生态、创新制度，打破要素壁垒，开放创新链接全球网络，实现从

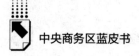

“经济高地”向“价值灯塔”的跃升，实现国家战略层面的辐射能力。而新一线城市 CBD 要聚焦“区域服务+产业转化”，聚焦产业发展的垂直赛道，以技术创新外溢推动区域经济纵深发展，实现其对周边区域的辐射和影响，通过差异化定位缩小与一线城市 CBD 的差距。

（二）通过技术赋能、空间适配与制度创新的三维联动助力 CBD 高端产业融合发展

在国家战略的指引下，发挥 CBD 作为城市更新核心载体的战略支点作用，以新质生产力为战略引擎驱动城市产业链重构升级与能级跃升，通过技术赋能重构产业价值链条、通过空间适配为物理载体激活全要素流动，通过制度创新为治理框架破除系统锁定效应，通过三者三维联动，打造要素聚合平台，实现产业迭代与城市功能更新的范式创新，为 CBD 高质量发展提供方案。各级 CBD 要加快科技创新与产业融合发展，以新质生产力为纽带，实现不同产业间更高效的协同合作，使其成为新质生产力的策源地。充分发挥 CBD 创新资源集聚优势，汇聚大量科研人才和创新企业，不断探索新技术、新模式，为城市产业链注入新活力。积极培育新兴产业和未来产业，以数字经济技术赋能、引导高端产业特色集群，形成未来产业先导区，不断加强硬核科技的攻坚与创新成果转化，推动产业链、供应链各个环节的技术升级与效率提升，促进产业朝专精特新方向发展，并向价值链高端跃升，辐射带动周边区域产业向创新驱动型转变。

（三）充分借鉴 CBD 发展国际经验，加强地区间 CBD 合作

很多国家的 CBD 发展经验值得中国借鉴，如新加坡滨海湾在全域部署数字孪生城市操作系统，采用集感知、数据、网络、计算、智能等方面的信息技术于一体的复合型技术手段，通过密集的数据化对现实世界进行复制，将个人地理、基础设施、专有记录数据孤岛转变成集成的数字孪生体，通过采集和更新城市资产，释放数字化的无限以及无形的收益，推动国家和城市的智慧化发展。当前，数字技术作为世界科技革命和产业革命的先导力量，

日益融入经济社会发展的全领域，深刻改变着社会的生产方式、生活方式和社会治理方式，实现数字经济与实体经济的深度融合是中国经济高质量发展的重要动力所在，因此，有能力的 CBD 可以从政府主导数据底座建设入手，建设 CBD 全域数字孪生平台，整合信息，发挥其在智能制造、生态建设、公共服务和城市治理等多个领域的重要作用，推动 CBD 发挥在城市经济发展与治理中的先导作用。另外，CBD 是地区要素的高度集聚体，地区 CBD 间的竞争与合作关系成为地区间一体化水平的重要体现。随着中国区域经济一体化的程度不断提高，中国各地区 CBD 之间也要逐渐加强合作交流。

参考文献

卢庆强、龙茂乾、钟奕纯：《中国中心城市发展能级与辐射区域耦合关系研究》，《区域经济评论》2023 年第 1 期。

王珏、王荣基：《新质生产力：指标构建与时空演进》，《西安财经大学学报》2024 年第 1 期。

叶振宇、徐鹏程：《中国新质生产力指数：理论依据与评价分析》，《兰州大学学报》（社会科学版）2024 年第 3 期。

《2023 年我国卫生健康事业发展统计公报》，国家卫生健康委员会网站，2024 年 8 月 29 日，http：//www. nhc. gov. cn/guihuaxxs/s3585u/202408/6c037610b3a54f6c8535c515844fae96. shtml。

《2022 年我国卫生健康事业发展统计公报》，国家卫生健康委员会网站，2023 年 10 月 12 日，http：//www. nhc. gov. cn/guihuaxxs/s3585u/202309/6707c48f2a2b420fbfb739c393fcca92. shtml。

《2021 年我国卫生健康事业发展统计公报》，国家卫生健康委员会网站，2022 年 7 月 12 日，http：//www. nhc. gov. cn/guihuaxxs/s3586s/202207/51b55216c2154332a660157abf28b09d. shtml。

赵健博：《新质生产力评价指标体系的构建及统计度量》，《统计学与应用》2025 年第 2 期。

《中央商务区更新成为全球主要城市更新的最新发力点》，上海情报服务平台，2023 年 1 月 12 日，https：//www. istis. sh. cn/cms/news/article/94/25970。

易雪琴：《国内外数字孪生城市建设的经验及启示》，《信息通信技术与政策》2023 年第 8 期。

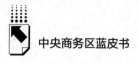

周波等：《世界主要国家未来产业发展部署与启示》，《中国科学院院刊》2021 年第 11 期。

李军凯等：《构建面向未来产业的创新生态系统：结构框架与实现路径》，《中国科学院院刊》2023 年第 6 期。

《聚焦新兴产业 8 个领域和未来产业 9 个领域——为新产业定标准、促发展》，中国政府网，2024 年 1 月 3 日，https：//www. gov. cn/zhengce/202401/content_6923931. htm。

朱卫杰等：《科学驱动视角下产业创新网络与生态主体研究——以 5G 产业为例》，《技术经济》2023 年第 6 期。

《打造高质量综合运输大通道 助力构建新发展格局》，国家发展和改革委员会网站，2021 年 4 月 2 日，https：//www. ndrc. gov. cn/xxgk/jd/wsdwhfz/202104/t20210402_1271688. html。

张杰、蒋三庚等：《中央商务区产业发展报告（2021）》，社会科学文献出版社，2021。

郭亮、单菁菁主编《中国商务中心区发展报告（2019）》，社会科学文献出版社，2019。

贾生华、聂冲、温海珍：《城市 CBD 功能成熟度评价指标体系的构建——以杭州钱江新城 CBD 为例》，《地理研究》2008 年第 3 期。

张杰、高英杰等：《中央商务区产业发展报告（2024）》，社会科学文献出版社，2024。

蒋三庚、王晓红、张杰等：《中央商务区产业发展报告（2020）》，社会科学文献出版社，2020。

王征、吴苓：《当前我国中央商务区构建方式探讨——基于中外发展经验的分析》，《中共山西省直机关党校学报》2017 年第 2 期。

刘丽琴：《三大地标再造精致 CBD》，《广州日报》2022 年 5 月 12 日。

王秋野：《扩大升级信息消费 促进经济高质量发展》，《经济参考报》2021 年 8 月 6 日。

J. R. Boudevile，*Problems of Regional Economic Planning*（Edinburgh University Press，1966）.

J. R. P. Friedmann，*A General Theory of Polarized Development*（The Free Press，1972）.

J. R. Lasuén，*Urbanization and Development-The Temporal Interaction Between Geographical and Sectoral Clusters*（Urban Studies，1973）.

S. Y. Yang，D. Fang，and B. Chen，"Human Health Impact and Economic Effect for $PM_{2.5}$ Exposure in Typical Cities，" *Applied Energy*，2019，249（1）：316-325.

"First Digital Twin of a Country"，https：//www. constructionbriefing. com/news/first-digital-twin-of-a-country/8018619. article? zephr_sso_ott=7mNqPb.

B.4

中央商务区楼宇经济报告（2025）

温　馨*

摘　要：　本报告聚焦2021~2023年国内13个一线城市和新一线城市的中央商务区（CBD）楼宇经济发展，通过构建涵盖地区经济、楼宇运营、企业入驻、创新生态四个维度的指标体系，运用熵值法对其发展水平进行全面测算与分析。研究发现，一线城市CBD在楼宇经济发展中占据领先地位，新一线城市CBD虽具潜力但与一线城市CBD差距有所拉大。当前，中国CBD楼宇经济发展仍面临供需失衡、空置率高，配套设施不完善，产业支撑不足、结构单一，以及规划不合理等问题，这些问题在一定程度上制约了楼宇经济的稳定性和可持续性。基于此，本报告提出科学规划、优化资源配置，强化政策扶持、吸引企业集聚，完善配套服务、提升综合品质，聚焦产业升级、推动多元化发展，促进楼宇联动、优化运营模式等针对性发展建议，旨在推动CBD楼宇经济从“规模扩张”向“价值创造”转型，以更好地适应城市产业链优化需求，为构建现代化产业体系提供有力支撑，助力城市经济高质量发展。

关键词：　中央商务区　楼宇经济　新质生产力　甲级写字楼

一　引言

随着全球经济格局的深刻调整，城市转型发展成为提升城市竞争力的

* 温馨，首都经济贸易大学博士研究生，主要研究方向为城市经济战略管理、城市经济韧性。

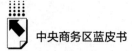

关键。新质生产力作为创新驱动发展的核心力量，为城市可持续、高质量发展提供了新的机遇。在新质生产力的推动下中央商务区作为城市经济的核心区域，其楼宇经济的发展模式亟待实现创新与突破，以更好地适应城市产业链优化的需求。楼宇经济自 20 世纪 90 年代进入中国以来，经历了较为单一的“空间提供”1.0 阶段，以及承载现代服务业实现功能丰富与拓展的“空间+配套+服务”2.0 阶段，现逐渐进入聚焦存量焕新、更注重楼宇经济质量提升与价值挖掘的“空间+产业+运营”3.0 阶段。全球经济在多重挑战中呈现弱复苏的态势，国内经济在高质量发展的总目标下始终坚持稳中求进工作总基调。2024 年国务院《政府工作报告》明确提出“加快发展新质生产力”。中央商务区（CBD）作为城市经济高质量发展的核心载体，其楼宇经济既是城市竞争力的直观体现，也是落实国家战略的重要抓手。

随着“十四五”规划收官与“十五五”规划启动，楼宇经济需进一步发挥产业载体功能，助力现代化产业体系建设。2024 年国务院《政府工作报告》进一步细化部署，要求深化供给侧结构性改革，推动传统产业高端化、智能化、绿色化转型。CBD 楼宇经济分别从政策赋能、绿色转型和区域协同三方面迎来新一轮发展机遇。在政策赋能方面，国家发展改革委、各级地方政府发布关于促进楼宇经济高质量发展的政策文件，明确支持 CBD 打造“智慧楼宇集群”，鼓励通过数字化手段提升楼宇运营效率，推动楼宇经济与生产性服务业深度融合；在绿色转型方面，住建部联合多部门印发《绿色建筑创建行动方案》，要求新建公共建筑全面执行绿色标准，既有楼宇改造节能率不低于 20%，为 CBD 楼宇低碳化发展划定硬性指标；在区域协同方面，2024 年国务院《政府工作报告》提出“注重以城市群、都市圈为依托，促进大中小城市协调发展”，京津冀、长三角、粤港澳大湾区等区域 CBD 通过产业链协作、创新资源共享，逐步形成“核心引领—多点支撑”的楼宇经济生态网络。楼宇经济仍面临外部需求收缩、存量去化压力加剧、运营模式创新滞后等挑战。2025 年作为“十四五”规划收官与“十五五”规划谋篇之年，CBD 需以新质生产力为核心驱动力，加速从“规模扩张”向“价值创造”转型，为构建现代化产业体系提供空间支撑与创新动能。

在数字经济蓬勃发展与产业变革持续深化的时代背景下，中国城市发展模式正经历从“增量扩张”向“存量焕新”的重大转型。楼宇经济作为城市经济的关键组成部分，不仅是土地集约利用的成功典范，更是推动现代服务业集聚、实现城市功能升级的核心力量。本报告测算并分析 2021～2023 年我国 13 个中央商务区楼宇经济的综合发展水平和最新发展动态，为楼宇经济转型发展提供经济参考与政策建议。

二 中央商务区楼宇经济效应测算

（一）楼宇经济概念界定

本报告重点评价和分析城市中央商务区的楼宇经济发展效应，故需界定楼宇经济的概念。国外学者认为“楼宇经济”对应的概念是“中央商务区”（Central Business District，CBD），关于楼宇经济的概念最早由美国城市社会学家欧内斯特·伯吉斯于 1923 年提出，他指出城市的社会功能围绕一个中心，呈同心圆状分为五个圈层向外扩展，其中心层是“城市地理和功能的核心区域”，即中央商务区。国内学者认为楼宇经济是一种新型的经济载体，主要通过产业链上下游企业的集聚，形成规模优势，从而支撑现代服务业的发展，并带动区域经济的功能组团。向城市空间要效益是未来城市经济发展的基本趋势。楼宇经济是以商务楼宇为载体，通过集约空间、集聚产业、集中要素，产生经济、社会、人文和生态效益，带动区域经济发展的一种新型经济形态。

（二）样本选取与数据来源说明

本报告选取国内 13 个主要城市的中央商务区作为样本，包括 4 个一线城市 CBD 和 9 个新一线城市 CBD，详见表 1。数据来源包括 2021～2023 年

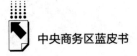

各城市统计年鉴、政府工作报告、国民经济和社会发展统计公报以及相关行业研究报告等。部分缺失数据通过实地调研和企业访谈进行补充。

表 1　样本 CBD 目录

所在城市分类	序号	名称	所在城区	所在城市分类	序号	名称	所在城区
一线城市	1	北京 CBD	北京市朝阳区	新一线城市	8	武汉王家墩 CBD	武汉市江汉区
	2	上海陆家嘴 CBD	上海市浦东新区		9	重庆解放碑 CBD	重庆市渝中区
	3	广州天河 CBD	广州市天河区		10	南京河西 CBD	南京市建邺区
	4	深圳福田 CBD	深圳市福田区		11	西安长安路 CBD	西安市碑林区
新一线城市	5	天津滨海新区 CBD	天津市滨海新区		12	沈阳金融商贸 CBD	沈阳市沈河区
	6	成都锦江 CBD	成都市锦江区				
	7	杭州武林 CBD	杭州市拱墅区*		13	长沙芙蓉 CBD	长沙市芙蓉区

注：2021 年 3 月 11 日，《浙江省人民政府关于调整杭州市部分行政区划的通知》印发，撤销杭州市下城区、拱墅区，设立新的杭州市拱墅区，以原下城区、拱墅区的行政区域为新的拱墅区的行政区域。

（三）指标体系构建原则与测算方法

本报告编制的楼宇经济效应指标体系遵循以下原则。第一，科学性。所选指标应能够科学、准确地反映楼宇经济的发展现状和发展趋势，具有较强的理论依据和实践指导意义。第二，系统性。指标体系应涵盖楼宇经济的各个方面，包括地区经济、楼宇运营、企业入驻、创新生态，能够全面、系统地反映楼宇经济的发展水平。第三，可操作性。所选指标应具有较强的数据可获得性和可操作性，能够通过公开渠道或实地调研获取相关数据。第四，代表性。所选指标必须与楼宇经济紧密相关，能够反映楼宇经济在城市经济发展中的关键作用和核心竞争力。

考虑到 13 个 CBD 的实际情况及数据的可得性，本报告在《中央商务区产业发展报告（2024）》中《中央商务区楼宇经济分析（2024）》的基础上，对楼宇经济涉及的指标与数据进行修正和补充。本报告研究对象为中央商务区楼宇经济，分析的基础是 CBD 所在城市，如无特殊说明，采用 CBD

所在区级数据进行指标计算。本报告楼宇经济效应指标共涵盖4个一级指标和16个二级指标，其中，一级指标包括地区经济效应、楼宇运营效应、企业入驻效应、创新生态效应，将GDP、常住人口、人均GDP、税收贡献、商务楼宇数、税收亿元楼数、楼宇租金、楼宇空置率、总部企业数、世界500强企业数、重大项目数[①]、存续企业数、利用外资数额、第三产业增加值占比、每万人专利授权数、建成区绿化覆盖率作为二级指标，详见表2。

楼宇经济是一种以商务写字楼、功能性板块和区域性设施为主要载体，通过开发、出租楼宇，引进各种企业，从而引进税源，带动区域经济发展的一种经济形态。本报告通过熵值法对各二级指标进行权重计算，确保每个指标的权重能够准确反映其在楼宇经济发展中的重要性，再将各二级指标按照计算出的权重进行合成，形成一级指标，最后将四个一级指标按照等权重原则进行拟合，形成综合的楼宇经济效应，用于全面评估中央商务区楼宇经济的发展水平。

表2　中央商务区楼宇经济效应指标体系

一级指标	二级指标	单位	指标解释	理论内涵	权重
地区经济效应	GDP	亿元	CBD所在地区生产总值	地区经济规模和综合实力的直接体现，反映CBD所在区域的经济繁荣程度	0.0819
	常住人口	人	全年在该城市居住6个月以上的人口	劳动力资源和消费市场潜力的指标，反映CBD所在区域的人口基础和发展潜力	0.0768
	人均GDP	元	CBD所在城区生产总值/常住人口	居民收入水平和消费能力的反映，影响楼宇经济的租金承受能力和品质需求	0.0383
	税收贡献	亿元	所观测区域的税收贡献额*	楼宇经济对地方财政的直接贡献，反映楼宇内企业的盈利能力和区域经济价值	0.0659

① 重大项目（或称重点项目、重点工程等）一般来说是指与国家重大战略、重大规划、重大政策紧密联系，投资规模较大，建设周期较长，且对调结构、稳投资、促增长具有重要作用的工程项目。

续表

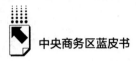

一级指标	二级指标	单位	指标解释	理论内涵	权重
楼宇运营效应	商务楼宇数	座	已建成楼宇数量	楼宇经济的物理基础，反映 CBD 的办公空间供给能力和产业集聚潜力	0.0607
	税收亿元楼数	座	反映楼宇税收贡献及影响力	楼宇内企业整体盈利能力的体现，反映楼宇经济的质量和效益	0.0480
	楼宇租金	元/(米^3·月)	甲级写字楼的月平均租金	市场对楼宇价值的反映，影响企业入驻决策和楼宇经济的供需平衡	0.0505
	楼宇空置率	%	反映中央商务区楼宇库存压力	楼宇市场供需关系的直接体现，反映楼宇经济的活跃度和市场风险	0.0289
企业入驻效应	总部企业数	家	企业总部或区域性总部数量	产业集聚能力和区域辐射力的体现，反映 CBD 对高端企业的吸引力	0.0589
	世界 500 强企业数	家	世界 500 强企业落户数量	国际化程度和吸引力的体现，反映 CBD 的国际竞争力和品牌影响力	0.0635
	重大项目数	个	该区域所规划的重大项目数量	未来发展潜力和政策支持力度的体现，反映 CBD 的长期发展机遇	0.0539
	存续企业数	家	反映中央商务区行业变迁特征	产业稳定性和企业生存环境的体现，反映 CBD 的产业可持续发展能力	0.1391
创新生态效应	利用外资数额	亿美元	反映该地区对外开放程度	对外开放程度和国际化水平的体现，反映 CBD 对国际资源的吸引力	0.0895
	第三产业增加值占比	%	反映 CBD 所在城区的产业结构	产业结构优化程度的体现，反映 CBD 服务业发展水平和经济结构合理性	0.0680
	每万人专利授权数	件	反映技术要素市场的发育程度	创新能力和创新活力的体现，反映 CBD 的技术要素市场发育程度	0.0456
	建成区绿化覆盖率	%	反映该地区生态环境状况	生态环境状况的体现，反映 CBD 的宜居程度和对高端人才的吸引力	0.0305

注：总税收贡献=增值税+企业所得税+个人所得税+消费税+营业税+其他地方性税费。

三　中央商务区楼宇经济效应测度结果与综合分析

（一）楼宇经济效应

本报告使用熵值法计算指标权重与指标数据，2021～2023 年的 13 个 CBD 的楼宇经济效应见表 3。

表 3　2021～2023 年 13 个 CBD 楼宇经济效应

年份	CBD	地区经济效应	楼宇运营效应	企业入驻效应	创新生态效应	楼宇经济效应
2023	北京 CBD	12.255	15.891	3.665	4.962	36.772
	上海陆家嘴 CBD	24.401	10.900	8.579	4.080	47.959
	广州天河 CBD	14.023	6.424	3.863	3.007	27.317
	深圳福田 CBD	8.504	8.725	20.977	2.731	40.937
	天津滨海新区 CBD	11.320	4.027	5.912	1.710	22.969
	成都锦江 CBD	1.528	4.469	4.478	8.771	19.247
	杭州武林 CBD	2.752	5.924	1.714	9.110	19.500
	武汉王家墩 CBD	8.528	2.112	5.791	10.085	26.516
	重庆解放碑 CBD	2.808	4.846	14.337	9.701	31.692
	南京河西 CBD	2.450	4.042	1.314	10.635	18.442
	西安长安路 CBD	0.761	2.045	5.048	5.723	13.577
	沈阳金融商贸 CBD	3.649	2.568	4.169	9.256	19.641
	长沙芙蓉 CBD	1.671	1.427	4.449	8.046	15.593
2022	北京 CBD	11.546	14.349	3.863	5.534	35.292
	上海陆家嘴 CBD	22.212	11.884	7.185	4.297	45.578
	广州天河 CBD	12.960	6.118	3.394	3.725	26.197
	深圳福田 CBD	7.876	10.746	21.259	2.262	42.143
	天津滨海新区 CBD	10.602	3.478	3.634	2.281	19.995
	成都锦江 CBD	1.168	3.435	4.241	8.848	17.691
	杭州武林 CBD	2.865	5.271	2.079	8.129	18.344
	武汉王家墩 CBD	7.957	2.428	6.744	10.440	27.568
	重庆解放碑 CBD	2.526	5.080	9.365	10.505	27.475
	南京河西 CBD	2.238	3.689	1.202	11.456	18.585
	西安长安路 CBD	0.670	1.740	3.972	5.751	12.132
	沈阳金融商贸 CBD	3.117	2.084	2.994	8.902	17.097
	长沙芙蓉 CBD	1.491	2.179	4.115	7.225	15.010

续表

年份	CBD	地区经济效应	楼宇运营效应	企业入驻效应	创新生态效应	楼宇经济效应
2021	北京 CBD	11.751	10.642	4.151	5.362	31.906
	上海陆家嘴 CBD	21.380	13.149	7.409	5.691	47.628
	广州天河 CBD	11.391	7.680	3.755	4.455	27.281
	深圳福田 CBD	7.916	8.271	19.296	2.454	37.937
	天津滨海新区 CBD	10.543	4.065	5.835	2.350	22.793
	成都锦江 CBD	1.049	4.290	4.661	8.736	18.737
	杭州武林 CBD	2.779	5.590	2.443	8.368	19.180
	武汉王家墩 CBD	8.268	2.793	5.433	10.367	26.861
	重庆解放碑 CBD	2.396	5.246	10.406	9.394	27.442
	南京河西 CBD	2.081	3.938	1.237	11.689	18.944
	西安长安路 CBD	0.661	1.446	4.375	13.524	20.005
	沈阳金融商贸 CBD	3.279	2.568	2.935	8.771	17.553
	长沙芙蓉 CBD	1.340	1.529	4.157	7.487	14.514

资料来源：根据历年统计年鉴、政府工作报告、国民经济和社会发展统计公报以及各中央商务区官网等数据计算整理得到，下同。

CBD 作为城市经济的核心区域，其楼宇经济发展状况对城市的经济活力和竞争力具有重要影响。近年来，随着经济形势的变化和产业结构的调整，楼宇经济面临新的机遇与挑战。根据楼宇经济效应测算结果，可以得到如下结论。

第一，从总体上看，2021~2023 年，一线城市 CBD 在楼宇经济发展中占据领先地位，新一线城市 CBD 在楼宇经济发展上具有较大潜力，但整体水平与一线城市 CBD 仍存在差距。3 年 13 个 CBD 楼宇经济效应均值回升向好，从 2021 年的 25.445 上升到 2023 年的 26.166，增长幅度为 2.834%。一线城市 CBD 楼宇经济效应均值从 2021 年的 36.188 上升到 2023 年的 38.246，增长幅度为 5.687%，增长幅度高于 13 个 CBD 总体增长幅度，显示出强大的经济活力和产业集聚能力。新一线城市 CBD 楼宇经济效应均值从 2021 年的 20.670 上升到 2023 年的 20.797，增长幅度为 0.614%。从两组 CBD 楼宇经济效应的均值来看，新一线城市 CBD 与一线城市 CBD 的差距进一步拉大，但整体发展仍处于成长期，波动增长态势明显，如图 1 所示。

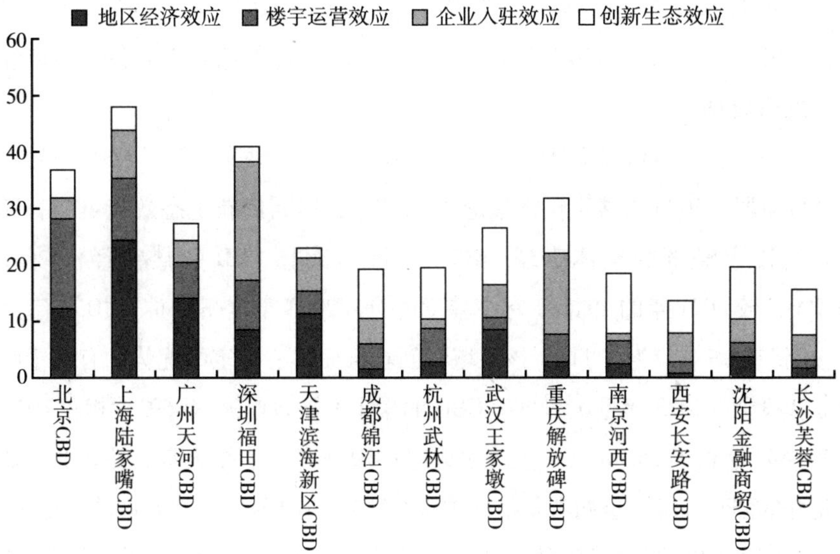

图 1　2023 年 13 个 CBD 楼宇经济效应构成

第二，在一线城市 CBD 中，楼宇经济有所波动。2023 年，上海陆家嘴 CBD 楼宇经济效应增长明显增强，上海作为国际金融中心楼宇经济效应达到 47.959，北京 CBD 楼宇经济不断完善，北京是政治、文化和国际交流中心，北京 CBD 楼宇经济效应为 36.772。2021~2023 年，上海陆家嘴 CBD 和北京 CBD 楼宇经济均实现了较快的增长。上海陆家嘴 CBD 楼宇经济得益于其高附加值产业集聚、政府与市场共同推动的发展模式。北京 CBD 作为城市的核心商务区，吸引了大量的国内外企业和机构入驻，形成了强大的集聚效应。除上海陆家嘴 CBD 和北京 CBD 外，广州天河 CBD 在 2021~2023 年的楼宇经济效应呈小幅上升趋势，从 2021 年的 27.281 上升到 2023 年的 27.317。深圳福田 CBD 楼宇经济效应从 2021 年的 37.937 上升到 2023 年的 40.937，福田区税收超亿元楼宇达 125 栋，位列全国第一，与此同时得益于楼宇经济，从 2008 年开始，福田区地均税收已连续 15 年位列深圳各区第一。一线城市 CBD 楼宇经济发展水平持续上涨，得益于政策支持、区位优势、产业集聚、创新驱动、国际化水平、生态环境、服务业发展、人才优势和城市更新等多方面因素的共同作用。上海陆家嘴 CBD、北京 CBD、深圳福田 CBD 和广州天河 CBD 在楼宇经济方面均表现出色，成为各自城市经济发展的重要增长极。

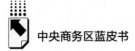

第三，新一线城市 CBD 中，2021~2023 年，天津滨海新区 CBD 正处在潜力释放阶段，2023 年楼宇经济效应为 22.969，提高创新生态效应可能有助于提升其楼宇经济的整体表现。2023 年杭州武林 CBD 的楼宇经济效应为 19.500，较 2021 年的 19.180 有小幅度上升。2023 年杭州武林 CBD 楼宇经济效应创新生态效应为 9.110，该区域在创新方面具有一定的优势，有助于吸引企业和投资。2023 年重庆解放碑 CBD 的楼宇经济效应为 31.692，相较 2021 年的 27.442 增长了 15.487%，重庆解放碑 CBD 不仅吸引了大量企业入驻，还拥有良好的创新环境，这两者是推动重庆解放碑 CBD 楼宇经济发展的关键因素。武汉王家墩 CBD 楼宇经济效应从 2021 年的 26.861 下降到 2023 年的 26.516，下降幅度为 1.284%，主要原因在于武汉王家墩 CBD 受疫情影响较为严重，现阶段正处于楼宇经济恢复时期。2023 年沈阳金融商贸 CBD 的楼宇经济效应为 19.641，该 CBD 的楼宇经济效应较高，在创新活动方面有一定的优势，这有助于提升楼宇经济的活力。2023 年南京河西 CBD 的楼宇经济效应为 18.442，其创新生态效应为 10.635，在楼宇经济效应中占比最高，显示出南京河西 CBD 在创新活动方面的潜力。2023 年成都锦江 CBD 的楼宇经济效应为 19.247，其创新生态效应为 8.771，占比较高，这有助于提升楼宇经济的活力。2023 年西安长安路 CBD 的楼宇经济效应为 13.577，其在楼宇经济的各个方面尚处于起步阶段，创新生态效应为 5.723，需要加强创新活动以吸引更多企业和投资。2023 年长沙芙蓉 CBD 的楼宇经济效应为 15.593，在 13 个 CBD 中整体较低。不同城市 CBD 楼宇经济的驱动力存在异质性。

第四，通过运用高德开放平台相关工具，对每个商务楼宇 POI（兴趣点）的名称、地址和经纬度信息进行可视化处理，上海市的商务楼宇主要集中在黄浦江沿岸，北京市的商务楼宇主要集中在长安街沿线，深圳市的商务楼宇主要集中在福田区和罗湖区。商务活动的集中地主要位于中部地区，位于边缘地区的商务楼宇资源相对匮乏。

（二）地区经济效应

2023 年上海陆家嘴 CBD 的地区经济效应为 24.401，如图 2 所示，上海陆家嘴 CBD 经济活动对周边地区有较强的辐射和带动作用。北京市作为中国的政治、文化和国际交往中心，2023 年地区经济效应也相对较高，为 12.255，显示出其在经济中的重要地位。2023 年广州天河 CBD 的地区经济效应为 14.023。广州天河 CBD 是华南地区的经济中心，拥有发达的商业贸易和现代服务业，且经济活力较强，对珠三角地区的经济发展起到了重要的推动作用。深圳福田 CBD 是中国改革开放的前沿阵地，以高新技术产业和创新企业为特色，在科技创新和产业升级方面具有显著优势，2023 年地区经济效应为 8.504，深圳福田 CBD 是粤港澳大湾区的重要引擎。2023 年天津滨海新区 CBD 的地区经济效应为 11.320。天津滨海新区 CBD 是中国北方重要的经济中心，拥有港口物流、重工业和金融服务等多元化产业，在推动区域经济发展和对外开放方面发挥着重要作用。武汉王家墩 CBD 是华中地区的重要经济中心，拥有发达的商业贸易、金融服务和现代物流业，2023

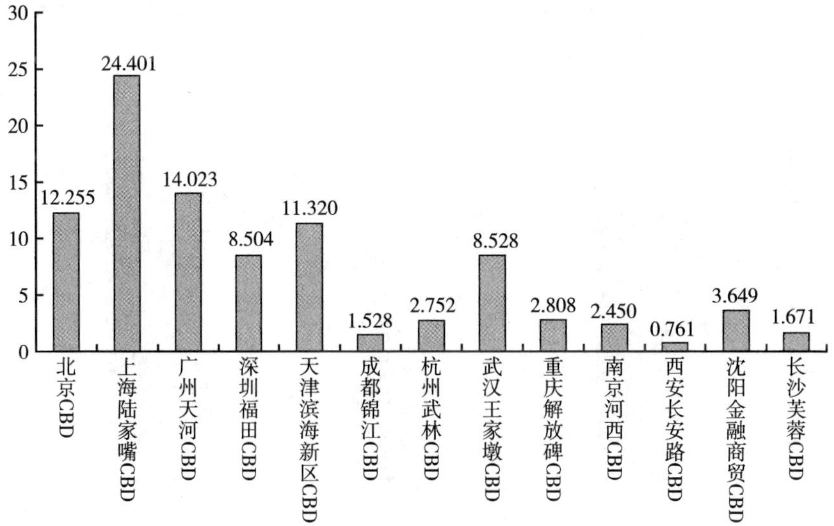

图 2　2023 年 13 个 CBD 的地区经济效应

年地区经济效应为 8.528。2023 年成都锦江 CBD、杭州武林 CBD、重庆解放碑 CBD、南京河西 CBD、西安长安路 CBD、沈阳金融商贸 CBD 和长沙芙蓉 CBD 的地区经济效应分别为 1.528、2.752、2.808、2.450、0.761、3.649、1.671。这些 CBD 的地区经济效应相对较低，它们正处于发展阶段，需要政策支持和资源投入来提升其经济活力。CBD 的地区经济效应反映了不同 CBD 经济发展的多样性和不平衡性，同时显示出各 CBD 在经济发展中的不同优势和潜力。总体来看，2021~2023 年，大多数 CBD 的地区经济效应总体呈现上升趋势，中央商务区吸金能力显著提升。

其中，如图 3 所示，2021~2023 年 GDP 权重呈现逐年上升趋势，2021 年为 0.2018，2022 年增长至 0.2118，2023 年进一步升至 0.2251，反映地区经济总体规模在不断扩大。常住人口权重相对平稳略有波动，2021 年是 0.2062，2022 年为 0.2051，2023 年是 0.2059，地区人口数量整体较为稳定，没有大幅增减。人均 GDP 权重同样呈上升态势，2021 年是 0.1893，2022 年为 0.2084，2023 年达到 0.2307，地区居民平均创造的经济价值持续提高，经济发展质量有所提升。税收贡献权重增长趋势明显，2021~2023 年分别为 0.2510、0.2470 和 0.2847，地区企业和经济活动对税收的贡献小幅波动，相较 2021 年，2023 年税收贡献总体有所增加。GDP 与人均 GDP 增

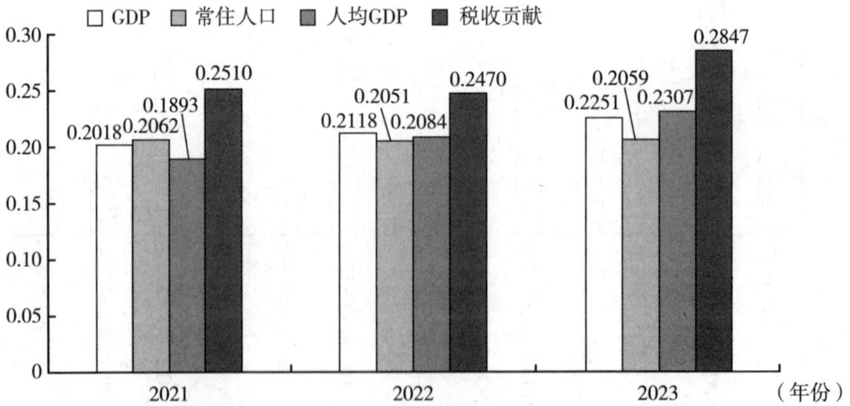

图 3　2021~2023 年地区经济效应二级指标权重

长趋势基本一致，常住人口相对稳定的情况下，GDP、人均 GDP 权重持续上升，CBD 楼宇经济增长并非主要依赖人口数量扩张，而是依靠经济结构优化、生产效率提升等内在因素。

（三）楼宇运营效应

从我国典型 CBD 楼宇运营情况来看，北京 CBD 和上海陆家嘴 CBD 在楼宇运营方面表现突出，如图 4 所示，2021~2023 年北京 CBD 楼宇运营效应逐年增长，从 2021 年的 10.642 增长到 2023 年的 15.891，北京 CBD 商圈经过多次升级扩建、项目更新，已养成国际化商圈口碑，北京 CBD 将依托国贸中心等商业综合体打造千亿级商圈。2025 年北京市消费补贴政策的延续和扩围，也将提振市内商圈的消费。预计 2025 年，北京商业零售物业市场新增供给依旧维持高位，激烈的市场竞争和消费降级的趋势将使租金承压，市场分化格局更加明显。2021~2023 年上海陆家嘴 CBD 楼宇经济呈现下降趋势，上海陆家嘴管理局发布了“楼宇倍增陆九条”，旨在从楼宇运营支持、企业落地服务、楼宇软实力提升等九大方面全面推进楼宇经济高质量发

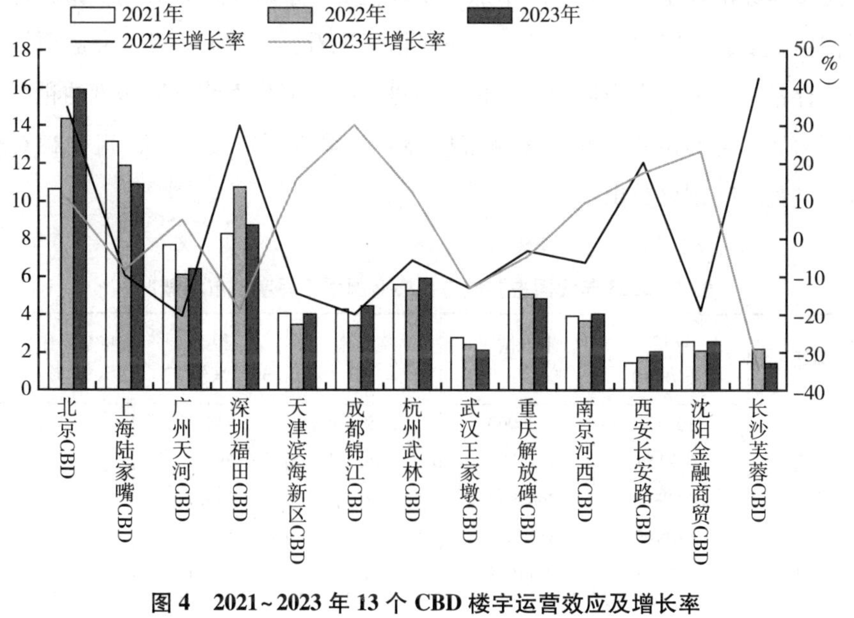

图 4　2021~2023 年 13 个 CBD 楼宇运营效应及增长率

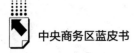

展，推动实现未来楼宇经济倍增。武汉王家墩 CBD 和重庆解放碑 CBD 的楼宇运营效应逐年下降，需要进一步分析原因并采取相应措施。

表 4 数据显示了我国主要核心商圈甲级写字楼市场概况，北京甲级写字楼市场规模庞大，以 8801421 平方米位居存量榜首，沈阳甲级写字楼存量相对较少。CBD 所在城市在持续加大甲级写字楼建设投入力度，其中广州未来供应高达 3689942 平方米，深圳未来供应达 5116592 平方米，但大量供应会进一步加剧市场竞争，影响空置率和租金。天津、武汉、沈阳、长沙等城市甲级写字楼空置率超 30%，其中武汉达 36.1%，反映出这些城市甲级写字楼市场供大于求，源于前期建设规模扩张较快、经济发展对办公空间吸纳能力不足。北京甲级写字楼空置率相对较低（12.6%），北京市场需求相对旺盛，对办公空间吸纳能力较强，这得益于丰富的企业资源、总部经济优势。北京甲级写字楼租金为 348.5 元/（$米^2$·月），主要原因在于北京具有重要经济中心和首都的商业价值，沈阳甲级写字楼租金相对较低［64.2 元/（$米^2$·月）］，租金差异与城市经济活力、企业集聚度、地理位置紧密相关。所有统计城市租金均同比下降，广州下降幅度最大（10.1%）。这主要是受整体经济环境、市场供应增加、企业租赁需求减少因素影响，市场竞争促使租金下调以吸引租户。从整体市场格局来看，一线城市核心商圈甲级写字楼存量规模大且未来供应多，租金相对较高，但也面临不同程度的租金下行压力和空置率挑战。新一线城市核心商圈甲级写字楼存量、租金相对较低，空置率问题更突出。

表 4　2023 年我国主要城市核心商圈甲级写字楼市场概况

城市	存量（平方米）	未来供应（平方米）	空置率（%）	租金［元/（$米^2$·月）］	租金同比变化（%）
北京	8801421	380000	12.6	348.5	-7.1
上海	8532155	1117891	15.2	280.2	-1.8
广州	6494944	3689942	18.7	149.7	-10.1
深圳	7670895	5116592	25.6	187.2	-8.5
天津	2617209	444553	34.7	82.1	-4.1

续表

城市	存量（平方米）	未来供应（平方米）	空置率（%）	租金[元/(米^2·月)]	租金同比变化（%）
重庆	1944082	558230	28.6	76.2	-4.7
南京	2918540	1863570	25.4	117.4	-3.0
杭州	2568336	290918	22.9	145.7	-1.9
武汉	3043267	1085876	36.1	89.8	-9.2
成都	3116076	1095703	22.4	103.4	-5.3
西安	1924453	1181027	23.4	98.8	-5.0
沈阳	1321075	200582	33.5	64.2	-5.8
长沙	2564656	134315	31.4	80.1	-4.4

资料来源：《2024 大中华区写字楼供应需求前沿趋势报告》。

（四）企业入驻效应

如图 5 所示，2023 年重庆解放碑 CBD 和天津滨海新区 CBD 的企业入驻效应增长率分别达到 53.09%和 62.69%，显示出强劲的增长势头。2023 年杭州武林 CBD 和武汉王家墩 CBD 的企业入驻效应增长率分别为 -17.56%和-14.13%，显示出企业入驻数量的显著下降。2022 年武汉王家墩 CBD 的企业入驻效应增长率为 24.13%。2023 年北京 CBD、深圳福田 CBD、杭州武林 CBD、武汉王家墩 CBD 的企业入驻效应呈现下降趋势，这些 CBD 面临市场需求变化与更大的市场竞争。2021~2023 年，西安长安路 CBD、重庆解放碑 CBD、沈阳商贸金融 CBD 等在企业入驻方面表现出明显的增长趋势，其中，西安长安路 CBD 从 2021 年的 4.375 增长到 2023 年的 5.048，显示出该区域对企业的吸引力在增强，主要得益于西安的经济发展、政策支持和市场需求增长。上海陆家嘴 CBD 和深圳福田 CBD 的企业入驻效应在 3 年间波动较大，受到线上消费快速发展以及特定政策变动的影响。

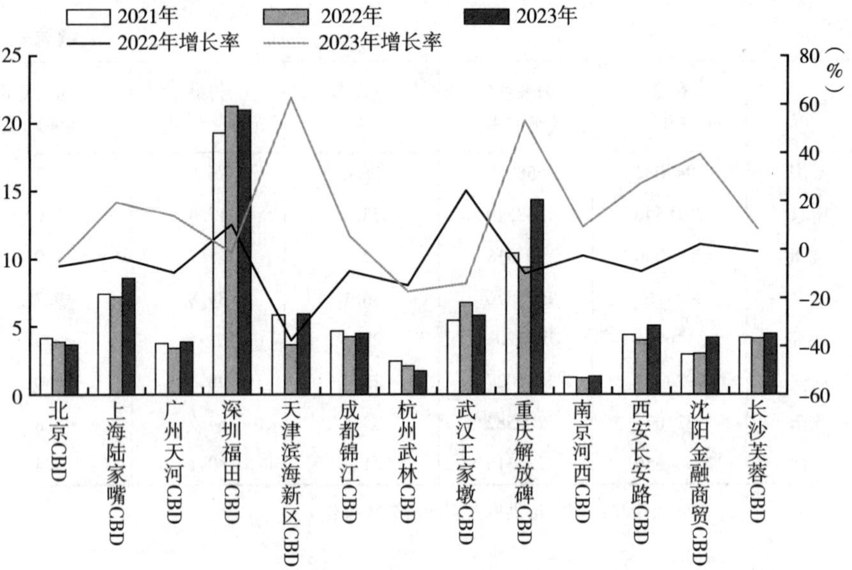

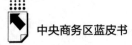

图 5　2021~2023 年 13 个 CBD 企业入驻效应及增长率

（五）创新生态效应

2021~2023 年，多数 CBD 的创新生态效应呈现一定的波动。如图 6 所示，北京 CBD 创新生态效应先升后降，2022 年较 2021 年增长 3.20%，但 2023 年较 2022 年下降 10.33%；上海陆家嘴 CBD 在 2022 年大幅下降 24.49%后，2023 年仍有 5.05%的降幅。北京、上海、广州等一线城市的 CBD，作为国内重要的商务中心，创新生态效应波动明显。其产业结构复杂，受宏观经济形势、政策调整等因素影响大。北京 CBD 政策导向变化、企业外迁或业务调整等，都会对创新生态效应产生冲击。深圳福田 CBD、杭州武林 CBD、沈阳金融商贸 CBD、长沙芙蓉 CBD 创新生态效应在 2023 年实现正增长，其中 2023 年深圳福田 CBD 创新生态效应增长率达 20.75%，表现突出，反映出其创新生态发展动力较强。部分新一线城市 CBD 有亮点，成都、杭州、武汉等城市 CBD，在创新生态发展方面有自身特色。2023 年杭州武林 CBD 创新生态效应增长率达 12.07%，反映出其在创新投入、企业培育等方面的举措取得成效，创新生态发展良好。

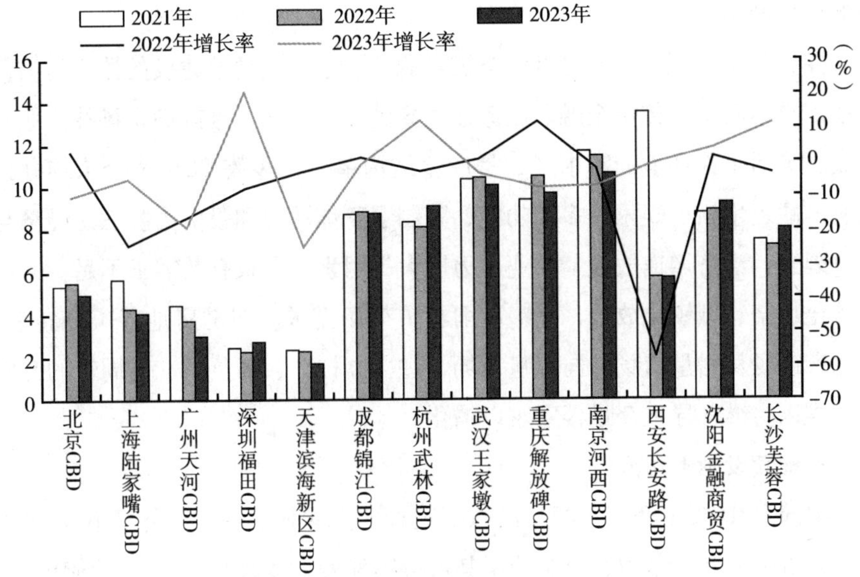

图 6　2021~2023 年 13 个 CBD 创新生态效应及增长率

四　中国典型 CBD 楼宇经济面临的问题与发展建议

（一）楼宇经济发展面临的问题

中国楼宇经济取得了较大的成就，发展前景良好，但从整体来看，中国 CBD 楼宇经济发展普遍存在以下问题。

1. 供需失衡，空置率高

随着各地楼宇经济规划的推进，写字楼建设规模快速扩张，但企业增长速度难以匹配，导致供需严重失衡。2023 年中国一线城市写字楼空置率普遍超过 20%，深圳核心商圈甲级写字楼空置率超过 25%，上海为 15.2%，北京为 12.6%。2024 年第二季度，全球写字楼空置率高达 20.1%，中国部分城市写字楼空置率也处于高位。部分城市写字楼供应规模已超过实际从业人员需求，城市的商办物业过度建设，导致供过于求，低价恶性竞争加剧，影响市场健康发展。

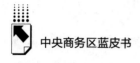

探究其主要原因，一是规划与需求脱节，过去大规模建设的楼宇与当前市场需求不匹配。传统金融、服务业主导的楼宇空间，难以满足科技企业对开放、灵活工作环境的需求。二是产业结构单一，多数 CBD 过分依赖办公物业，缺乏生活、娱乐等多元功能，限制了整体活力和吸引力。三是经济与人口因素，经济增速放缓、就业压力增大等因素，导致有效需求不足。人口老龄化加剧、城镇化放缓，进一步削弱了市场需求。四是房地产市场转型，房地产市场从增量市场转向存量市场，过去高杠杆、高负债、高周转的开发模式难以为继，导致存量楼宇难以消化。

2. 配套设施不完善

中国 CBD 楼宇经济中配套设施不完善的问题较为突出，这不仅影响了楼宇的吸引力和竞争力，也制约了其可持续发展。多数 CBD 楼宇功能单一，主要为办公功能，缺乏餐饮、购物、休闲娱乐、文化体育等配套设施。部分 CBD 所在区域交通不便，公共交通接驳不畅，停车设施不足，CBD 周边地铁站点少、公交线路覆盖不足，导致上班族通勤困难。部分 CBD 生活服务缺失，缺乏便利店、快递收发点、母婴室等生活服务设施，给办公人员带来不便。大多 CBD 还存在公共服务不足的问题，教育、医疗等公共服务设施配套不足，难以满足区域内人群的多样化需求。

问题产生的主要原因如下。一是规划理念滞后，过去的城市规划和楼宇开发以土地出让和建筑开发为主，忽视了功能配套和综合运营。二是开发模式单一，开发商往往只关注楼宇建设本身，缺乏对周边配套设施的统筹规划和投资意愿。三是市场需求变化快，随着生活水平的提高和工作方式的转变，人们对配套设施的需求也在不断变化，而现有的配套设施未能及时跟上需求变化。四是政策支持不足，政府在配套设施建设方面的政策支持和引导力度不够，导致配套设施建设相对滞后。

3. 产业支撑不足，结构单一

CBD 区域的楼宇产业集中度过高，多数 CBD 区域的楼宇经济过度依赖少数几个产业，如金融、房地产等，产业结构较为单一。截至 2024 年，陆家嘴金融城集聚了50多万从业人员和4.5万多家各类企业，其中包括12家国家级要素市场和金融基础设施，8000多家中外金融机构，其中持牌类金融机构近千家，约占上海的60%，国际知名外资资管机构123家，占全国的80%以上，一旦金融行业出现波动，整个区域的经济稳定性将受到严重影响。同时，楼宇内的企业之间缺乏有效的产业协同和互动，产业链上下游企业之间未能形成紧密的产业集群，导致资源浪费和效率低下。在一些传统CBD区域，新兴产业和高科技企业的占比不足，难以适应数字经济、人工智能等新兴产业发展趋势。楼宇经济中大型企业占据主导地位，中小企业发展空间有限，缺乏成长机会，容易导致产业生态失衡。

问题产生的主要原因有以下几点。一是历史发展路径依赖，多数CBD区域在早期规划中以金融、贸易等传统服务业为主，形成了路径依赖，难以快速转型。二是土地资源限制，CBD区域土地资源稀缺，开发成本高，导致开发商更倾向于建设高端写字楼吸引大型金融机构，忽视了新兴产业和中小企业的空间需求。三是产业规划和政策引导不足，未能有效推动产业结构优化和多元化发展。四是市场需求变化滞后，部分CBD区域未能及时捕捉市场需求的变化，未能及时引入新兴产业和创新型企业。中国CBD楼宇经济中产业支撑不足、结构单一的问题较为普遍，这严重影响了楼宇经济的稳定性和可持续性，同时制约了区域经济高质量发展。

4. 规划不合理，建设比例失调

多数CBD区域的建筑以商务办公写字楼为主，具备商业、居住、公共服务等其他功能的建筑比例过低。且存在功能分区不合理的问题，部分CBD区域的办公区、商业区、居住区等功能分区过于割裂，缺乏有机联系。多数CBD区域缺乏足够的公共空间，如公园、广场、绿地等，导致城市空间的舒适性和宜居性不足。由于功能分区不合理，大量人员集中在办公区域，交通拥堵问题突出。

导致规划不合理、建设比例失调的原因如下。一是早期规划理念功能单一化导向存在局限性。早期CBD规划受"效率优先"理念影响，将商务办公作为核心功能，忽视了城市空间的多元复合需求。缺乏动态发展视角，规划未充分考虑城市发展的长期需求。二是土地开发与经济利益的驱动导致商业办公用地收益优先。商务写字楼、商业综合体的土地出让金及税收收益高于居住、公共服务用地，地方政府和开发商更倾向于集中建设高收益物业，导致“职住分离”，加剧交通压力。部分区域为快速展现“城市形象”，盲目追求地标建筑和商务集群，忽视功能均衡。三是功能分区逻辑的缺陷，机械划分功能区块。采用“办公区、商业区、居住区”严格分区的规划逻辑，忽视了不同功能的互动需求。四是交通与基础设施规划滞后，交通网络与功能布局脱节。大量办公人口集中在狭小的区域，但地铁、公交等公共交通线路规划未同步跟进，导致私家车通勤比例过高。五是城市扩张与区域竞争存在盲目性，盲目跟风建设 CBD。

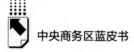

（二）发展建议

1. 科学规划，优化资源配置

在整体规划及出让土地时，严格控制商务办公、商业配套、公共服务等设施的建设比例，确保各功能相互促进，从源头上保障 CBD 楼宇经济的健康发展。对 CBD 楼宇进行整体规划统筹，政府应制定统一的 CBD 区域发展规划，明确功能分区，合理布局办公、商业、居住、公共服务等功能，避免功能单一化。可将部分区域规划为高端写字楼集中区，部分区域规划为商业和休闲娱乐区，同时配套一定比例的居住功能，以满足不同人群的需求。根据市场需求和产业发展趋势，合理控制写字楼的供应规模，避免过度开发。对闲置或低效利用的土地进行再开发，提高土地利用效率。加强 CBD 区域的交通基础设施建设，优化公共交通网络，增加地铁线路和站点，提高公交覆盖率。合理规划道路系统，缓解交通拥堵。

2. 强化政策扶持，吸引企业集聚

持续出台财政补贴政策（如租金补贴、装修补贴等），鼓励现代金融、科技、咨询等高端产业入驻，助力城市产业升级转型，提升 CBD 发展活力。政府制定税收优惠政策，对入驻 CBD 的优质企业给予税收减免或优惠，降低企业运营成本，提高对企业入驻的吸引力。设立专项扶持资金，对新入驻

的企业、新兴产业项目给予一定的财政补贴，鼓励企业创新发展。积极制定产业引导政策，制定产业准入目录，引导符合区域产业定位的企业入驻，推动产业集聚发展

3. 完善配套服务，提升综合品质

加大交通、商业、文体等配套设施建设力度。北京 CBD 推进地下空间互联互通，串联写字楼与商圈，优化“楼宇经济生态圈”；同时织密交通网，解决通勤“最后一公里”问题，提升区域服务集中性与便利性。在 CBD 区域合理布局餐饮、购物、休闲娱乐等生活服务设施，满足办公人员的日常需求。可在写字楼集中区域设置商业街或购物中心，提供多样化的餐饮和购物选择。加强教育、医疗、文化等公共服务设施建设，提升区域的综合服务品质。增加绿地、公园等公共空间，改善区域生态环境，提升城市的宜居性。

4. 聚焦产业升级，推动多元化发展

增强产业支撑，促进 CBD 功能多样化。对于武汉王家墩 CBD，专家建议以金融开放和优化营商环境为切入点，提升金融能级及服务实体经济能力，构建高端产业生态圈。结合区域资源禀赋，打造“上下游产业集聚、产业链协同”的发展模式，提升楼宇经济内生增长力与产业虹吸效应。积极引入金融科技、人工智能、大数据等新兴产业，推动产业结构优化升级。设立新兴产业园区或孵化器，吸引相关企业入驻。搭建产业服务平台，促进楼宇内企业之间的交流合作，推动产业链上下游企业协同发展。定期举办产业对接会、项目路演等活动，促进企业之间的合作与创新。吸引跨国公司和国内大型企业总部入驻 CBD，提升区域的经济辐射力和影响力。提供定制化的总部办公空间和服务，满足企业总部的需求。

5. 促进楼宇联动，优化运营模式

推动楼宇间的物理联通与资源共享，北京 CBD 通过地下通道贯通，实现跨楼宇企业资源共享与商务合作，将“人流量”转化为消费活力与合作机遇，进一步优化楼宇经济生态。鼓励楼宇之间建立联盟，共享资源，协同发展。成立 CBD 楼宇联盟，定期召开联盟会议，共同探讨区域发展问题。

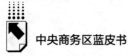

利用大数据、物联网等技术，实现楼宇的智慧化运营管理。建设智慧停车系统、智能安防系统等，提高楼宇的运营效率和服务质量。打造具有特色的楼宇品牌，提升楼宇的市场竞争力。根据楼宇的产业定位和特色服务，制定品牌推广策略，吸引目标客户。

参考文献

任保平：《生产力现代化转型形成新质生产力的逻辑》，《经济研究》2024 年第 3 期。

湛泳、李胜楠：《新质生产力推进产业链现代化逻辑、机制与路径》，《改革》2024 年第 5 期。

蒋三庚等：《北京商务中心区（CBD）发展指数研究——北京市哲学社会科学 CBD 发展研究基地 2015 年度报告》，首都经济贸易大学出版社，2016。

武占云、单菁菁：《中央商务区的功能演进及中国发展实践》，《中州学刊》2018 年第 8 期。

夏效鸿：《楼宇经济十年》，浙江大学出版社，2020。

张杰、范雨婷：《创新投入与企业韧性：内在机制与产业链协同》，《经济管理》2024 年第 5 期。

张杰、高杰英等：《中央商务区产业发展报告（2023）》，社会科学文献出版社，2023。

B.5

中央商务区营商环境报告（2025）

孙 涛*

摘　要： 目前，优化营商环境成为进一步促进产业链供应链优化升级、保障经济系统正常运营、促进新质生产力发展的有效途径之一。CBD 作为城市高端产业集聚地，更需要优质、公正的营商环境。本报告通过构建新质生产力营商环境效应指标评价体系，以我国 13 个一线城市、新一线城市的 CBD 为研究对象，使用熵值法对 CBD 营商环境进行评价。整体来看，在优化城市产业链的背景下，京沪两地 CBD 强势领跑，经济与产业结构环境效应、人口与生活环境效应、商业运作环境效应突出，对促进产业生态创新环境的形成提供了保障。新一线城市 CBD 营商环境各有长处与短板。2023 年，杭州武林 CBD 营商环境效应位居首位，为产业链优化提供了保障。在研究结论的基础上，结合新质生产力蓬勃发展背景，本报告针对不同城市 CBD 进一步优化营商环境提出了完善产业生态链条、完善人才引用留育机制、打造安全便捷的融资环境、加强新质生产力营商环境建设等相关建议。

关键词： 新质生产力　中央商务区　营商环境　产业链供应链优化

一　引言

全球供应链重构、地缘政治风险增加了贸易成本，同时导致产业链断链

* 孙涛，首都经济贸易大学城市经济与公共管理学院博士研究生，主要研究方向为世界城市发展比较、CBD 发展。

和科技脱钩，引发了新的产业链风险。我国城市产业链虽然整体上韧性较强，但也面临部分核心技术受制于人的困局，与此同时，逆全球化趋势、西方国家制造业“回流”等干扰我国城市产业链安全的因素不断涌现。2023年中央经济工作会议强调要“提升产业链供应链韧性和安全水平”。优化城市产业链是国民经济循环畅通的重要保障，同时是提升城市经济系统韧性的关键。在全球化进程中，优化产业链对于助力我国城市经济高质量发展、增进人类福祉至关重要。

新质生产力作为技术创新与模式创新的集中体现，对城市韧性发展的引领效应日益凸显，也成为提升产业链韧性和安全水平的主要动力引擎。2024年1月北京市《政府工作报告》提出加快发展新质生产力，提升产业链供应链韧性和安全水平。2024年，全国第三产业增加值、高技术制造业增加值分别增长5.8%、2.7%。① 新质生产力稳步发展，新能源汽车产量比上年增长38.7%；太阳能光伏发电较上年增长15.7%；机器人产量同比增长15.6%；3D打印设备产量较上年增长11.3%。营商环境作为制度软环境的客观体现，是影响新质生产力发展的重要因素之一。我国始终重视优化营商环境工作，2021年9月，国家设立了营商环境创新试点城市。在全球供应链安全性受到威胁的背景下，如何更好地优化营商环境，促进CBD中央商务区健康持续发展，助力新质生产力的发展以实现城市产业链优化，进而促进城市高质量发展已经成为关注的焦点。

如何优化地区营商环境？解决这一问题的前提是要对新质生产力营商环境进行评价，找出长处与短板。目前学术界关于营商环境的评价视角以国家、省份层面为主，部分学者已经涉及城市层面，而CBD是城市的商业核心以及高新技术产业集聚地，许多企业总部设立在CBD中，因此CBD是城市商业活动的重要区域，也是新质生产力发展的重要载体，对CBD营商环境进行量化评价，能更准确、更有针对性地提出优化营商环境的对策建议，

---

① 《中华人民共和国2023年国民经济和社会发展统计公报》，国家统计局网站，2024年2月9日，https：//www. stats. gov. cn/sj/zxfb/202402/t20240228_ 1947915. html。

最终助力 CBD 高效持续发展，更好地为新质生产力服务，实现城市产业链供应链优化升级。

二　新质生产力营商环境概念界定与指标体系构建

（一）新质生产力营商环境概念界定

本报告重点评价和分析城市中央商务区的新质生产力营商环境发展特征，因此需对新质生产力进行概念界定。关于新质生产力的起源可追溯到 2023 年 9 月，习近平总书记在黑龙江调研期间首次提到“新质生产力”，随后，又多次对新质生产力的基本内涵进行了系统阐述。2024 年 3 月 5 日，习近平总书记在参加他所在的十四届全国人大二次会议江苏代表团审议时强调“要牢牢把握高质量发展这个首要任务，因地制宜发展新质生产力”。“新质生产力”这一概念的提出，引发了我国学者对新质生产力内涵的广泛关注。新质生产力作为以创新为核心，力图摆脱传统经济增长方式，具有科技含量高、生产效率高、可持续特征的先进生产力，是新质劳动力、新质劳动资料、新质劳动对象的综合映射。城市层面对新质生产力的研究，往往涉及产业系统的调整和改进，在此过程中营商环境起到十分重要的作用。

营商环境概念首次出现于 2003 年世界银行的《全球营商环境报告》中，该报告认为营商环境是贯穿于整个企业生命周期所耗用的时间或交易性成本。世界银行从 2004 年起每年发布《全球营商环境报告》，依据该定义构建指标在各国进行调研，并公布排名。直至 2021 年 9 月 16 日世界银行集团高级管理层决定终止《全球营商环境报告》及相关数据的发布，并研究制定新方法来衡量营商环境成熟度。该方法论认为营商环境是一系列来自外部的，不受企业控制的条件组合，这些条件对企业全生命周期各阶段的行为方式会产生重大的影响。它们覆盖面非常广泛，从宏观经济政策到微观经济法规，都有涉及，需要重点关注十项指标领域，这些指标领域基于企业的生命周期以及在开办、经营（或扩张）和关停（或重组）业务过程中企业的市场参与行为。国务院于 2019 年 10 月发布的《优化营商环境条例》对营商环境有如下界定："指企业等市场主体在市场经济活动中所涉及的体制机制性因素和条件。"

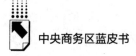

结合国务院《优化营商环境条例》和《世界银行营商环境成熟度方法论手册》对营商环境的定义，本报告认为新质生产力营商环境的内涵广泛，其涵盖了区域内新质生产力形成、发展所涉及的一系列产业环境、人口生活环境、商业环境等外部因素和条件，对新质生产力各项活动具有至关重要的影响。从新质生产力的角度来看，其所处地区的宏观环境，包括商业运作支持力度、产业结构大环境和人口与生活环境等必然会对新质生产力产生影响。具体来讲，新质生产力营商环境可以从以下三个方面影响新质生产力：第一，新质生产资料方面，新质生产力营商环境影响当地新质劳动资料经营与信息共享的便利程度，包括政府支持力度、融资、与外资企业交流的机会等，并最终影响该区域内新质生产资料的经营效益与效率；第二，新质劳动对象方面，新质生产力营商环境对地区的创新支持力度、产业结构具有重要影响，科技创新可促使本地产业体系转型升级，引导产业体系由第二产业向第三产业转变，降低污染排放，改善城市生态环境，进而对新质劳动对象产生保护作用的同时提升新质劳动对象的利用效率；第三，新质劳动力方面，新质生产力营商环境影响地区的交通与运输条件，进而影响新质劳动力的集聚。这些因素互相影响，联合驱动，在新质生产力蓬勃发展的背景下优化城市产业链。

（二）CBD 营商环境效应指标体系的构建

1. 样本范围

本报告共选取 13 个 CBD 作为新质生产力营商环境效应指标构建的目标 CBD。根据第一财经·新一线城市研究所发布的报告划分标准，本报告中提到的一线城市为北京、上海、广州、深圳，其余城市为新一线城市。

2. 数据来源及说明

本报告采用的数据主要来自13个CBD所在城区年度统计年鉴和《中国城市统计年鉴》，部分缺失数据则通过13个CBD所在城区的国民经济和社会发展统计公报进行填补。对于未公布的数据，则标0处理。个别数据来源于所在城区的《政府工作报告》。

3. 营商环境效应指标体系

根据新质生产力营商环境概念界定，本报告从经济发展与产业结构环境、人口与生活环境、商业运作环境三个维度对营商环境效应指标体系进行构建。考虑到13个CBD的实际情况和数据的可得性，本报告在《中央商务区产业发展报告（2024）》中《中央商务区营商环境指数分析（2024）》的基础上，对涉及的指标与数据进行补充和修正，并设计营商环境效应指标体系，共涵盖3个一级指标和12个二级指标（见表1）。本报告所采用的数据主要为CBD所在城区的数据，部分指标所涉及市级层面的数据，已经注明。

表1　营商环境效应指标体系

一级指标	二级指标	指标说明	指标属性	理论内涵
经济发展与产业结构环境效应	经济发展水平	使用CBD所在城区的生产总值表征	+	完善城市产业链条，促进产业结构优化转型，实现新质劳动对象高效利用
	社会公平性	使用CBD所在城区人均GDP表征	+	
	产业结构合理性	使用第三产业增加值占GDP比重表征	+	
	技术要素市场发育程度	使用每万人专利授权量表征	+	
人口与生活环境效应	劳动力规模	使用城区常住人口表征	+	为新质生产力提供人力资本与硬件环境支撑，助力新质劳动力发展
	消费潜力	使用城镇居民人均可支配收入表征	+	
	生态环境	使用建成区绿化覆盖率表征，使用市级数据	+	
	医疗条件	使用每千人医疗卫生机构床位数表征	+	

续表

一级指标	二级指标	指标说明	指标属性	理论内涵
商业运作环境效应	对外开放程度	使用实际利用外资金额表征	+	为新质劳动资料提供便利的融资环境，对外开放以促进中心城市与周边城市之间新质生产力联动，为促进新质劳动资料发展提供资金支持
	融资环境	使用金融机构本外币贷款余额表征，使用城市级数据	+	
	资金支持能力	使用地方一般预算收入占 GDP 比重表征	+	
	物流交通条件	使用货物运输量表征，使用城市级数据	+	

三　中央商务区营商环境效应分析

（一）营商环境效应

本报告使用熵值法对 2021～2023 年的 13 个 CBD 营商环境效应进行计算，结果见表 2。

表 2　2021～2023 年 13 个 CBD 营商环境效应

年份	CBD	经济与产业结构环境效应	人口与生活环境效应	商业运作环境效应	营商环境效应
2023	北京 CBD	5.594	5.680	5.428	16.702
	上海陆家嘴 CBD	5.520	5.672	6.626	17.819
	广州天河 CBD	5.681	5.336	4.846	15.863
	深圳福田 CBD	6.088	5.369	5.052	16.510
	天津滨海新区 CBD	5.135	4.642	5.128	14.905
	西安长安路 CBD	4.272	3.773	4.336	12.380
	重庆解放碑 CBD	4.918	5.105	4.994	15.017

续表

年份	CBD	经济与产业结构环境效应	人口与生活环境效应	商业运作环境效应	营商环境效应
2023	杭州武林 CBD	4.908	5.368	5.204	15.479
	武汉王家墩 CBD	5.084	4.766	5.018	14.867
	成都锦江 CBD	4.361	4.737	4.844	13.942
	南京河西 CBD	4.658	4.799	5.310	14.767
	沈阳金融商贸 CBD	4.347	4.696	4.448	13.491
	长沙芙蓉 CBD	4.604	5.059	4.008	13.670
2022	北京 CBD	5.507	6.063	6.057	17.659
	上海陆家嘴 CBD	5.537	5.495	6.486	17.558
	广州天河 CBD	5.905	5.038	4.783	15.899
	深圳福田 CBD	5.995	5.428	5.088	16.438
	天津滨海新区 CBD	5.140	4.348	5.040	14.559
	西安长安路 CBD	4.285	4.669	4.240	13.134
	重庆解放碑 CBD	4.841	4.854	4.908	14.614
	杭州武林 CBD	4.866	4.995	5.076	14.952
	武汉王家墩 CBD	5.031	4.592	4.884	14.473
	成都锦江 CBD	4.450	4.823	4.970	14.192
	南京河西 CBD	4.460	4.957	5.243	14.620
	沈阳金融商贸 CBD	4.360	4.563	4.174	13.088
	长沙芙蓉 CBD	4.624	5.175	3.983	13.745
2021	北京 CBD	5.526	6.054	5.887	17.507
	上海陆家嘴 CBD	4.825	5.450	6.486	17.449
	广州天河 CBD	5.608	5.309	4.770	15.831
	深圳福田 CBD	5.986	5.314	4.859	16.181
	天津滨海新区 CBD	5.628	4.405	5.110	14.749
	西安长安路 CBD	4.411	4.574	4.195	13.023
	重庆解放碑 CBD	4.810	4.892	4.979	14.710
	杭州武林 CBD	4.923	4.975	5.063	14.976
	武汉王家墩 CBD	4.936	4.600	4.980	14.557
	成都锦江 CBD	4.459	4.835	4.856	14.097
	南京河西 CBD	4.907	4.925	5.261	14.815
	沈阳金融商贸 CBD	4.337	4.512	4.415	13.227
	长沙芙蓉 CBD	4.645	5.157	3.969	13.707

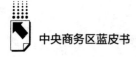

1. 一线城市CBD营商环境优化成效显著

由表2可知，在新质生产力发展的背景下，2021~2023年，一线城市的CBD营商环境优化成效显著，优于新一线城市CBD。一线城市CBD营商环境优越，为新质生产力发展提供了坚实的基础。2021~2023年，上海陆家嘴CBD、北京CBD营商环境效应领先。

2023年，北京CBD与上海陆家嘴CBD的人口与生活环境优势明显，表明北京市与上海市具备雄厚的人力资本，为新质劳动力发展提供了良好的人力支撑。另外，上海陆家嘴CBD商业运作环境突出，为新质劳动资料提供便利的融资环境与发展动力。深圳福田CBD经济与产业结构环境表现优秀，主要得益于良好的产业结构和科技创新环境，这为新质劳动对象高效利用提供了坚实基础。

2. 新一线城市CBD营商环境各有长处与短板

9个新一线城市CBD营商环境各有长处与短板，且优化成效存在差异。天津滨海新区CBD、杭州武林CBD、重庆解放碑CBD、武汉王家墩CBD在营商环境方面优于其他5个新一线城市CBD。杭州武林CBD近几年营商环境优化成效显著，为新质生产力发展提供了制度保障。南京河西CBD商业运作环境优势明显，具有发展新质劳动资料的潜力。杭州武林CBD拥有雄厚的人力资本与城市硬件设施，能够助力新质劳动力的发展。2023年武汉王家墩CBD在经济发展与产业结构环境和商业运作环境方面表现较好，但人口与生活环境还存在一定短板，今后需重点改善城区生活环境。2023年成都锦江CBD商业运作环境相对其他两个指标表现较好。西安长安路CBD、沈阳金融商贸CBD、长沙芙蓉CBD在商业运作环境方面存在一定短板。新一线城市CBD营商环境效应与一线城市CBD存在一定差距，因此应注意围绕第三产业、人口与生活环境、商业运作等方面加强优化，引导新质生产力发展。

（二）经济发展与产业结构环境效应

经济发展与产业结构环境效应由经济发展水平、社会公平性、产业结构合理性和技术要素市场发育程度构成，这为完善城市产业链条、促进产业结构优化转型、实现新质劳动对象高效利用提供支撑。从经济发展与产业结构环境效应来看，2023 年在新一线城市 CBD 中，深圳福田 CBD 的产业结构优良，创新氛围浓厚，能够很好地利用新质劳动对象。从具体指标来看，上海陆家嘴 CBD 经济实力突出，深圳福田 CBD 具有较高的社会公平性，武汉王家墩 CBD、北京 CBD 产业结构更为合理，深圳福田 CBD 技术要素市场发育程度较高（见表 3）。

表 3　2021~2023 年 13 个 CBD 经济发展与产业结构环境效应

年份	CBD	经济发展水平	社会公平性	产业结构合理性	技术要素市场发育程度	经济发展与产业结构环境效应
2023	北京 CBD	1.354	1.228	1.632	1.381	5.594
	上海陆家嘴 CBD	1.772	1.372	1.197	1.179	5.520
	广州天河 CBD	1.261	1.392	1.608	1.420	5.681
	深圳福田 CBD	1.219	1.659	1.544	1.667	6.088
	天津滨海新区 CBD	1.296	1.603	0.669	1.567	5.135
	西安长安路 CBD	0.990	0.915	1.332	1.035	4.272
	重庆解放碑 CBD	1.014	1.357	1.625	0.922	4.918
	杭州武林 CBD	1.037	1.011	1.562	1.298	4.908
	武汉王家墩 CBD	1.014	1.202	1.660	1.208	5.084
	成都锦江 CBD	1.005	0.949	1.422	0.985	4.361
	南京河西 CBD	0.998	1.206	1.092	1.362	4.658
	沈阳金融商贸 CBD	0.989	0.928	1.499	0.931	4.347
	长沙芙蓉 CBD	1.002	1.100	1.502	1.001	4.604
2022	北京 CBD	1.341	1.223	1.606	1.336	5.507
	上海陆家嘴 CBD	1.764	1.386	1.220	1.167	5.537
	广州天河 CBD	1.252	1.392	1.594	1.667	5.905
	深圳福田 CBD	1.216	1.668	1.534	1.578	5.995
	天津滨海新区 CBD	1.292	1.621	0.733	1.494	5.140
	西安长安路 CBD	0.986	0.927	1.327	1.045	4.285
	重庆解放碑 CBD	1.009	1.354	1.575	0.902	4.841
	杭州武林 CBD	1.032	1.025	1.542	1.267	4.866
	武汉王家墩 CBD	1.008	1.193	1.639	1.191	5.031
	成都锦江 CBD	0.996	0.922	1.530	1.003	4.450

续表

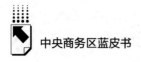

年份	CBD	经济发展水平	社会公平性	产业结构合理性	技术要素市场发育程度	经济发展与产业结构环境效应
2022	南京河西 CBD	0.993	1.217	0.929	1.321	4.460
	沈阳金融商贸 CBD	0.984	0.951	1.468	0.957	4.360
	长沙芙蓉 CBD	0.997	1.133	1.478	1.016	4.624
2021	北京 CBD	1.316	1.220	1.638	1.352	5.526
	上海陆家嘴 CBD	1.716	1.363	0.598	1.148	4.825
	广州天河 CBD	1.222	1.369	1.631	1.386	5.608
	深圳福田 CBD	1.185	1.631	1.615	1.554	5.986
	天津滨海新区 CBD	1.254	1.569	1.187	1.618	5.628
	西安长安路 CBD	0.962	0.926	1.478	1.046	4.411
	重庆解放碑 CBD	0.984	1.335	1.622	0.870	4.810
	杭州武林 CBD	1.008	1.026	1.605	1.284	4.923
	武汉王家墩 CBD	0.980	1.158	1.663	1.136	4.936
	成都锦江 CBD	0.970	0.908	1.590	0.991	4.459
	南京河西 CBD	0.968	1.205	1.368	1.367	4.907
	沈阳金融商贸 CBD	0.957	0.876	1.577	0.926	4.337
	长沙芙蓉 CBD	0.971	1.115	1.575	0.985	4.645

新一线城市 CBD 中，2021~2023 年，天津滨海新区 CBD 经济总体规模较大、社会公平性和科技创新潜力较高。武汉王家墩 CBD 拥有较合理的产业结构。重庆解放碑 CBD、沈阳金融商贸 CBD 在提高技术要素市场发育程度方面有待进一步提高。

1. 经济发展水平

经济实力是创新的基础，创新也能够促进经济快速增长，助力高效利用新质劳动对象。2021~2023 年，13 个 CBD 的经济发展水平呈现逐年攀升趋势，上海陆家嘴 CBD 经济发展水平优势明显。除天津滨海新区 CBD 外，其余新一线城市 CBD 经济发展水平与一线城市 CBD 存在较大差距。天津滨海新区 CBD 所在城区 GDP 在 2023 年为 7248.79 亿元。2023 年，上海陆家嘴 CBD 所在城区 GDP 突破 1.6 万亿元。北京 CBD 所在城区 GDP 2021 年突破

7700 亿元，2023 年突破 8387 亿元。广州天河 CBD、深圳福田 CBD 与天津滨海新区 CBD 所在城区 GDP 在 4000 亿元以上。其余城市 CBD 所在城区 GDP 均在千亿元左右（见图 1）。北京、上海、广州、深圳、天津经济实力雄厚，为高效开发利用新质劳动对象、助力新质生产力发展提供良好的经济基础与经济实力。

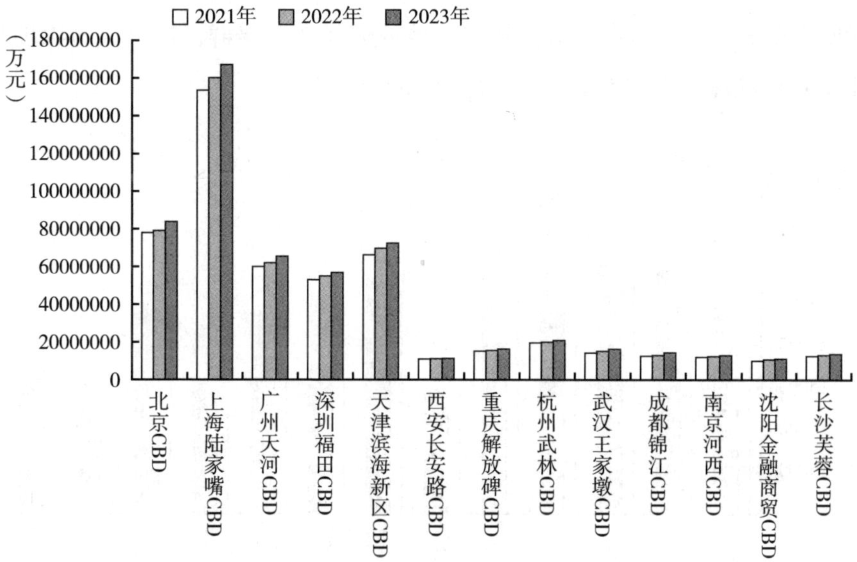

图 1　2021~2023 年 13 个 CBD 所在城区 GDP

资料来源：相应城区统计年鉴、城市统计年鉴，下同。

2. 社会公平性

社会公平性使用 CBD 所在城区人均 GDP 表征。从社会公平性情况来看，一线城市 CBD 表现优异。且广州天河 CBD、深圳福田 CBD 所在城区 2023 年人均 GDP 达 29 万元以上，其中深圳福田 CBD 所在城区人均 GDP 达到 37 万元（见图 2）。2022 年，《河套深港科技创新合作区深圳园区技术攻关及产业化创新若干支持措施》提出，要重点支持包括医疗、大数据、人工智能、机器人、新材料、微电子、金融科技等产业领域。2023 年，《福田区支持区域产业协同发展若干措施》提出，要深入促进区域产业协同发展，探索模式创新。2024 年《深圳市福田区支持软件产业高质量发展若干措施》《深圳市福田区支持人工智能产业高质量发展若干措施》等相继发布，这些政策文件规定要重点支持半导体与集成电路产业集群、智能终端产业集群、软件与信息服务产业集群、数字创意产业集群、现代时尚产业集群、智能机器人产业集群、生物医药产业集群等多个重点产业集群，为福田区新质生产力的发展提供了全方位的政策保障。事实上，2021～2023 年，深圳福田 CBD 所在城区已经逐步打造出新兴领域的创新产业集群，这也成为深圳福田 CBD 所在城区人均 GDP 高速增长的重要原因。

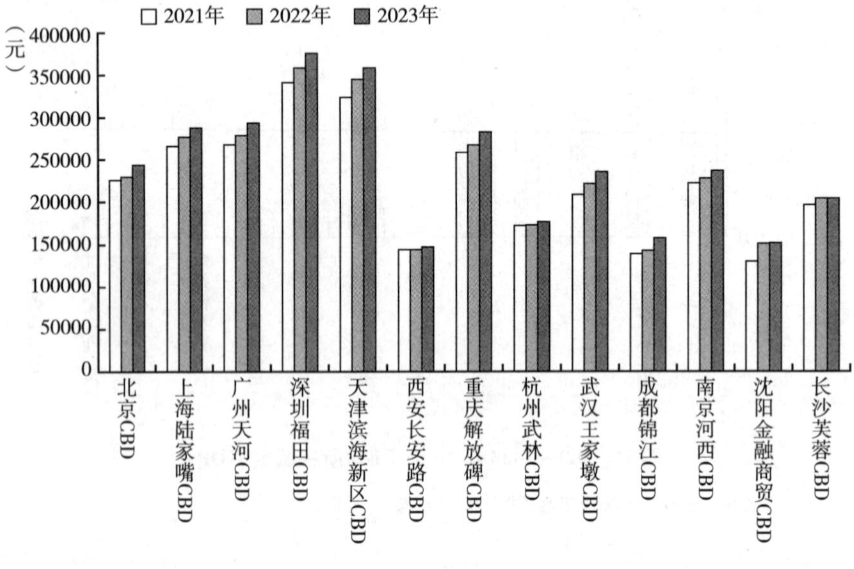

图 2　2021～2023 年 13 个 CBD 所在城区人均 GDP

3. 产业结构合理性

一个国家或地区第三产业增加值占 GDP 比重越高，说明该国家或地区第三产业发展越好，产业结构越合理。中央商务区一般承载着现代服务业，以金融服务、计算机软件服务等第三产业为主导为其主要产业特征，本报告使用第三产业增加值占 GDP 比重表征产业结构合理性。

就 13 个 CBD 所在城区的统计数据来看，产业结构合理性存在较大差异，2023 年除上海陆家嘴 CBD、天津滨海新区 CBD、南京河西 CBD 外，其余 10 个 CBD 所在城区第三产业增加值占 GDP 比重均在 80%以上（见图 3）。总体来看，2021~2023 年 13 个 CBD 第三产业增加值占 GDP 比重基本保持平稳，其中，2023 年广州天河 CBD、北京 CBD、深圳福田 CBD、重庆解放碑 CBD、杭州武林 CBD、武汉王家墩 CBD 均达到 90%以上，表明六地具有坚实的产业基础。2023 年上海陆家嘴 CBD 所在城区第三产业增加值占 GDP 比重仅为 75.1%。南京河西 CBD、天津滨海新区 CBD、西安长安路 CBD、成都锦江 CBD 所在城区第三产业增加值占 GDP 比重分别为 70.58%、52.40%、80.90%、84.79%，低于全国平均水平（85.17%）。这些城区还需致力于第三产业发展，为新质生产力提供产业基础。

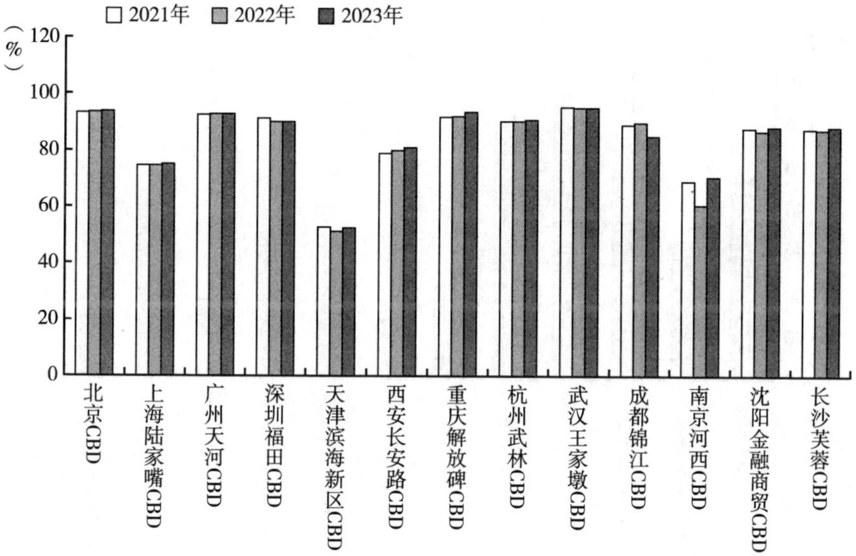

图 3　2021~2023 年 13 个 CBD 所在城区第三产业增加值占 GDP 比重

4. 技术要素市场发育程度

该指标使用每万人专利授权量表征，发明专利是经国内外知识产权行政部门授权且在有效期内的，可以综合衡量一个区域技术要素市场发育程度。2021~2023 年，深圳福田 CBD 技术要素市场发育程度呈现增长态势，且在

2023 年每万人专利授权量达到 134.10 件（见图 4）。2023 年，北京 CBD、杭州武林 CBD、天津滨海新区 CBD、上海陆家嘴 CBD、广州天河 CBD、武汉王家墩 CBD、深圳福田 CBD、南京河西 CBD 所在城区每万人专利授权量均达到 60 件以上。总体来看，一线城市 CBD 所在城区技术要素市场发育程度整体较高。其原因在于，在改革开放 40 多年的发展历程中，一线城市 CBD 对外开放程度逐渐提高，城市科技创新"走出去"的能力更强，有雄厚的产业基础和较多的对外合作机遇，积极融入全球创新网络。此外，创新资源和要素在一线城市 CBD 集聚，极易形成规模经济优势，产生虹吸效应，吸引更多的人力资本、政策资源和国际投资，在较为成熟的市场环境下，这些要素资源充分激发市场动力，释放一线城市的创新生态活力。

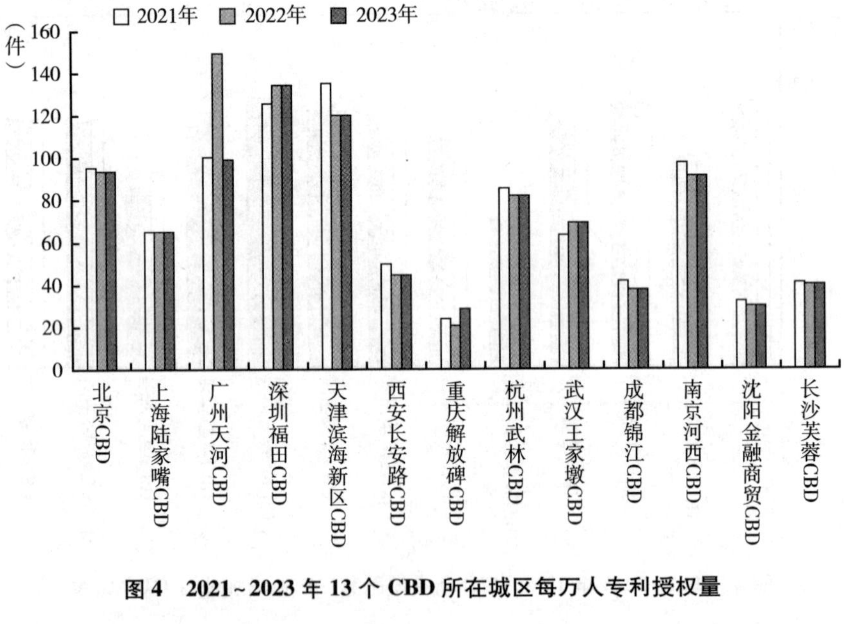

图 4　2021~2023 年 13 个 CBD 所在城区每万人专利授权量

（三）人口与生活环境效应

2021~2023 年，一线城市 CBD 所在城区具有更好的人口与生活环境（见表 4）。2023 年，北京 CBD 的人口与生活环境明显优于其他 CBD。北京 CBD 所在城区生态环境情况优良。沈阳金融商贸 CBD、杭州武林 CBD

等6个CBD的人口与生活环境有所改善。2023年上海陆家嘴CBD所在城区具有较大的劳动力规模。深圳福田CBD所在城区消费潜力得分较高，表明该城区具有较高的消费潜力。

表4　2021~2023年13个CBD人口与生活环境效应

年份	CBD	劳动力规模	消费潜力	生态环境	医疗条件	人口与生活环境效应
2023	北京CBD	1.367	1.463	1.815	1.035	5.680
	上海陆家嘴CBD	1.710	1.440	1.582	0.941	5.672
	广州天河CBD	1.191	1.497	1.662	0.986	5.336
	深圳福田CBD	1.087	1.604	1.631	1.046	5.369
	天津滨海新区CBD	1.160	1.039	1.518	0.924	4.642
	西安长安路CBD	0.980	0.949	0.552	1.292	3.773
	重庆解放碑CBD	0.950	0.905	1.539	1.711	5.105
	杭州武林CBD	1.039	1.319	1.643	1.367	5.368
	武汉王家墩CBD	0.967	1.132	1.646	1.021	4.766
	成都锦江CBD	1.000	0.934	1.694	1.110	4.737
	南京河西CBD	0.946	1.243	1.695	0.915	4.799
	沈阳金融商贸CBD	0.970	0.981	1.643	1.102	4.696
	长沙芙蓉CBD	0.960	1.149	1.668	1.281	5.059
2022	北京CBD	1.489	1.583	1.880	1.111	6.063
	上海陆家嘴CBD	1.861	1.534	1.092	1.009	5.495
	广州天河CBD	1.295	1.411	1.259	1.073	5.038
	深圳福田CBD	1.206	1.833	1.271	1.118	5.428
	天津滨海新区CBD	1.264	1.154	0.934	0.997	4.348
	西安长安路CBD	1.065	0.931	1.395	1.278	4.669
	重庆解放碑CBD	1.034	1.016	0.934	1.870	4.854
	杭州武林CBD	1.129	1.300	1.104	1.462	4.995
	武汉王家墩CBD	1.052	1.111	1.335	1.095	4.592
	成都锦江CBD	1.087	1.085	1.434	1.217	4.823
	南京河西CBD	1.029	1.377	1.539	1.012	4.957
	沈阳金融商贸CBD	1.056	1.103	1.217	1.187	4.563
	长沙芙蓉CBD	1.046	1.288	1.457	1.384	5.175

续表

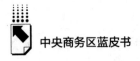

年份	CBD	劳动力规模	消费潜力	生态环境	医疗条件	人口与生活环境效应
2021	北京 CBD	1.484	1.598	1.865	1.107	6.054
	上海陆家嘴 CBD	1.853	1.531	1.052	1.014	5.450
	广州天河 CBD	1.291	1.673	1.277	1.068	5.309
	深圳福田 CBD	1.184	1.730	1.288	1.113	5.314
	天津滨海新区 CBD	1.261	1.176	0.970	0.998	4.405
	西安长安路 CBD	1.058	0.909	1.311	1.296	4.574
	重庆解放碑 CBD	1.029	1.034	0.980	1.850	4.892
	杭州武林 CBD	1.153	1.312	1.005	1.505	4.975
	武汉王家墩 CBD	1.045	1.104	1.347	1.104	4.600
	成都锦江 CBD	1.080	1.096	1.433	1.226	4.835
	南京河西 CBD	1.022	1.380	1.514	1.010	4.925
	沈阳金融商贸 CBD	1.060	1.137	1.134	1.181	4.512
	长沙芙蓉 CBD	1.038	1.285	1.428	1.406	5.157

从新一线城市 CBD 来看，2023 年杭州武林 CBD、重庆解放碑 CBD、长沙芙蓉 CBD、南京河西 CBD 人口与生活环境较优，能够促进新质劳动力集聚，并为新质劳动力提供硬件支撑，进而助力新质生产力发展。其中，重庆解放碑 CBD 在医疗条件方面表现突出，但在其他三个方面表现较弱。天津滨海新区 CBD 劳动力规模较大，但城区医疗条件与生态环境有待进一步提高。13 个 CBD 人口与生活环境各有短板，还需进一步提升新质劳动力与硬件支撑，以促进新质生产力发展。

1. 劳动力规模

从劳动力规模看，13 个 CBD 劳动力规模差距较大，表明 13 个 CBD 人力资本差异显著。2023 年，上海陆家嘴 CBD 所在城区常住人口为 581.11 万人，北京 CBD 所在城区常住人口为 344.6 万人，而除北上广深津 5 个城市 CBD 所在城区外，杭州武林 CBD 所在城区常住人口突破 100 万人，其余 CBD 所在城区常住人口均未超过 100 万人。总体来看，13 个 CBD 所在城区劳动力规模基本处于稳定状态，上海陆家嘴 CBD 所在城区在该指标上优势明显（见图 5）。

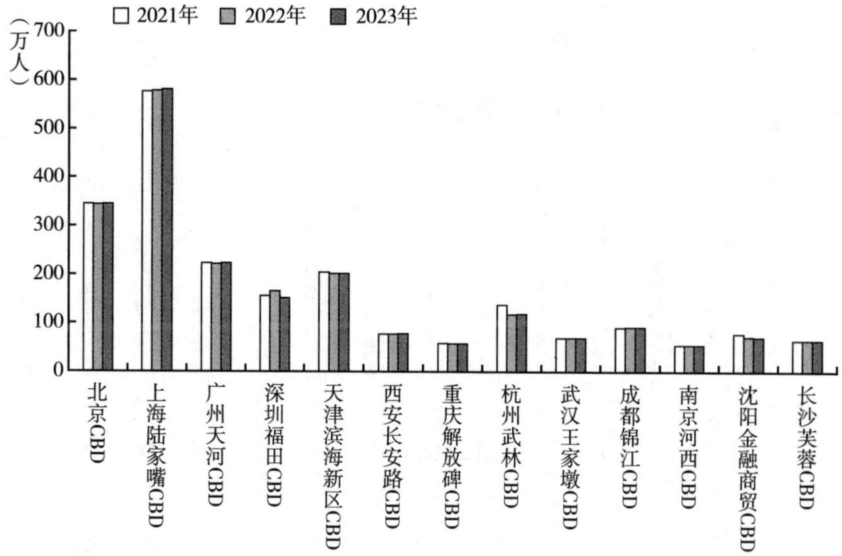

图 5　2021~2023 年 13 个 CBD 所在城区常住人口

2. 消费潜力

城镇居民人均可支配收入是指居民家庭总收入扣除缴纳的所得税、个人缴纳的社会保障费及调查户的记账补贴后的收入后，可以用来消费或储蓄的收入，是用来衡量区域消费潜力的重要指标，因此消费潜力使用城镇居民人均可支配收入表征。从 13 个 CBD 消费潜力来看，2021~2023 年，多数 CBD 的消费潜力呈现逐年上升的趋势，一线城市 CBD 的消费潜力大于新一线城市 CBD。2023 年，北京 CBD、上海陆家嘴 CBD、广州天河 CBD、深圳福田 CBD 所在城区城镇居民人均可支配收入已经突破 90000 元。2023 年，深圳福田 CBD 所在城区城镇居民人均可支配收入突破 100000 元。这为北京 CBD、上海陆家嘴 CBD、深圳福田 CBD 和广州天河 CBD 继续扩大消费群体和消费规模提供了基础，也为支撑北京 CBD、上海陆家嘴 CBD 和广州天河 CBD 创新产业发展创造了潜在需求。新一线城市 CBD 中，2023 年，杭州武林 CBD 所在城区城镇居民人均可支配收入为 83039 元，居新一线城市 CBD 首位，南京河西 CBD 所在城区城镇居民人均可支配收入为 78061 元，居第二位。居民消费潜力能够为新质生产力发展提供良好的消费环境，13 个 CBD 所在城区城镇居民消费潜力差距不大（见图 6）。

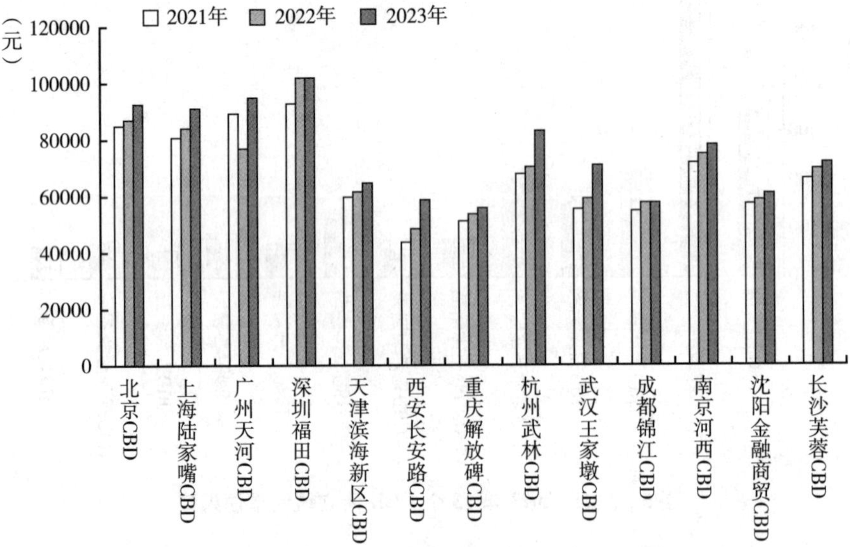

图 6　2021~2023 年 13 个 CBD 所在城区城镇居民人均可支配收入

3. 生态环境

建成区绿化覆盖率是指该建成区绿化覆盖面积占建成区总面积的比重，该指标可以衡量一个城市某建成区的林木绿化覆盖状况，是区域生态环境重要度量指标。由于 CBD 往往分布在较大城市，生态环境的优劣不但可以反映该地区政府对环境保护的关注情况，还能够反映居民的居住环境，是企业入驻的重要考量指标之一。如图 7 所示，2021~2023 年各 CBD 生态环境基本稳定。北京 CBD 所在城区建成区绿化覆盖率稳定在 50%左右。一线城市 CBD 与新一线城市 CBD 所在城区建成区绿化覆盖率无明显差距。2023 年除天津滨海新区 CBD、重庆解放碑 CBD 所在城区外，其余 CBD 所在城区建成区绿化覆盖率均突破 40%。13 个 CBD 所在城市生态环境优良，能够为新质劳动力提供生态环境基础，助力新质生产力快速发展。

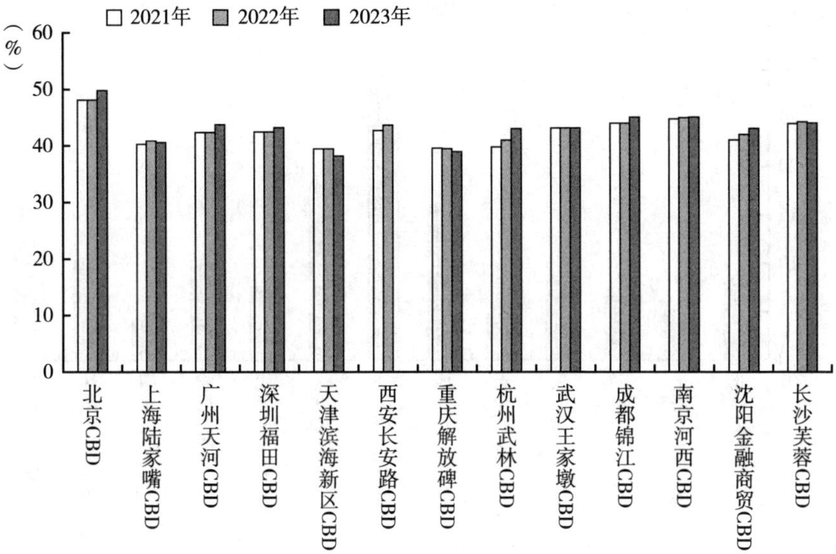

图 7　2021~2023 年 13 个 CBD 所在城区建成区绿化覆盖率

注：西安长安路 CBD 2023 年数据缺失。

4. 医疗条件

医疗条件使用每千人医疗卫生机构床位数表征，该指标的高低主要受到该地区常住人口、医疗卫生机构床位数的影响，是判断一个地区医疗资源是否充裕的重要指标之一，能够直接对当地居民、员工的健康水平产生影响。特别是面对突发公共卫生事件，医疗资源的重要性更加凸显，因此医疗条件也是营商环境重要指标之一。如图 8 所示，2023 年，重庆解放碑 CBD 所在城区医疗条件表现优异，表明重庆解放碑 CBD 所在城区拥有更充足的医疗资源，西安长安路 CBD、杭州武林 CBD、沈阳金融商贸 CBD、长沙芙蓉 CBD、成都锦江 CBD 所在城区每千人医疗卫生机构床位数也均在 10 张以上，其余 CBD 所在城区每千人医疗卫生机构床位数均在 10 张以下。除重庆解放碑 CBD，其余 CBD 所在城区医疗条件水平均不高，医疗条件还需进一步提升，需加强医疗卫生服务能力建设。

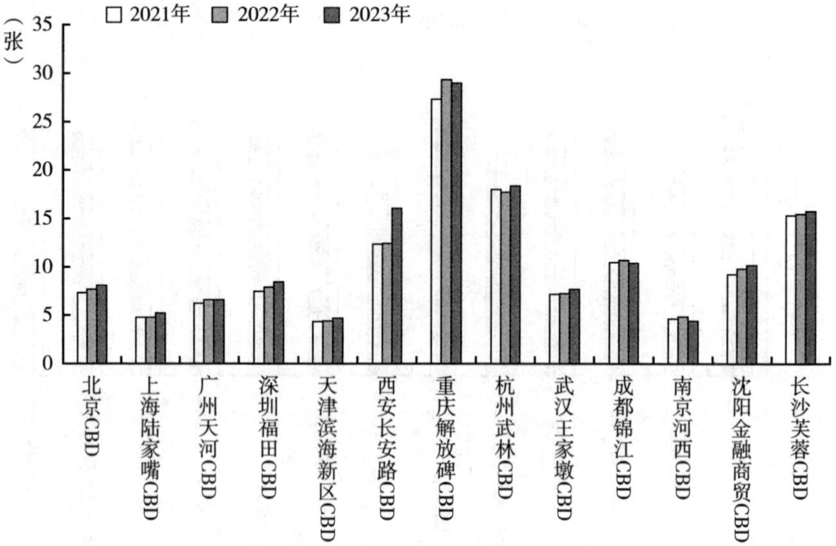

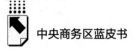

图 8　2021~2023 年 13 个 CBD 所在城区每千人医疗卫生机构床位数

（四）商业运作环境效应

商业运作环境效应能够反映 CBD 的对外开放程度、融资环境、资金支持能力和物流交通条件等，助力新质劳动资料发展。新质劳动资料作为新质劳动力与新质劳动对象的中间桥梁，地位举足轻重，因此是新质生产力营商环境的核心指标。

由表 5 可知，2021~2023 年上海陆家嘴 CBD 所在城区可为产业生态创新提供便利的融资环境且与周边城市形成创新产业生态联动。一线城市 CBD 中，2023 年，上海陆家嘴 CBD 融资环境、对外开放程度、物流交通条件均具有明显优势。由于北京地处内陆，为非沿海城市，货物运输以铁路与公路为主，水路运输条件不便，北京 CBD 物流交通条件较差，与周边城市联动效应较弱。广州天河 CBD 在物流交通条件方面表现较好，但在资金支持能力方面表现相对落后，表明广州天河区资金支持能力仍需要提升。深圳福田 CBD 各项指标发展比较均衡，没有明显的短板。

表 5　2021~2023 年 13 个 CBD 商业运作环境效应

年份	CBD	对外开放程度	融资环境	资金支持能力	物流交通条件	商业运作环境效应
2023	北京 CBD	1.224	1.845	1.333	1.026	5.428
	上海陆家嘴 CBD	1.629	1.855	1.420	1.723	6.626
	广州天河 CBD	1.072	1.499	0.883	1.392	4.846
	深圳福田 CBD	1.195	1.655	1.080	1.122	5.052
	天津滨海新区 CBD	1.334	1.175	1.422	1.197	5.128
	西安长安路 CBD	1.121	1.081	1.087	1.048	4.336
	重庆解放碑 CBD	1.051	1.296	0.995	1.653	4.994
	杭州武林 CBD	1.092	1.417	1.563	1.131	5.204
	武汉王家墩 CBD	1.167	1.203	1.373	1.275	5.018
	成都锦江 CBD	1.060	1.334	1.354	1.095	4.844
	南京河西 CBD	1.059	1.272	1.841	1.139	5.310
	沈阳金融商贸 CBD	1.056	0.927	1.473	0.992	4.448
	长沙芙蓉 CBD	1.051	1.055	1.016	0.885	4.008
2022	北京 CBD	2.024	1.713	1.303	1.017	6.057
	上海陆家嘴 CBD	1.669	1.767	1.393	1.657	6.486
	广州天河 CBD	1.095	1.420	0.889	1.380	4.783
	深圳福田 CBD	1.130	1.567	1.282	1.109	5.088
	天津滨海新区 CBD	1.333	1.152	1.376	1.180	5.040
	西安长安路 CBD	1.058	1.081	1.069	1.032	4.240
	重庆解放碑 CBD	1.059	1.228	0.996	1.625	4.908
	杭州武林 CBD	1.066	1.353	1.537	1.121	5.076
	武汉王家墩 CBD	1.068	1.171	1.424	1.221	4.884
	成都锦江 CBD	1.255	1.259	1.375	1.081	4.970
	南京河西 CBD	1.062	1.215	1.830	1.135	5.243
	沈阳金融商贸 CBD	1.056	0.931	1.204	0.982	4.174
	长沙芙蓉 CBD	1.056	1.024	1.018	0.885	3.983
2021	北京 CBD	1.858	1.624	1.367	1.039	5.887
	上海陆家嘴 CBD	1.649	1.695	1.410	1.733	6.486
	广州天河 CBD	1.118	1.344	0.887	1.421	4.770
	深圳福田 CBD	1.117	1.504	1.112	1.125	4.859
	天津滨海新区 CBD	1.292	1.137	1.481	1.200	5.110
	西安长安路 CBD	1.058	1.016	1.088	1.033	4.195
	重庆解放碑 CBD	1.076	1.197	1.032	1.673	4.979

续表

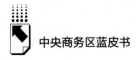

年份	CBD	对外开放程度	融资环境	资金支持能力	物流交通条件	商业运作环境效应
2021	杭州武林 CBD	1.099	1.292	1.530	1.142	5.063
	武汉王家墩 CBD	1.065	1.135	1.548	1.232	4.980
	成都锦江 CBD	1.230	1.192	1.368	1.066	4.856
	南京河西 CBD	1.072	1.160	1.874	1.155	5.261
	沈阳金融商贸 CBD	1.057	0.916	1.450	0.992	4.415
	长沙芙蓉 CBD	1.066	0.997	1.020	0.885	3.969

在新一线城市 CBD 中，2023 年天津滨海新区 CBD、武汉王家墩 CBD 对外开放程度较高。重庆解放碑 CBD 虽然物流交通条件表现较为突出，但资金支持能力、对外开放程度还存在明显短板。杭州武林 CBD 融资环境表现突出。总体来看，新一线城市 CBD 整体商业运作环境发展较不均衡。

1. 对外开放程度

对外开放程度一般使用实际利用外资金额表征，该指标为正向指标。当实际利用外资金额越多时，则该地区对外开放程度、国际化程度可能越高。从总量来看，2023 年面对全球需求下降以及复杂多变的环境，部分 CBD 对外开放程度出现不同程度的下降。上海陆家嘴 CBD、北京 CBD、天津滨海新区 CBD 对外开放程度较高，尤其是上海陆家嘴 CBD，2023 年其所在城区实际利用外资金额超过 100 亿美元（见图 9），可见上海陆家嘴 CBD 的对外开放水平最高，具有新质生产力发展的良好营商环境和对外窗口。北京 CBD 是首都对外开放的前沿阵地和国际交往的重要窗口，凭借优厚的外向型经济基础和丰富的国际化资源，通过金融业的生态构建和优化，提升北京市金融业在全国的竞争力。2023 年，除上海陆家嘴 CBD 外，其他 CBD 所在城区实际利用外资金额均未达到 100 亿美元。从整体来看，各 CBD 对外开放程度差异较大，部分 CBD 2023 年对外开放程度出现下降趋势。

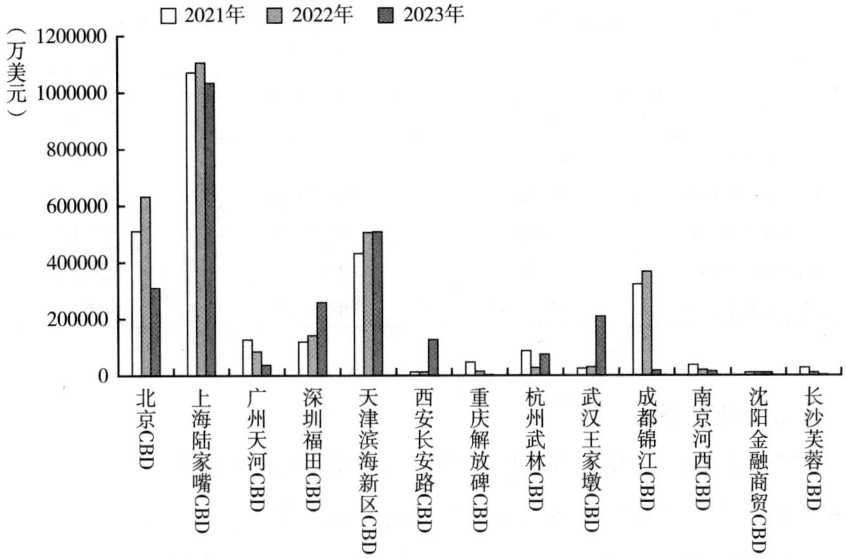

图 9　2021~2023 年 13 个 CBD 所在城区实际利用外资金额

2. 融资环境

一个地区的融资规模以及便利程度能够通过金融机构本外币贷款余额体现，因此本报告使用该指标表征融资环境。该指标采用城市级数据，原因如下。首先，该指标部分区级数据缺失；其次，多数 CBD 的企业融资存在跨区域现象。总体来看，各 CBD 的融资环境存在较大差异，上海陆家嘴 CBD 和北京 CBD 得益于更为完善的资本要素市场，融资环境更加优异。2023 年北京 CBD 和上海陆家嘴 CBD 所在城市金融机构本外币贷款余额分别为 110835. 50 亿元和 111766. 72 亿元（见表 6）。广州天河 CBD 所在城市金融机构本外币贷款余额为 76674. 23 亿元，深圳福田 CBD 所在城市金融机构本外币贷款余额为 92140. 80 亿元。融资的便利性可实现创新产业集聚，进而实现新质生产资料发展。从表 6 来看，北京 CBD、上海陆家嘴 CBD、广州天河 CBD、深圳福田 CBD 融资环境较好，其余城市融资环境还需优化。

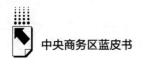

表 6　2021~2023 年部分 CBD 所在城市金融机构本外币贷款余额

单位：亿元

CBD	2021 年	2022 年	2023 年
北京 CBD	89032.90	97819.90	110835.50
上海陆家嘴 CBD	96032.13	103138.91	111766.72
广州天河 CBD	61399.61	68918.60	76674.23
深圳福田 CBD	77240.78	83422.99	92140.80
天津滨海新区 CBD	41054.17	42494.69	44765.03

3. 资金支持能力

资金支持能力使用地方一般预算收入占 GDP 比重表征，用来反映政府为提升城市营商环境质量所表现出的资金支持能力。

在图 10 中可以看出，一线城市 CBD 中广州天河 CBD 资金支持能力有待提升，而上海陆家嘴 CBD、北京 CBD 所在城区政府对于提升城市营商环境具有较强的资金支持能力。在新一线城市 CBD 中，天津滨海新区 CBD、

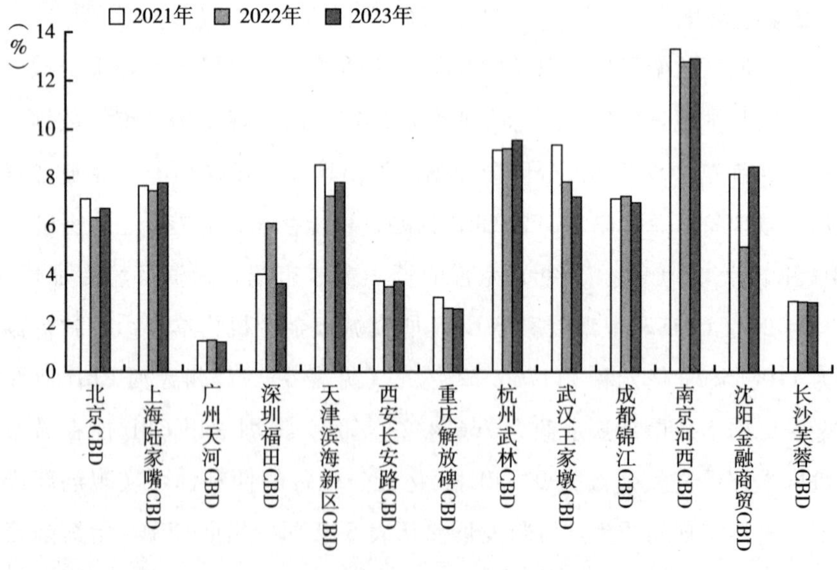

图 10　2021~2023 年 13 个 CBD 所在城区地方一般预算收入占 GDP 比重

南京河西 CBD、武汉王家墩 CBD、杭州武林 CBD、沈阳金融商贸 CBD 所在城区政府对于提升营商环境同样具备良好的资金支持能力。综合 2021~2023 年 13 个 CBD 资金支持能力变化趋势来看，部分 CBD 资金支持能力有不同程度的收缩，资金支持能力收缩与地方财政自给率下降有关。近年来，经济增长下行压力加大，叠加减税降费规模逐步加大，财政收入基本告别高增速时代。而教育、社保、医疗等民生支出以及政府债务支出有增无减，地方财政压力较大。

4. 物流交通条件

物流交通条件可以反映该 CBD 所在城区的货物运输能力，是营商环境中体现物流和交通能力的指标，使用货物运输量表征。选择城市数据而非区级数据的原因在于区级数据较难获得，此外，交通运输环境具有辐射性，而城市内的 CBD 也是其辐射半径内的受益地区。受城市地理位置的影响，重庆解放碑 CBD、上海陆家嘴 CBD、广州天河 CBD、武汉王家墩 CBD、天津滨海新区 CBD、南京河西 CBD 物流交通条件较好（见图 11），主要原因在于它们地处沿海、沿江的区位或者是重要铁路枢纽城市。

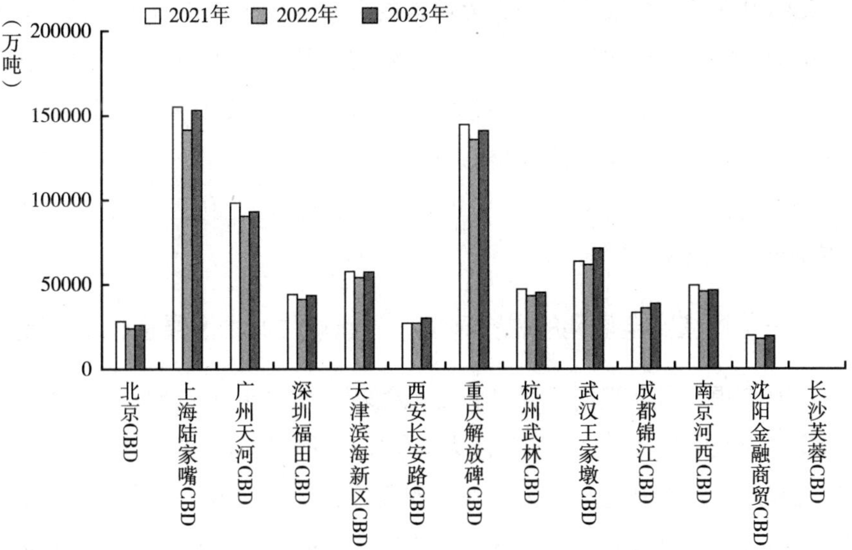

图 11　2021~2023 年 13 个 CBD 货物运输量

注：长沙市芙蓉区货物运输量数据缺失。

四　结论及对策建议

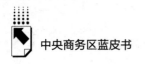

在全球产业链安全风险加剧与新质生产力蓬勃发展背景下，CBD 应当为新质生产力发展提供更好的条件和保障。对此，一线城市 CBD 和新一线城市 CBD 应立足 CBD 定位与职能，借助营商环境优化助力新质生产力发展，提升城市产业链安全韧性。

（一）完善产业生态链条，提升产业链供应链安全韧性

随着经济由高速增长进入高质量发展阶段，各 CBD 应抓住新旧动能转换机遇，出台政策措施鼓励服务行业新形态、新模式的发展，同时加大知识产权保护力度，进一步优化经济发展与产业结构环境，为完善产业生态链条、提升产业链供应链安全韧性提供支撑。

（二）完善人才引用留育机制，为新质生产力发展提供人才支撑

CBD 作为人才主要集聚地，为城市的创新与发展提供智力支持，是新质劳动力主要供应地。但是，一个不容忽视的问题是，生活成本高、通勤时间长、医疗资源拥挤等“大城市病”已经成为影响人才流动的关键因素。对此，各 CBD 应进一步优化人才引用留育机制，解决住房、通勤、医疗等方面的问题，提高绿化覆盖率，提供更好的居住体验。利用人才留育机制促进新质生产力发展。

（三）打造安全便利的融资环境，为新质生产力发展提供资金支持

CBD 应提升科学识别、管理金融风险的能力，加强对金融风险的监管，营造安全的融资环境，为新质生产力提供安全便利的融资环境；简化外资企业审批程序，稳步提高本地区对外开放程度；制定与落实外商直接投资细则，积极合理地引入外商直接投资，营造良好的对外开放环境；CBD 内部企业要加强与外资企业的交流与合作，通过学习外资企业先进经验实现新质生产资料的跃进。

（四）加强新质生产力营商环境建设，优化城市产业链

一是继续加强营商环境优化工作，打造便利的政务服务环境与良好的企业创新环境，从制度方面促进新质生产力发展，优化城市产业链。二是要充分发挥政府“裁判员”的作用，将公权力更多用于强化公共服务、维护市场规则、加强监管等方面，同时要重视城市间的差异，重点着眼于发展高新技术产业，同时加强其他上下游产业交流与合作，形成良性互动，共同营造新质生产力营商环境，为城市产业链的优化注入新活力。

参考文献

张杰、周艳菊、王宗润：《新质生产力保障产业链供应链安全：理论框架与路径研究》，《当代经济管理》2024 年第 10 期。

孙天阳、张其仔、杨丹辉：《我国关键产业链供应链安全评估及提升措施》，《经济学家》2024 年第 6 期。

徐珣、李科平：《营商环境对新质生产力的影响及作用路径——基于 fsQCA 方法》，《财会月刊》2025 年第 2 期。

杜运周、孙宁、刘秋辰：《运用混合方法发展和分析复杂中介模型——以营商环境促进创新活力，协同新质生产力和“就业优先”为例》，《管理世界》2024 年第 6 期。

李文钊、翟文康、刘文璋：《“放管服”改革何以优化营商环境？——基于治理结构视角》，《管理世界》2023 年第 9 期。

牛志伟、许晨曦、武瑛：《营商环境优化、人力资本效应与企业劳动生产率》，《管理世界》2023 年第 2 期。

国务院发展研究中心课题组：《持续推进“放管服”改革 不断优化营商环境》，《管理世界》2022 年第 12 期。

范合君、吴婷、何思锦：《“互联网+政务服务”平台如何优化城市营商环境？——基于互动治理的视角》，《管理世界》2022 年第 10 期。

潘越等：《数智赋能、法治化营商环境建设与商业信用融资——来自“智慧法院”视角的经验证据》，《管理世界》2022 年第 9 期。

许军：《创新驱动政策、新质生产力与现代化产业体系建设》，《统计与决策》2025 年第 5 期。

“中国城市营商环境评价研究”课题组：《中国城市营商环境评价的理论逻辑、比较

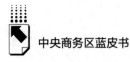

分析及对策建议》,《管理世界》2021 年第 5 期。

马丹等:《新质生产力对城市产业链韧性的影响研究》,《统计与信息论坛》2025 年第 2 期。

世界银行营商环境评估团队编《世界银行营商环境成熟度方法论手册》，罗新培等译，译林出版社，2024。

张杰、高杰英等:《中央商务区产业发展报告（2023）》，社会科学文献出版社，2023。

张杰、蒋三庚等:《中央商务区产业发展报告（2022）》，社会科学文献出版社，2022。

李志军主编《中国城市营商环境评价》，中国发展出版社，2019。

宋林霖、何成祥:《优化营商环境视阈下放管服改革的逻辑与推进路径——基于世界银行营商环境指标体系的分析》,《中国行政管理》2018 年第 4 期。

孙丽燕:《企业营商环境的研究现状及政策建议》,《全球化》2016 年第 8 期。

夏后学、谭清美、白俊红:《营商环境、企业寻租与市场创新——来自中国企业营商环境调查的经验证据》,《经济研究》2019 年第 4 期。

张景华、刘畅:《全球化视角下中国企业纳税营商环境的优化》,《经济学家》2018 年第 2 期。

钟飞腾、凡帅帅:《投资环境评估、东亚发展与新自由主义的大衰退——以世界银行营商环境报告为例》,《当代亚太》2016 年第 6 期。

徐珣、王依佳、李科平:《营商环境赋能新质生产力发展：理论逻辑、现实问题与实践路径》,《西南金融》2024 年第 12 期。

产业链篇

B.6
中央商务区数字服务与城市产业链韧性

艾小青　高洪桥*

摘　要：　在全球经济格局深度调整与产业链安全重要性凸显的背景下，中央商务区（CBD）作为城市数字化转型先行区，其数字服务对提升城市产业链韧性具有重要战略意义。本报告构建“节点—连线—网络”三维分析框架，遵循“困境识别—破解策略—赋能机制”研究逻辑，系统阐释了CBD数字服务赋能产业链韧性的三重机制，即节点维度破解资源、技术依赖及产业链外迁，连线维度强化链上主体协同响应，网络维度拓展产业生态圈，并揭示数字服务赋能过程中存在数字鸿沟导致红利分配失衡、数据泄露导致经营风险加剧、数字陷阱导致信息传递低效三大突出问题。基于此，本报告提出四条政策建议：构建“数字基建—协同创新—治理转型”数字服务赋能体系，创新反垄断规制与普惠支撑体系，完善协同防御与风险共担机制，改进和优化数字陷阱防控技术与技能。

* 艾小青，教授，北京工业大学经济与管理学院副院长、博士生导师，主要研究方向为城市产业链韧性；高洪桥，北京工业大学经济与管理学院博士研究生，主要研究方向为数字经济。

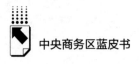

关键词： 中央商务区　数字服务　产业链韧性

在全球经济格局深度调整与新一轮产业变革共振的背景下，城市产业链升级已成为驱动高质量发展的核心命题。这不仅需要突破传统产业“大而不强”的困局，更需构建抵御市场风险的安全屏障。产业链作为经济体系的“筋脉”，其抗风险能力直接决定了城市在遭遇技术封锁、供应链中断等冲击时的自适应能力，是维系产业体系稳定、保障经济主权安全的战略基石。中央商务区（CBD）作为现代服务业高度集聚的城市核心功能区，承载着资本流动枢纽、技术标准策源、贸易规则协商等战略职能。其通过跨国公司总部集群的决策辐射效应、高端服务机构的资源整合能力，深度嵌入全球价值链分工网络，成为城市参与国际产业竞争的关键载体。然而，面对发达国家技术封锁、新兴经济体低成本竞争引发的产业外迁等冲击，传统 CBD 服务模式已难以支撑城市在复杂环境下构建自主可控产业链的战略目标。

习近平总书记在主持中共中央政治局第十一次集体学习时强调：“要围绕发展新质生产力布局产业链，提升产业链供应链韧性和安全水平。”① 21 世纪以来，云计算、人工智能、区块链等数字技术飞速发展，数字经济作为引领下一轮科技革命的新型经济形态，已经成为新质生产力发展的战略载体，发展数字经济与培育新质生产力具有内在一致性。② 现阶段新质生产力的本质即数字化驱动的生产力跃迁，其核心在于通过技术革命性突破、要素创新性配置与产业深度转型升级，重构经济增长的底层逻辑。CBD 作为城市现代服务业高度集聚的核心功能区，既是产业链资源配置与企业协作的枢纽，也是城市数字化转型的先行示范区。随着国际经贸规则重构与地缘政治风险加剧，CBD 传统服务模式亟待向数字化转型突破。以 CBD 为载体，通

---

① 《习近平在中共中央政治局第十一次集体学习时强调　加快发展新质生产力　扎实推进高质量发展》，《人民日报》2024 年 2 月 2 日，第 1 版。

② 朱海华、陈柳钦：《数字经济赋能新质生产力的理论逻辑及路径选择》，《新疆社会科学》2024 年第 4 期。

过新质生产力赋能城市产业链韧性提升的核心在于以数字服务赋能。综上，探究数字服务如何赋能城市产业链韧性以及赋能过程中需要关注的问题和政策着力点，具有重要实践意义。

学界从宏观视角就数字经济与产业链韧性的关系展开了丰富讨论，鲜有研究深入剖析 CBD 这一特殊空间载体通过数字服务赋能的作用机理。一方面，CBD 高端服务业集聚形成的“数据要素富矿”、“信息共享平台”以及“知识溢出枢纽”等功能尚未被充分解构；另一方面，从数字经济聚焦至数字服务的产业链韧性赋能路径仍缺乏系统性理论框架。本报告将弥补上述研究不足，聚焦三个核心议题：其一，遵循“困境识别—破解策略—赋能机制”的研究逻辑，从“点、线、面”三个维度入手，构建“节点—连线—网络”九宫格分析模型，梳理 CBD 数字服务如何通过“要素重构—关系重组—生态重建”三重机制赋能城市产业链韧性；其二，构建“数字鸿沟—数字风险—数字陷阱”三维反思框架，分析 CBD 数字服务赋能城市产业链韧性过程中需要关注的问题；其三，政策体系如何助力 CBD 数字服务赋能产业链韧性，并防范可能存在的风险。这些探索不仅为推动 CBD 数字服务建设、提升城市产业链韧性提供了理论基础，还对构建“新质生产力—现代产业体系—高质量发展”的传导闭环具有实践启示。

一　概念界定

（一）CBD 数字服务

目前，数字服务在学术界尚无统一定义，相关研究多集中于数字服务贸易、数字金融等细分领域。2019 年欧盟颁布《关于提供数字内容和数字服务的合同特定方面的指令》，将数字服务定义为消费者能够以数字形式创建、处理、存储或者获取数据的服务，或者使消费者或该服务的其他使用者能够共同使用以数字形式上传或创建的数据或对该数据进行其他交互的服务，涵盖各种各样不同的服务类型，典型的如“软件即服务”（software as a service）、云存储服务、流媒体服务以及社交媒体等。2021 年上海国家会计学院设立数字服务研究中心，李扣庆提出数字服务是以数字化手段为客户提供便利、舒适、效率提升或健康等各种形式附加值的经济活动。① 狭义的数字服务是指纯数字服务，顾客能感受到的价值创造几乎都借助于数字化方式，如云储存、在线授课、在线娱乐等。广义的数字服务是以数字技术为支持提供的服务，包含数字商业服务、数字政务服务、数字公共服务等。本报告采用数字服务的广义定义。

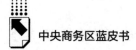

CBD 是指一个国家或城市商务活动的主要集中区域，是汇聚商务、金融、科技、咨询、会展、文化等服务业的集聚区域，一般也是一个地区和城市的经济中心。其概念最早可追溯至 1923 年欧内斯·伯吉斯（Ernest Burges）提出的城市发展同心圆模式，该理论首次对城市土地利用空间结构进行了划分，认为城市土地利用可分为五个同心环状地带，其核心为中心商务区。随着服务经济时代的来临，CBD 已经成为衡量一个国家或城市经济发达程度和现代化程度的重要标识，而其现代化发展离不开数字赋能。本报告认为 CBD 数字服务是依托中央商务区的高端服务业基础，通过数字技术嵌入服务流程、重构产业生态，以数据要素流通为核心、以“技术—服务—产业协同”为路径的新型服务模式。其本质是 CBD 在传统金融、商务、贸易等优势产业基础上，借助数字技术实现服务供给效率提升、服务场景创新和服务价值延伸，实现从“服务集聚”向“数字枢纽”的跃迁。

（二）产业链韧性

产业链是以价值创造为核心，连贯生产、流通、配送、消费等环节的社会分工协作网络，由主体要素（企业、国家或地区等产业链“节点”）和结构要素（产业链上主体间的关联关系，包括横向、纵向和空间关联）构成。②

① 《数字化大潮来袭，上海国家会计学院成立数字服务研究中心，为高质量发展“赋能”》，文汇客户端网站，2021 年 7 月 4 日，https://wenhui.whb.cn/third/baidu/202107/04/412630.html。

② 中国社会科学院工业经济研究所课题组、张其仔：《提升产业链供应链现代化水平路径研究》，《中国工业经济》2021 年第 2 期。

韧性这一概念起源于物理学、工程学以及材料科学领域，指物体受到外力挤压时回弹的能力。Briguglio 等将韧性的概念引入经济学领域，将其阐释为经济系统面对外部冲击时所展现出的抵抗及恢复能力。① 近年来，全球产业体系深度调整，风险事件常态化叠加，提升产业链抗风险能力已成为各国经济安全战略核心，韧性概念延伸至产业经济学领域。陶锋等将产业链韧性定义为产业链在遭遇市场风险和不确定性冲击时，其链上主体的关联关系能够恢复常态甚至更理想状态的能力。② 陈晓东等认为产业链韧性是指产业链在遭受国内外市场、环境等冲击扰动时能维持链条稳定、防止断裂、调整适应恢复到受冲击前的运行状态，甚至化危为机实现链条升级的能力。③ 虽然目前研究对产业链韧性内涵的阐释各有不同，但总体来看，产业链在冲击、扰动或衰退等极端风险情形下的抵抗和恢复能力是其核心要义。综上，本报告将产业链韧性界定为：产业链在面临内外部冲击（如市场波动、技术封锁、自然灾害、政策调整等）时，能够维持系统稳定、抵御风险、快速恢复并实现适应性升级的综合能力。其关键在于通过“节点”对风险和冲击的抵抗及“节点”主体之间关联（包括纵向、横向和空间）的建立、维持与提升，保障价值网络的连贯性和可持续性。

二　数字服务赋能城市产业链韧性提升的内在机理

本报告遵循“困境识别—破解策略—赋能机制”的研究逻辑，依据产业链“节点”和“节点”之间的联结，从“点、线、面”三个维度入手，构建“节点—连线—网络”九宫格分析模型，解释数字服务如何通过“要素重构—关系重组—生态重建”提升产业链韧性，实现微观（企业）、中观（产业链）、宏观（区域）的多层次机制衔接，具体如图 1 所示。

---

① L. Briguglio, G. Cordina, N. Farrugia et al., “Economic Vulnerability and Resilience: Concepts and Measurements”, *Oxford Development Studies*, 37 (3), 2009: 229-247.

② 陶锋等：《数字化转型、产业链供应链韧性与企业生产率》，《中国工业经济》2023 年第 5 期。

③ 陈晓东、刘洋、周柯：《数字经济提升我国产业链韧性的路径研究》，《经济体制改革》2022 年第 1 期。

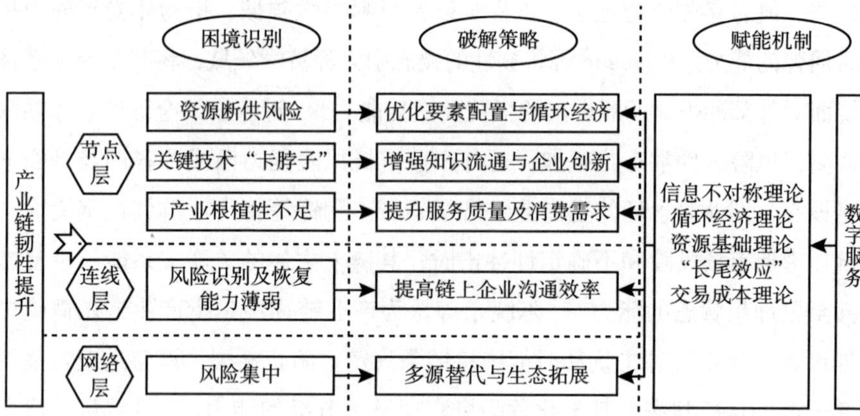

图 1　数字服务赋能产业链韧性提升分析框架

（一）节点维度：数字服务赋能破解资源、技术依赖及产业链外迁

1. 优化资源配置与循环经济，缓解资源依赖

资源作为产业链运行的血液，其稳定供给与高效配置是产业链韧性的核心基石。然而，从国家层面来看，作为世界第一能源消费大国和世界最大的能源进口国，我国传统能源与新能源都高度依赖国际市场。2023 年，我国原油、天然气和煤炭进口量均位列世界第一，原油对外依存度为 76.75%，天然气对外依存度为 41.97%①，资源价格波动或断供将直接影响石化产业链。风光等可再生能源和新能源汽车生产需要的铂、锂、钴、镍等关键原材料对国外的依赖度甚至高过传统能源。② 从地区层面来看，我国地区间资源禀赋差异与政策导向差异导致产业链布局失衡，科技含量较高的产业链链主倾向于分布在经济发达地区，粮食、能源等关乎国计民生的产业链往往集中在主产区或资源型城市，资源分布不均可能导致城市面临稀缺资源短缺困扰，如欠发达地区缺少高素质人才，东部发达地区缺少电力。从企业层面来

① 《专家观点丨王能全：全球能源形势复杂带来新挑战》，“石油商报”微信公众号，2024 年 10 月 15 日，https：//mp. weixin. qq. com/s/lE3AaFEOXs3MLye0q3bRfg。

② 《动力电池矿产之争（三）：关键金属矿产供应面临 6 大风险》，新浪财经，2025 年 2 月 6 日，https：//finance. sina. com. cn/roll/2025-02-06/doc-ineinwik1926979. shtml。

看，一些企业面临资金、人才短缺困境，尤其是资金链断裂很可能影响企业日常经营，威胁产业链安全。例如，恒大债务危机波及逾 40 家上游企业①，对房地产业造成了较大冲击。破解上述困境，一方面需要通过循环经济优化资源利用模式，摆脱部分资源受制于人的劣势，另一方面需要优化地区间和企业间的要素配置，使资源供需匹配，突破禀赋约束。

CBD 数字服务能在破解资源困境过程中发挥重要作用，具体机制如下。其一，基于信息不对称理论的数据穿透机制。数字平台、数字金融的发展使得资源供需双方的信息不对称程度降低，从而促进要素资源市场化，资源匹配更有效率。例如，北京 CBD 产业链供应链数字服务平台使产业端和资金端实现线上对接，形成数字供应链金融服务 3.0 体系，同时能够解决交易链中各类小微企业的直接融资、普惠融资问题，提供综合金融服务。② 其二，依托循环经济理论的物质流智能管理。通过数字技术可以多角度、全方位地实现对生态资源的实时监测，预测生态环境与资源发展的趋势，更好进行资源挖掘与回收利用，提高资源利用率。例如，雄安新区建立“地热+多能”互补综合智慧能源供应体系，提升了地热资源开发利用效率，同时通过按需功能提升了资源使用效率。③

2. 增强知识流通与企业创新，摆脱关键技术依赖

科技创新既是发展问题，更是生存问题，生产技术自控是产业链韧性的重要保障。近年来，部分发达国家利用产业政策对我国战略性产业和重点技术进行干预，使得部分产品断供，影响我国产业链安全。例如，2019 年美国以“国家安全”为由，禁止向华为等中国公司提供芯片，导致个别中国科技公司在芯片供应链上面临严重危机。经过努力，目前中国已在新能源汽车、

---

① 《恒大余震丨波及逾 40 家上游企业，市值超 3000 亿，金螳螂血亏广田集团打折甩卖》，新浪财经网站，2022 年 3 月 10 日，https：//finance. sina. com. cn/wm/2022 - 03 - 10/doc - imcwiwss5281 056. shtml。

② 《北京 CBD 产业链供应链数字服务平台发布》，人民网，2022 年 6 月 2 日，http：//bj. people. com. cn/n2/2022/0602/c233088-35299048. html。

③ 《雄安新区：打造地热+多能互补综合智慧能源供应体系全球样板》，“地大热能”知乎专栏，2022 年 3 月 3 日，https：//zhuanlan. zhihu. com/p/475095402。

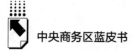

人工智能等领域具有了一定优势，然而中国的半导体产业、新材料和设备制造等欧美国家具有传统优势的产业仍不同程度处于追赶状态，“卡脖子”技术难题仍然存在。企业是科技创新的“出题人”“阅卷人”“答题人”，在国家创新体系中发挥着十分重要的作用，解决“卡脖子”技术难题应当着力促进企业创新。

提升 CBD 数字服务水平，通过数据要素重构创新生态，实现产品研发由经验驱动转向数据驱动①，有利于企业破解信息壁垒、激活创新动能。② 其一，CBD 数字服务能为当地企业尤其是中小企业的数字化转型提供更多帮助，有助于企业通过人工智能、大数据等技术更好地挖掘生产、销售环节中的数据并分析，实现预测与决策的优化，同时这些内部数据也为企业实现自主创新提供了基础。例如，成都天府 CBD 所在的天府区于 2022 年集中授牌 30 家四川省级数字化转型促进中心，以“算在天府、数领未来”为主题举行数字经济峰会，服务当地企业数字化转型。③ 其二，数字技术既促进企业快速发展，也为技术进步提供了大量数据，CBD 聚集的高端服务业是源源不断提供科技创新数据的“富矿区”，数字服务将促进数据交流，助力发挥数据效能。例如，北京 CBD 与北京国际大数据交易所联合成立北京 CBD 跨国企业数据流通服务中心，为企业数据跨境业务提供咨询、合作对接等专业服务，构建了数据安全产业体系和数据跨境生态体系，为企业技术和产品创新提供了外部数据基础。④ 其三，数字平台等数字基础设施建设有利于企业间交流，促进知识获取与企业研发合作，从而促进企业创新。例如，杭州未来科技城 CBD 集聚数字总部构建产业生态链条，依托数字领军企业建立

---

① J. S. Johnson，S. B. Friend，H. S. Lee， “Big Data Facilitation，Utilization，and Monetization：Exploring the 3Vs in a New Product Development Process”，*Journal of Product Innovation Management*，2017，34（5）：640-658.

② A. G. Lanzoll，D. Pesce，C. L. Tucci，“The Digital Transformation of Search and Recombination in the Innovation Function：Tensions and an Integrative Framework”，*Journal of Product Innovation Management*，2021，38（1）：90-113.

③ 《【天府有“数”】30 家四川省级数字化转型促进中心集中授牌》，四川新闻网，2022 年 11 月 24 日，https：//m. yunnan. cn/system/2022/11/24/032365722. shtml。

④ 《北京 CBD 跨国企业数据流通服务中心正式揭牌成立》，北京市朝阳区人民政府网站，2022 年 8 月 1 日，http：//www. bjchy. gov. cn/dynamic/news/4028805a825861f40182589315ef00dc. html。

研发合作平台，催生出宇树科技、深度求索、游戏科学等“六小龙”科技新星，在机器人、人工智能等领域实现了创新跃迁。

3. 提升服务质量及消费需求，减少产业链外迁

提升产业链韧性，除了需要产业链在资源、技术方面具有抗冲击能力，还需要避免产业因为内部条件和外部环境变化而外迁。我国城市产业集聚现象突出但根植性有待提升，面临要素成本上涨和发达国家产业回流政策双重压力，产业链外迁问题凸显。一方面，中国以往依托劳动力成本优势承接了大量全球价值链中低端生产环节，然而随着劳动力与原材料成本抬升，低端制造业产业链逐渐向东南亚、印度以及墨西哥等劳动力成本更低的国家进行转移。① 另一方面，发达国家制定了大量的优惠政策吸引海外制造业回流，以求扭转制造业转移导致的产业“空心化”趋势。产业链外迁问题需要分情况来看，在我国人才质量提升、产业升级转型的背景下，部分低端产业链外迁属于可控现象，但是发达国家回流政策导致的产业外迁则需要关注，解决这一问题需要城市打造新的比较优势：提高服务质量，增加高素质人才供给、加强基础设施建设以及完善产品流转体系等，通过技术与服务等优质资源留住企业；企业要在消费需求大的地区进行本地化生产、销售和售后维护，应充分利用我国超大人口规模的消费能力，刺激内需。

CBD 服务业数字化转型能助力上述问题解决。一方面，CBD 将数字技术融入自身服务业有利于提升服务质量，为企业各项活动提供物质基础。例如，上海虹桥国际 CBD 着力打造全球数字贸易港和国家数字服务出口基地，依托虹桥保税物流中心，重点引进了阿里巴巴、京东、谷歌等跨境电商龙头平台型企业，支持会展、医疗、教育、旅游、城市管理、金融等垂直细分行业的数字贸易设立企业总部基地、研发中心、运营中心、应用中心、数据中心和培训中心等机构。② 另一方面，5G、虚拟现实（VR）、增强现实（AR）

① 刘莹、彭思仪：《中国产业链转移现状、问题与对策建议》，《学习与探索》2023 年第 12 期。

② 《市商务委等印发〈关于支持虹桥国际中央商务区建设国际贸易中心新平台的若干措施〉的通知》，上海市人民政府网站，2024 年 10 月 8 日，https://www.shanghai.gov.cn/nw12344/20241011/13be1a51abdf455790ce69687b37cbf3.html。

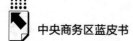

等数字技术在消费领域的创新应用有利于激发消费市场的“长尾效应”，促进消费提质扩容。例如，重庆解放碑—朝天门商贸圈持续推动智慧商圈建设，其中环球购物中心和来福士购物中心入选首批全国示范智慧商圈、全国示范智慧商店名单，[①] 着力打造线上线下一体化的智慧消费生态体系，有利于智能分析消费、人流、交通等数据，提升居民购物休闲体验，实现个性化消费引导，同时使产品生产更加精准匹配消费者需求，提供线上定制发货等服务，从而释放消费潜力。

（二）连线维度：数字服务赋能链上企业沟通，增强风险识别与动态环境适应能力

有效的信息传递是链上企业进行交易活动的基础，企业间沟通不畅将造成企业风险识别滞后、决策偏误、动态调整能力衰弱以及产业链陷入“信息孤岛”等多方面负面效应。[②] 首先，交易者双方信息不对称，一方面会降低链上企业对市场变化的敏感度，不利于企业识别与评估风险，例如企业难以了解供应商稳定性、产品质量及交付时间等信息，增加断链风险；另一方面，若交易者向企业传递的信息失真，企业没有识别能力，容易根据错误信息决策偏误。其次，根据“牛鞭效应”，当市场需求信息只在相邻产业链节点之间传递，基于有限信息造成的市场需求偏差会沿着产业链层层放大，外加信息传递的迟滞性，最终会造成产业链对市场变化的响应速度降低。最后，数据作为新的生产要素对产业链上企业具有重要意义，然而一些企业可能会出于数据安全顾虑封闭信息，造成产业链上信息传递不畅。目前我国产业链供应链或多或少存在上述问题，需要提高产业链信息沟通效率。

---

① 《商务部关于公布首批全国示范智慧商圈、全国示范智慧商店名单的通知》，商务部网站，2022 年 12 月 29 日，https：//www. gov. cn/zhengce/zhengceku/2023-01/09/content_ 5735834. htm。

② 洪银兴、王坤沂：《新质生产力视角下产业链供应链韧性和安全性研究》，《经济研究》2024 年第 6 期。

依托城市 CBD 高端服务业构建数字化协作平台，组织数字化转型及行业发展交流会议等，有利于提升链上企业信息传递效率，更好地进行供需匹配和知识交流，从而促进创新。2025 年南京河西 CBD 所在建邺区规划了多个数字服务项目，例如联合头部资源，打造魔搭社区开发者中心、阿里云数据库适配中心，开展大模型技术交流、信创适配和验证等公共技术服务；联合江苏省数据集团等重点企业共同承办国际数据产业大会等高能级国际性、全国性行业会议、论坛，提供行业交流服务，将为当地企业信息交流、协同发展提供良好助力，从而提升城市产业链韧性。① 另外，利用区块链技术赋能可建立不可篡改的信任机制，降低链上企业间信息不对称以及信息不对称带来的风险（如供应商不能按照约定日期交付）及决策失误。例如，武汉王家墩 CBD 所在江汉区积极进行数字赋能，已形成武汉云数字经济总部区、圈外区块链融合创新产业园等，建设成果初见成效，其“数据要素共享平台”入选工信部大数据产业发展试点示范项目，正利用数字赋能着力做强主导产业，发展新兴产业，探索未来产业，提升城区核心竞争力。②

（三）网络维度：数字服务赋能产业网络扩展，助力风险分散与价值增加

开放是产业链供应链韧性和安全性的可靠保障。我国部分领域目前仍面临资源、技术断供的风险，另外由于个别发达国家如美国加征关税政策，企业面临海外销售不稳定的难题。链上企业面临断供或滞销，若不能在较短时间内找到可以替代的合作商，便可能会影响企业正常运转，从而影响产业链韧性。产业链供应链的稳定性不等于固定性。解决这一问题需要拓展产业网络，增加企业供应商与客户选择，这不仅能分散断供或滞销造成的风险，而且还有利于提升城市产业链网络的价值。根据梅特卡夫定律，网络具有外部

---

① 《多项合作签约！建邺书写“人工智能”新答卷！》，南京市建邺区人民政府网站，2025 年 3 月 26 日，https://www.njjy.gov.cn/jyyw/202503/t20250326_5104657.html。

② 《江汉区因地制宜，“闯关”全域数字化转型》，《长江日报》2024 年 10 月 14 日。

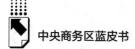

性，使用者越多，对原来的使用者而言，其效用不会如一般经济财产一样由于分享而减小，反而会增大。需要注意的是，企业在寻找合作伙伴时，不应仅将目光锁定在国际市场，同时也应当注意到我国是世界上产业体系最完备的国家，拥有全球规模最大、门类最齐的生产制造体系，并且近年来已在“卡脖子”技术领域取得显著技术进步，在我国以国内大循环为主的新发展格局下，相当一部分产业可以在国内找到替代。

CBD数字服务有利于赋能企业寻找更多供应商与客户，并降低企业交易成本，从而达成更多合作，拓展产业网络。根据交易成本理论，企业达成交易面临信息不对称造成的搜寻成本、谈判成本、合同执行成本等。数字技术的发展缓解了企业之间的信息不对称，同时可以借由个体去中介化模式实现供需双方直接交易、借助在线会议模式实现跨区域线上交易，节省了交易成本，[①] 推动交易更广泛、更方便地实现。一方面，数字服务有利于提升产业链上信息透明度，降低企业跨区域搜寻合适的供应商或客户的成本，从而获得更多合作伙伴选择。例如，广州天河CBD聚集大量数字服务企业，是首批国家数字服务出口基地，2024年1~11月，天河中央商务区国家数字服务出口基地出口额22.84亿美元，同比增长32.22%，业务涉及30多个国家和地区，[②] 拓展了城市产业链。另一方面，数字服务能为跨区域谈判等交流活动提供线上平台，突破了地理局限，减少了交通及场所布置等费用，能促进合作更高效地达成，从而实现产业链拓展。例如，北京CBD发布了全球首个基于真实场景还原的数字会客厅，从数字化招商、办公服务及商务拓展与推广等三个方面帮助企业实现线上办公和真实场景的商务洽谈，有利于北京CBD数字化招商与服务工作提质增效，从而进一步拓展产业链。[③]

① A. Goldfarb, C. Tucker, “Digital economics”, *Journal of Economic Literature*, 2019, 57 (1): 3-43.

② 《升级建设国家高新区！市长“点名”，天河今年这样干→》，“澎湃政务：广州天河发布”百家号，2025年2月20日，https：//m. thepaper. cn/baijiahao_ 30204030。

③ 《CBD建成国内首个L4级别高精度城市级数字孪生平台》，北京市朝阳区人民政府网站，2022年9月5日，http：//www. bjchy. gov. cn/dynamic/news/4028805a82f86aff01830c5e72d50b26. html。

三　数字服务赋能城市产业链韧性提升过程中可能存在的问题

数字服务赋能城市产业链韧性的同时，也给市场经济和社会治理带来了无序扩张以及权力滥用等负外部性问题。本报告构建“数字鸿沟—数字风险—数字陷阱”三维反思框架，分析 CBD 数字服务在赋能城市产业链韧性过程中可能出现的问题，包括数字鸿沟导致的红利分配不均、网络攻击与数据泄露导致的经营风险以及技术依赖和道德冲突陷阱。

（一）数字鸿沟导致的红利分配不均

CBD 数字服务发展虽然使城市中的企业拥有更多受益机会，但利益的分配并非均等，这一方面体现在数字服务商与被服务者之间，另一方面体现在不同数字化转型程度的企业之间。就数字服务商而言，数字服务市场的“赢家通吃”效应导致资源向头部平台集中。以云计算为例，据中国信息通信研究院数据，2023 年，阿里云、天翼云、移动云、华为云、腾讯云、联通云占据中国公有云 IaaS 市场份额前六，占比合计 71.5%，中小平台因技术、资金壁垒难以竞争。数字服务市场的垄断格局使产业链上下游企业被迫接受头部平台规则：一是被服务者失去话语权，例如淘宝、美团等对商家收取高额费用，但由于平台垄断，商家还价能力较弱；二是被服务者的数据控制权削弱或转移，平台通过 API 接口获取企业生产、库存、客户数据，可能形成“数据黑洞”，一些企业迁移平台导致历史交易数据丢失，从而给企业造成损失。就不同数字化转型程度的企业而言，先转型的先享受数字红利。然而，《中国中小企业数字化转型报告 2024》显示，62.6%的中小企业仍处于转型早期阶段，暴露出战略层面“不会转”、资源层面“不能转”以及决策层面“不敢转”的三重困境交织特征。这些未完成数字化转型或者转型不成功的企业不但将落后于数字时代，而且会减弱与大企业、高科技企业的配套程度，影响企业间协同，从而不利于产业链韧性提升。另外，由于工业互联网等数字服务平台会向企业收取基础服务费等费用，经营业绩欠佳的企业无力支付这部分费用将错失与其他企业进行信息交流与商业合作的机会。

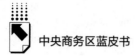

（二）网络攻击与数据泄露导致的经营风险

随着数字服务的深化，计算机系统和互联网已深深嵌入企业生产的过程，产业链条上的不同生产单位也因数字化更为紧密地结合在一起，与此同时，网络攻击与数据泄露对企业经营的影响被放大，相关风险更易通过数字网络蔓延。一方面，网络攻击会给企业带来巨大危害。例如，从 2021 年 11 月全球知名开源日志组件 Apache Log4j 被曝存在严重高危险级别远程代码执行漏洞以来，黑客已经在尝试利用此漏洞并执行恶意代码攻击，所有类型的在线应用程序、开源软件、云平台和电子邮件服务都可能面临网络安全风险。攻击者可以利用该漏洞远程。漏洞发现以来，Steam、苹果的云服务受到了影响，推特和亚马逊也遭受了攻击，元宇宙概念游戏“Minecraft 我的世界”数十万用户被入侵。[①] 网络攻击对企业经营造成的影响随着数字化转型的深入将越来越大，并且这种危害将通过产业链蔓延至更多企业。例如，2021 年 7 月，IT 解决方案开发商 Kaseya 报告称，黑客利用 Kaseya 的 VSA 软件漏洞进行攻击，尽管只有不到 0.1%的客户在此次漏洞攻击中受到影响，但其仍然波及了 800~1500 家中小型公司。[②] 另一方面，数据泄露已成为威胁企业经营的核心风险源。IBM 发布的《2024 年数据泄露成本报告》指出，全球数据泄露事件的平均成本达 488 万美元，与上年相比增长了10%。[③] 数据泄露不仅导致企业业务损失、运营成本上升，还提升了客户和

① 《Log4j 漏洞：互联网历史上破坏力最惊人漏洞之一》，51CTO，2022 年 7 月 27 日，https：//www. 51cto. com/article/714872. html。

② 《勒索攻击深观察②：安全威胁冲击供应链与工业互联网，企业亟须构建防护体系》，21 世纪经济报道网站，2022 年 3 月 31 日，https：//www. 21jingji. com/article/20220331/herald/1c78d27628096b87aa7e2a2902905ee5. html。

③ 《IBM〈2024 年数据泄露成本报告〉7 大核心观点解读》，“安全牛”网易号，2024 年 9 月 14 日，https：//www. 163. com/dy/article/JC26MDKS0511ALHJ. html。

第三方的事后响应成本。产业链供应链涉及多个环节，包括从原材料供应商、制造商、物流提供商、分销商到最终用户多个环节，涵盖了产品规格、价格、客户信息、财务数据等各种数据和信息，每一个环节都有数据泄露的风险，并且每个环节的数据泄露都可能在整个产业链产生级联效应。

（三）数字陷阱导致的信息传递低效

数字化发挥积极影响的前提是保证数字的真实性，否则很可能掉入“数字陷阱”，导致无效甚至消极影响。目前的数字服务存在助推“数字陷阱”深化的风险。一方面，以人工智能生成内容（AIGC）为核心的新型虚假信息生产体系，正以“技术赋能欺骗”的方式重塑风险格局。2023 年 3 月，由 AI 工具 Midjourney 根据关键词合成的几张有关特朗普在纽约街头遭遇警察围捕的图片在美国社交网络上疯传，这些图片涉及特朗普拿枪激战、被捕、庭审、入狱等过程，逼真程度让不少人受骗。有学者使用 ChatGPT、Microsoft Designer、lexica art 等工具，输入测试问题，获得 AIGC 系统自动生成的文本内容或相关图片，并对这一结果进行核实，发现信息错误率高达 75%。[①] AIGC 由于工作效率极高已被推广应用到医疗保健、学术、人力资源、法律等领域，然而其生成信息若不经核实便会造成虚假信息传播，这将造成企业对于外界环境以及合作商的误判，降低信息传递效率，对产业链安全造成负面影响。另一方面，在经济社会数字化转型的背景下，大量网上信息真假难辨，数字平台的算法推荐机制则加剧了虚假信息的传播效能。例如，算法通过“工厂直供”“限时秒杀”等诱导性标签，可将普通商品溢价率提升 300%~500%，根据杭州某直播电商后台数据，出厂价仅 68 元的“负离子养生壶”标价 599 元，却仍在 30 秒内售罄 2 万台。[②] 这种信息操纵导致市场信息严重失真，客户面临错误信息做出决策可能产生“劣币驱逐

---

① 莫祖英等：《信息质量视角下 AIGC 虚假信息问题及根源分析》，《图书情报知识》2023 年第 4 期。

② 《今日信息差：撕裂世界的隐形鸿沟如何重塑我们的生活》，今日头条，2025 年 2 月 23 日，https：//www. toutiao. com/article/7474282143712100883/？ wid = 1743293915127。

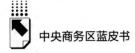

良币”效应，导致产业链上的优质厂商减少，并且一旦真实信息被揭发，将引发销售状况剧变，相关上游企业也会受到波及。综上，数字陷阱导致的信噪比失衡，正在改写产业链风险传导规则，信息失真已演变为冲击产业链韧性的新型“灰犀牛”。

四　实践启示

（一）加强 CBD 数字服务建设，深化数字赋能产业链韧性

CBD 数字服务赋能城市产业链韧性的机制研究启示政府部门可从如下方面进一步加强 CBD 数字服务。其一，强化数字基建支撑，提升全要素穿透式服务能力。建设产业链数字服务平台，集成能源、物流、资金等要素流动数据，实现跨境贸易全链条数字化交互；构建数据主权管理中枢，依托区块链技术建立分布式账本，实现跨境数据安全流转；开发智能决策引擎，运用 AI 算法预测产业链断链风险。其二，打造协同创新生态平台，激发全链条知识溢出效应。突破传统物理空间限制，着力构建垂直领域工业互联网平台，实现研发数据共享与协作创新便利；完善跨境知识交易市场，探索数据知识产权跨境交易规则；建设开放式验证实验室，方便场景验证协同。其三，创新数字治理体制机制，破解产业链外迁难题。治理工具的数字化转型是稳定产业根植性的有效方案。构建数据穿透式精准服务体系，实时监测企业能耗、用工需求等指标，精准匹配闲置厂房、政策补贴等资源，使企业无须外迁即可突破发展瓶颈；以数字化手段重塑审批流程，实现企业办事“零跑动”；构建跨区域协同治理网络，破解“政策洼地”虹吸效应，避免区域间恶性竞争。

（二）创新反垄断规制与普惠支撑体系，优化数字鸿沟治理与红利分配

针对数字鸿沟导致的红利分配不均问题，一方面，优化政策支持体系，针对数字服务市场“赢家通吃”的垄断格局，完善《反垄断法》实施细则，

对头部平台企业的数据调用范围、服务收费标准进行动态监管。例如，要求云服务商公开 API 接口协议中关于数据所有权的条款，禁止强制获取企业核心生产数据等。另一方面，构建普惠性支撑体系，突破中小企业转型能力瓶颈。针对中小企业“不会转、不能转、不敢转”困境，打造三级数字化转型促进中心网络：国家级中心聚焦工业互联网平台研发升级，降低中小企业接入成本；省级中心提供诊断咨询、解决方案比选等公共服务，建立“数字转型案例库”；市县级中心开展实操培训，重点提升生产数据采集、设备联网等基础能力。同时，设立中小企业数字化转型专项基金，为年营业收入低于一定数额的企业提供数字化转型补贴。

（三）多维度构建协同防御与管控机制，完善数据保护与风险共担体系

针对网络攻击与数据泄露导致的经营风险问题，其一，企业应建立协同防御机制，在关键节点部署串行安全组件，如 API 接口加密网关、零信任访问控制模块，实现数据流动全周期防护；部署 AI 驱动的威胁检测系统，将攻击响应时间缩短至分钟级；对于核心业务系统，推行“数据最小化”原则，通过加密技术处理敏感字段，使黑客窃取数据失去商业价值。其二，应制定“网络安全保险+风险对冲基金”组合方案，分散经济损失，推动保险机构开发“断链损失险”，覆盖停工损失、数据恢复等 12 类风险场景，建立产业链安全互助基金，按企业规模缴纳风险准备金，同时探索数据安全责任险。其三，实施数据主权分级治理，依据《数据安全法》细化数据分类标准，建立“红（核心数据）—黄（重要数据）—蓝（一般数据）”三级管控体系，推行“数据护照”制度，关键工艺参数等红色数据禁止云端存储，必须通过区块链分布式账本进行跨企业协同。

（四）技术改进与技能优化双轨并进，构建数字陷阱识别与防控体系

针对数字陷阱导致的信息传递低效问题，其一，构建 AIGC 全流程治理体系，筑牢技术安全屏障，提升 AI 提供信息的正确率。在模型训练环节推

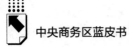

行区块链溯源认证，所有训练数据源均需登记存证，避免“数据投毒”导致系统性偏差。对于法律文书、学术论文等专业场景，应强制要求 AIGC 输出内容标注置信度评分。其二，重构算法推荐方式，破解信息操纵困局。平台企业应优化服务流程，充分考虑老年人等弱势群体的需求和特点，避免诱导性设计和消费陷阱。例如，简化关闭广告的流程、提供醒目的关闭入口和操作指南等。推行平台—商家连带责任制，对算法推荐导致的过度宣传，平台承担连带赔偿责任。其三，培育数字素养赋能生态，增强主体信息免疫力。针对企业决策层开展“AI 辨伪”专项培训，教授使用反向图像搜索、语义分析工具识别合成内容的技术。建立数字内容评级体系，对未经第三方验证的 AIGC 内容强制“黄标”警示，使公众形成“见黄标必核验”的行为反射。

参考文献

朱海华、陈柳钦：《数字经济赋能新质生产力的理论逻辑及路径选择》，《新疆社会科学》2024 年第 4 期。

中国社会科学院工业经济研究所课题组、张其仔：《提升产业链供应链现代化水平路径研究》，《中国工业经济》2021 年第 2 期。

陶锋等：《数字化转型、产业链供应链韧性与企业生产率》，《中国工业经济》2023 年第 5 期。

陈晓东、刘洋、周柯：《数字经济提升我国产业链韧性的路径研究》，《经济体制改革》2022 年第 1 期。

刘莹、彭思仪：《中国产业链转移现状、问题与对策建议》，《学习与探索》2023 年第 12 期。

洪银兴、王坤沂：《新质生产力视角下产业链供应链韧性和安全性研究》，《经济研究》2024 年第 6 期。

莫祖英等：《信息质量视角下 AIGC 虚假信息问题及根源分析》，《图书情报知识》2023 年第 4 期。

L. Briguglio, G. Cordina, N. Farrugia et al., “Economic Vulnerability and Resilience: Concepts and Measurements”, *Oxford Development Studies*, 2009, 37 (3): 229-247.

J. S. Johnson, S. B. Friend, H. S. Lee, “Big Data Facilitation, Utilization, and

Monetization: Exploring the 3Vs in a New Product Development Process", *Journal of Product Innovation Management*, 2017, 34 (5): 640-658.

A. G. Lanzoll, D. Pesce, C. L. Tucci, "The Digital Transformation of Search and Recombination in the Innovation Function: Tensions and an Integrative Framework", *Journal of Product Innovation Management*, 2021, 38 (1): 90-113.

A. Goldfarb, C. Tucker, "Digital economics", *Journal of Economic Literature*, 2019, 57 (1): 3-43.

B.7

新质生产力枢纽：CBD重构城市产业链的实践路径与战略价值*

高杰英　周圣杰**

摘　要： CBD作为城市科技创新的主要策源地、生产要素的主要集聚区，具有资源配置高效、技术创新能力强、价值增值潜力大等特点，是培育和发展新质生产力的重要空间场域。本报告通过剖析CBD的科技优势、空间优势、资本优势、场景应用优势对城市产业链优化的影响，揭示了以CBD为场域的集聚经济驱动产业链链式布局的现实渠道，构建"上游技术突破—中游产业强化—下游市场拓展"的全链条创新生态体系，并通过典型案例的深度分析，解构CBD新质生产力对城市产业链的优化与重构效应。最后，本报告针对CBD发展面临的空间约束、技术瓶颈、协同壁垒等共性挑战提出解决方案与实践路径。

关键词： 中央商务区　新质生产力　城市产业链

一　引言

（一）新质生产力与城市产业链升级的协同逻辑

2024年，习近平总书记在主持中共中央政治局第十一次集体学习时强

* 本报告为北京市哲学社会科学基金决策咨询项目"京津冀高端仪器设备和工业母机产业链发展现状、面临挑战及引导对策研究"（项目编号：24JCB026）阶段性成果。

** 高杰英，首都经济贸易大学金融学院教授、博士生导师，主要研究方向为区域金融、公司金融；周圣杰，首都经济贸易大学金融学院博士研究生，主要研究方向为区域金融、公司金融。

调："要围绕发展新质生产力布局产业链，提升产业链供应链韧性和安全水平。"[①] 当前，我国正处于高质量发展的关键时点，发展新质生产力是推动高质量发展的内在要求和重要着力点，围绕新质生产力布局产业链、提升产业链供应链韧性和安全水平，既是加快发展新质生产力的题中之义和必然选择，又是推动高质量发展的关键支撑。当前的诸多研究从宏观层面详尽论述了新质生产力与创新链、产业链、资金链、人才链等多链融合效应与助推作用。[②] 产业链是在一定地域范围内，由同一产业部门或不同产业部门的某一行业中具有竞争力的企业及其相关企业，以产品为纽带并按照一定的生产逻辑和时空关系相互联结，形成的具有价值增值功能的链网式企业战略联盟。[③] 产业链本身具有较强的地域属性和空间内涵，而中国各个城市之间由于产业发展、产业结构存在较大差异，如果忽视了城市差异，得到的结论必然存在偏差。因此，关注不同城市个体差异，分析新质生产力与城市产业链之间的协同逻辑，对于理解城市这一空间范畴中产业间的技术创新、要素配置、应用场景交互具有重要意义。

城市产业链的空间布局和发展质量是新质生产力的重要构成部分和强大支撑，新质生产力为城市产业链的空间布局和发展质量提供了根本动力和基本路径。二者主要通过科技创新的原始动力、要素重构的配置效率、应用场景创新的新需求等途径，最终实现新质生产力和城市产业链互为"供需关系"的动态平衡。[④] 一方面，新质生产力可以通过突破性技术创新，重构产业链价值分配格局，提高生产要素在空间上的配置效率，同时通过城市内丰富的应用场景空间挖掘潜在需求，激活价值空间。另一方面，产业链的升级需求会倒逼 CBD 实现功能迭代，推动 CBD 由要素集聚

---

① 《习近平在中共中央政治局第十一次集体学习时强调　加快发展新质生产力　扎实推进高质量发展》，《人民日报》2024 年 2 月 2 日，第 1 版。

② 任保平、司聪：《以科技创新与产业创新的深度融合推动形成新质生产力研究》，《经济学家》2025 年第 2 期。

③ 刘贵富、赵英才：《产业链：内涵、特性及其表现形式》，《财经理论与实践》2006 年第 3 期。

④ 刘素、袁萌、盖彦慧：《链主生态主导力如何推动新质生产力的形成?》，《经济与管理评论》2024 年第 6 期。

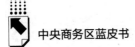

区向完善的创新生态系统演进，实现 CBD 的科技创新职能、产业链空间载体职能、金融资本服务职能与应用场景职能的全面升级，进而推动新质生产力的发展。因此，新质生产力通过“技术突破—要素重构—场景创新—形态变革”闭环系统，驱动城市产业链朝更合理的空间布局与更高质量的方向发展。

（二）CBD 作为产业链优化枢纽的战略定位解析

CBD 是城市的经济发展中枢和各类商业活动的核心区域，是服务经济时代背景下的产物，具有超强的经济辐射能力。CBD 作为城市科技创新的主要策源地、生产要素的主要集聚区，先天拥有社会资源优势、生产场景的应用优势以及发展新质生产力的空间区位优势，更是以新质生产力优化城市产业链的关键空间载体。CBD 的核心功能主要体现为要素配置枢纽、创新实验空间与价值增值中心的有机统一。根据列斐伏尔的空间生产理论，CBD 可以通过工业上楼与立体化开发等空间新实践、制度设计与文化形成等空间表征，以及依托数字信息技术的虚拟场景拓展等方式，重构城市产业链的空间组织形式，并且通过马歇尔外部性的知识溢出效应、劳动力池效应、中间品共享效应，形成以 CBD 为空间生产的资本、人才、数据三元要素流动闭环空间。CBD 作为城市产业链的创新实验空间，可以通过产学研体系实现多元主体共生，缩短技术演化周期，适应复杂市场环境，推动技术创新，实现新质生产力在 CBD 空间中的培育。根据 Humphrey 和 Schmitz 的理论构想，在 CBD 空间中，可以通过过程升级、产品升级、功能升级和产业链升级，实现空间生产领域中的产品迭代和价值增值。①

由此可见，CBD 借助空间生产功能，发挥要素配置枢纽、创新实验空间与价值增值中心职能，强化同产业链、供应链上产品和服务等一系列增值经济活动的联系，最终构建以 CBD 为枢纽和核心并以此影响产业链、供应

① J. Humphrey, H. Schmitz, “How does Insertion in Global Value Chains Affect Upgrading in Industrial Clusters?” *Regional Studies*, 2002, 36 (9): 1017-1027.

链中物质、资本、技术和知识分配和流动的生产网络体系。CBD 作为城市产业链优化枢纽，以其资源配置高效、技术创新能力强、价值增值潜力大等特点，天然地成为培育和发展新质生产力的重要空间场域，还通过过程升级、产品升级、功能升级、产业链升级等途径完成对产业链、供应链上企业和经济活动的整合与有效配置，最终实现对城市产业链优化和布局的进一步影响。

二　四大核心动能驱动产业链升级

CBD 新质生产力发挥科技、空间、资本和场景四大关键优势，通过科技创新突破、空间集约重构、资本优化配置和场景需求牵引形成“四位一体”的产业链升级核心动能。

（一）科技优势：产业链创新引擎

CBD 凭借其科技优势和创新集聚效应，通过关键技术突破、科研成果转化和高端人才赋能加速形成新质生产力，逐步成为城市产业链创新的新引擎。首先，CBD 率先使用人工智能、大数据、云计算等新技术，通过“商务+科技”双轮驱动发展模式，集聚大量科技创新型企业，积极开展前沿技术研究，在关键技术领域实现新突破并成为现实生产力，促进了产业链的创新发展。其次，CBD 具有创新集聚特征，是科研创新成果转化为新质生产力的重要创新载体。发挥创新要素集聚优势，高校、科研院所的前沿研究成果从实验室走向市场，通过产学研协同合作机制，实现科技成果有效转化并推动相关产业链的发展。最后，CBD 吸引理论知识和实践技能相结合的复合型人才并促进这类高端人才在企业与科研机构之间流动，促进知识转化应用能力，激发创新活力，为 CBD 新质生产力赋能产业链升级提供强大的人才支撑。

（二）空间优势：产业链布局载体

从空间优势视角审视 CBD 新质生产力的发展，其核心在于通过地理集聚效应、跨界融合能力和空间治理模式，重构城市产业链的空间组织逻辑，发挥空间优势实现产业链上中下游合理布局和协同发展。CBD 通过高密度的地理集聚形成多方位知识共享网络，极大地缩短了创新主体之间的物理距离，有效降低交通运输和信息传递成本。同时，更多人才因职业发展前景和生活配套设施在 CBD 集聚，形成高密度人才创新高地，有助于实现"研发—应用"闭环。商业、办公、居住等不同需求在 CBD 实现跨界融合发展模式，形成宜居宜业的新兴区域，吸引更多人才流入。因空间结构的特殊性，CBD 通过制定楼宇经济发展政策以及多项政策试点，有效提升区域内运营效率和服务质量，吸引更多企业入驻，形成产业集聚发展的良好态势，是承接产业链布局的关键载体。

（三）资本优势：产业链血液循环系统

从资本优势视角分析，发展 CBD 新质生产力对城市产业链升级的影响主要体现在资本集聚加速创新要素配置和政策资金协同创新两个方面。一方面，资本集聚可以放大风险投资的早期筛选判断能力，在一定程度上缓解投资风险评估困难问题，提升聚焦新质生产力培育的科技创新型企业获取投资的可能性，为城市产业链发展中各环节提供源源不断的金融"活水"。[①] 另一方面，CBD 不仅体现了市场主导的天使投资、风险投资和私募股权投资集聚具有更加敏锐投资"嗅觉"的资本优势，还形成了"市场主导+政府引导"的协同创新机制。产业政策与政府引导基金耦合流向 CBD 内企业，实现政策工具对产业链各节点的精准滴灌，发挥政府引导基金的耐心资本优势，专注于"投早、投小、投长期、投硬科技"[②]，将耐心资本注入 CBD 内企业，提供技术攻关资金支持，围绕城市产业链上中下游寻找重点企业，对产业链进行投资布局，为产业链提供资金支持，促进产业链中各环节协同高效发展。

---

① 沈坤荣、尚清艺、赵倩：《耐心资本赋能新质生产力：内在逻辑、现实挑战与策略选择》，《南京社会科学》2024 年第 11 期。

② 赵琦、钟夏洋：《金融制度改革与中小企业数字化转型——来自新三板分层制度的证据》，《数量经济技术经济研究》2024 年第 10 期。

（四）场景优势：产业链应用平台

高密度场景需求牵引加速技术迭代，场景生态正在重构产业边界，发展 CBD 新质生产力有助于将物理功能空间转化为产业链应用平台，构建更具包容性的场景创新生态系统，实现从场景优势到产业优势的持续转化。CBD 可以在较小的空间范围内集聚科创、金融、贸易等细分场景需求，具有高密度、多维度的丰富应用场景特质，多元化消费需求为技术创新提供商业化场景，多场景需求特性倒逼技术加速迭代，形成“场景—技术”的创新升级闭环系统。丰富的场景生态为各产业跨界融合提供条件，重构产业边界的前提是实现产业技术融合，CBD 内众多企业更易通过数字技术的场景化渗透，逐步打破产业物理边界，实现科技、商业、办公等场景融合发展，重塑生产组织形式、重构产业边界，发挥丰富的跨产业场景优势，有助于构建产业链综合应用平台并助力城市产业链实现联动式发展。

三　集聚经济驱动产业链链式布局

（一）企业集聚机制与引力分类

关于企业集聚和市场引力的研究可以追溯至 1890 年马歇尔提出的外部性和生产集聚之间的联系。但这一理论相对粗糙，只是较多地关注了产业内部的外部性，并非企业之间的互动行为，并未关注企业间的互动模式。作为补充，Tinbergen 在国际贸易中首次使用引力模型来分析国家间的贸易流量，强调了地理距离和经济规模在决定贸易流动中的重要性。[①] 在全球化的经济生产网络中，企业与市场之间的互动和竞争越发密切。引力模型作为一种具有创新性的分析框架，借鉴了物理学的万有引力定律，通过分析企业之间、

① J. Tinbergen, *Shaping the World Economy: Suggestions for an International Economic Policy*, New York: The Twentieth Century Fund, 1962.

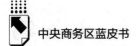

企业同政府之间、企业同外部环境之间的互动关系及影响，为解释集聚现象提供了有效的分析路径。在城市 CBD 的分析视域下，基于引力模型的理论框架，新质生产力发展主要通过政策引力、服务引力、生态引力三条路径实现城市产业链的优化。

政策引力作为驱动企业集聚的关键核心动力，体现了地方政府通过制度创新为产业提供发展环境。依照新制度经济学的解释，有效的制度安排能够有效降低交易成本，提升资源配置效率。北京市朝阳区发布《朝阳区互联网 3.0 创新发展三年行动计划（2023 年—2025 年）》，设立北京市互联网 3.0 产业投资基金，引导创投基金向互联网 3.0 领域核心技术、软硬件与创新应用等领域重点倾斜，重点引育产业链关键核心骨干企业，加大“产业链”招商力度，打造朝阳区核心竞争力，吸引优秀企业和人才集聚朝阳区。

服务引力的本质是公共服务平台的外部性扩散。按照增长极理论，政府主导的公共服务平台能够形成知识溢出的“创新场”。南京市下关滨江商务区构建以政府公共服务平台、航运物流企业、产业服务机构、行业协会等为节点的航运物流服务产业链，有效推动了南京区域性航运物流中心的建设进程。南京市下关滨江商务区通过整合行政资源成立联合党委，提升公共服务水平，进一步优化营商环境，降低交易成本。一方面，聚焦延链补链强链实现企业间的共享资源和共谋发展，打造高效的航运物流产业链；另一方面，打破不同行政单位间的壁垒，推动区域一体化，建设以服务引力为依托的 CBD 增长极。

生态引力存在的前提是产业链内存在一个或多个核心企业（链主），并以链主为核心布局形成商业生态系统，在产业链供应链的链接下形成相互依赖、互利共赢的新格局，从而打破产业边界、组织边界、创新边界，最终实现资源共享、协同创新和共同发展。① 以安徽合肥“科大硅谷”发展为例，面对初创期、成长期企业的现实需求，通过加大耐心资本投入与

① 肖勇波等：《生态链管理与现代化产业体系的打造：困境与破局之道》，《清华管理评论》2023 年第 12 期。

高行政效率解决企业的注册、场地和人才政策问题，并且通过产业链龙头企业开放测试场景，加强大中小企业合作融通，带动中小企业尽快融入产业链，最终在 CBD 的空间范围中形成以链主企业为核心的全产业链、供应链企业集群。

（二）产业链优化三大渠道

按照马歇尔外部性的知识溢出效应、劳动力池效应、中间品共享效应，可以认为产业集聚会有效带动企业之间的面对面知识溢出与交流，降低信息、产品的交易成本。按照雅各布斯外部性理论，产业集聚还会带来集群内部专业化分工水平的上升，从而产生向内的效率提升和产业结构优化。CBD 楼宇经济会对产业链优化产生三类效应：面对面协同平台构建、向内优化的新质产业集群构建、依托专业化分工形成的创新周期压缩机制。

渠道一：面对面协同平台构建

截至 2025 年 6 月 30 日，《哪吒之魔童闹海》作为全球动画电影票房榜冠军，全球总票房突破 159 亿元，位列全球影史票房榜第五。成都天府长岛数字文创园作为《哪吒之魔童闹海》的诞生地，以“一杯咖啡的距离”串联起动画产业链的上下游，成为动画“成都造”的数字文创产业发展高地。《哪吒之魔童闹海》包含了上千个特效镜头、1 万多个特效元素，有 100 多家国内动画公司参与了制作。由于诸多相关企业均坐落于成都天府长岛数字文创园，在《哪吒之魔童闹海》的制作过程中，从分镜设计、角色建模到特效渲染，园区内企业间的物理距离被压缩在 10～15 分钟路程内。按照马歇尔外部性的基本原理，面对面协同平台有效降低了信息的传输损耗，提升了集聚所带来的知识溢出效应，实现了数据信息的实时交汇，缩短了项目决策周期，极大地提高了集聚带来的产业链延伸效应。

渠道二：新质产业集群构建

截至 2024 年，深圳福田已经建成批发业、金融业和零售业 3 个千亿级传统产业集群，并在此基础上新增软件与信息服务业、新能源与智能终端 3 个千亿级新质产业集群，还实现了生物医药和半导体等 2 个百亿级新质产业集群。产业集群作为包含产业链供应链上下游企业的产业空间组织形态，是地区创新能力的增长源头，更是发展新质生产力的“培养皿”。深圳福田区新质产业集群的发展进一步印证了波特钻石模式，以软件与信息服务业、新能源与智能终端为“雁阵模式”，带动产业链供应链上下游企业协同发展，具体而言：以智能终端为龙头企业，可以有效带动半导体、显示配件等上游产业的布局与生产；新能源产业通过“电池—电机—电控”产业链完成垂直整合，从而形成规模经济；软件信息业则依托华为、腾讯等龙头企业，发挥总部经济效应，构建“基础软件—行业解决方案—应用服务”创新生态系统，完成产业闭环。由此可见，在 CBD 空间内以新质产业集群为依托，实现创新要素集聚，并以此为基础实现城市产业链的优化。

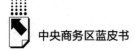

渠道三：创新周期压缩机制

习近平总书记强调：“新质生产力主要由技术革命性突破催生而成。科技创新能够催生新产业、新模式、新动能，是发展新质生产力的核心要素。”① CBD 作为城市内科技创新要素的集聚区，必然承担着催生演化颠覆性技术创新的职责使命，但这需要最大限度地挖掘和激发科技创新与合作创新的潜能。河套深圳园区作为肩负着深港科技创新开放合作先导区、国际先进科技创新规则试验区、粤港澳大湾区中试转化集聚区三大定位的新型创新策源地，自 2022 年起推行“揭榜挂帅”制度，聚焦解决面向前沿与重大社会需求的科技问题，保障科研人员、物资、资金、信息等要素的跨境流动，坚持“制度创新+科技创新”双轮驱动，有效压缩了园区内的科技创新周期。依托河套深圳园区“楼上科研楼下中试”的特殊创新模式，加快科技创新成果的转化应用，打通了从实验室到场景应用的关键环节。由此可见，在 CBD 场域内通过压缩创新周期实现对新质生产力的培育，可有效优化城市产业链的空间布局，提升整体发展水平。

① 习近平：《发展新质生产力是推动高质量发展的内在要求和重要着力点》，《求是》2024 年第 11 期。

四　产业链优化的实践路径

CBD 作为城市经济发展的核心引擎，其新质生产力不仅体现为资本密度与场景创新的基础优势，更深层次地体现为对产业链全链条的优化能力。以发展 CBD 新质生产力推进城市产业链优化的实践路径，可基于其科技、空间、资本、场景等多维优势，构建“上游技术突破—中游产业强化—下游市场拓展”全链条创新生态体系。

（一）上游：核心技术攻关与自主可控

在全球产业链竞争加剧的背景下，突破“卡脖子”技术已成为中国产业升级和产业链优化的核心命题。[①] CBD 凭借其高浓度创新要素，正在重构传统研发模式，旨在构建可持续研发生态。传统研发以单一的线性链条模式为主，容易出现研发效率不高和技术供给无法满足多元化需求的情况，CBD 依托空间集聚的“楼宇实验室”优势，将传统的线性链条式研发模式转变为场景驱动的多维协同综合研发模式，并且在该模式下解决传统研发模式科研经费分配僵化问题。CBD 集聚创新要素资源，发挥产学研协同创新网络优势，加速前沿技术的产业化进程形成新质生产力。CBD 产学研协同助力初创科技企业打通关键核心技术转化路径，以从实验室到产业链的专利组合拳突破知识围堵和技术封锁，打破部分领域国外企业的技术垄断，为我国关键核心技术产业发展提供有力支撑，推动产业链上游核心技术自主可控发展。CBD 内资本集聚支持资本体系重构，金融科技赋能破解核心技术攻关资金瓶颈，银行等金融机构允许企业将知识产权等无形资产作为抵押进行授信，丰富了金融专业化服务，为推动核心技术产业发展提供坚实金融保障。

---

① 中国社会科学院工业经济研究所课题组、张其仔：《提升产业链供应链现代化水平路径研究》，《中国工业经济》2021 年第 2 期。

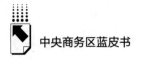

（二）中游：产业集群强化与垂直整合

推进中游产业集群强化与垂直整合，需依托其空间集聚、资本虹吸、场景试验等核心优势，构建关联产业协同发展的完整产业生态，推进产业集群朝高端化、智能化、绿色化方向升级，为产业链整体竞争力提升提供坚实基础。CBD 内形成的垂直产业链整合平台有助于构建协同创新网络，形成“链长制”推进机制，打造“链主+伙伴”协同网络，从规模集聚发展为生态共生，通过集聚空间垂直整合，形成多产业交叉赋能的创新群落。CBD 通过数字中枢实现供应链实时优化，增强供应链抗风险能力。同时，供应链金融服务于 CBD 内企业，有效破解产业集群内部资金协同难题，降低企业融资成本，提高资金周转效率。CBD 是高密度的场景试验场，“制造+服务”场景融合可以实现智能化设备共享、跨行业场景数据互联互通。场景试验正在重塑中游产业集群的整合逻辑，推动产业集群从物理空间集聚向数字生态协同跃迁，最终形成以场景创新为核心的现代产业集群竞争力。

（三）下游：市场生态拓展与消费升级

下游市场生态的拓展与消费升级是产业链价值实现的最终环节，也是新质生产力驱动经济增长的核心落脚点。CBD 凭借其高净值消费群体集聚、全球化资源配置能力等优势，积极开拓跨境市场，推动消费市场从规模扩张向质量提升的个性化、全球化层级跃迁，为产业链整体竞争力提升提供需求牵引动力。消费场景创新通过技术赋能、体验提升和模式变革，正在成为驱动产业链升级的核心力量，CBD 凭借资源集聚和新型基础设施优势，打破传统消费时空边界，推动需求端与供给端的高效链接，引领消费场景的颠覆性变革。跨境市场开拓是产业链价值延伸与全球化资源配置的关键环节，CBD 凭借其国际化资源整合能力和制度创新试验田功能构建数字赋能的跨境市场拓展体系，能够有效突破传统贸易壁垒、培育国际竞争新优势，推动产业链在更高水平上参与全球分工，实现中国企业从基础产品出海向市场生态出海升级。

五　典型案例深度解析

（一）深圳福田："CBD+科创区"重构产业链

在粤港澳大湾区深度融合与全球产业链重构的现实背景下，深圳福田正通过"CBD+科创区"空间协同创新模式，实现中心城区经济发展新旧动能转换。"CBD+科创区"模式突破了传统 CBD 与科技园区在功能上的割裂，构建"科技—空间—资本"现代产业生态系统，为高密度 CBD 的产业链重构提供了创新样本。在空间治理层面，深圳福田创造性应用"立体式空间开发策略"，通过城市更新与招商引资解决存量土地再开发难题，并通过政策性指引在城市更新与招商引资过程中完成城市产业链的完善与延展。在科技创新领域，深圳福田通过构建新质产业集群的方式，进一步吸引科技创新要素的集聚，驱动传统行业的"存量焕新"与新质行业的"增量壮大"，从而实现对城市产业链的优化与重构。在产业组织形态创新领域，一方面解决中小企业融资难的问题，做好金融支持工作；另一方面，探索"总部研发+区域制造"新模式，利用华为、腾讯、大疆等总部基地的研发效能及周边智能制造基地，形成"链主企业+配套生态"的协同生产网络。

（二）北京 CBD：人工智能重塑产业链

在全球新一轮科技革命与产业革命深入演进的大背景下，以人工智能为代表的新兴技术不断涌现并且正在加速完成技术迭代，各产业的技术创新和成果转化周期明显缩短，新质生产力正在加速形成，产业链供应链的分工格局加快重塑。北京 CBD 作为中国对外开放和科技创新的前沿阵地，以"人工智能+"场景创新为突破口，通过构建创新生态系统、推进产学研合作新模式、强化国内国际资源链接等方式，探索以新质生产力赋能城市产业链优化升级的新路径。在技术创新维度，2023 年北京市印发《北京市关于推进场景创新开放加快智慧城市产业发展的若干措施》，强调推动创新性技术和方案向产业化应用场景发展，并且聚焦智慧城市产业发展的现实难题，带动新技术攻关，从而实现技术研发迭代和产业化应用。上述技术扩散路径与迭代方式符合佩蕾丝提出的“技术—经济范式”理论，即以人工智能为代表的技术通过产业渗透的方式引发生产方式变革。[①] 在场景创新实践中，从技术与产品研发到最终形成新产业、新模式、新动能，场景实践日益成为人工智能技术应用的重要载体，更是链接产业链供应链相关企业的关键环节。当前北京 CBD 通过场景创新应用模式加速关键技术突破，并以场景建设持续推动创新链、产业链深度融合。

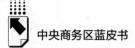

（三）成都高新区：数字文创产业链升级

成都数字文创产业的发展反映了由战略布局向产业集聚的系统性推动进程。成都 2002 年启动数字产业布局，2006 年获批国家级游戏动漫产业基地，开启数字文创的规模化产业化进程。2022 年成都市发布《成都市数字文化创意产业发展“十四五”规划》，明确提出打造千亿级数字文创产业集群的战略目标，着力构建“双核多极两带”数字文创产业集群的空间格局。在政策驱动下，成都市高新区通过设立 200 亿元数字经济产业基金等举措，吸引腾讯、雪花绒等头部企业入驻，加快配套产业和人才布局，形成了从创意研发到生产制作的全链条产业和人才配置，实现了以核心企业（链主）为抓手的城市产业链布局，最终成功打造成都市数字文化产业生态系统。除此之外，成都市高新区还充分利用“楼宇经济”，以“一杯咖啡的距离”压缩产品的制作周期，通过缩短物理空间距离，实现面对面形式的知识溢出效应。成都市以数字文创产业为抓手，通过培育数字文创产业这一具有新质生产力特征的产业集群，优化产业链供应链上下游企业的布局。

---

① 任保平、王子月：《数字经济推动形成新质生产力“技术—经济范式”的框架与路径》，《经济纵横》2025 年第 1 期。

六　挑战与对策

（一）共性挑战与瓶颈分析

1. 空间资源约束

CBD 作为城市经济核心区，普遍面临土地资源稀缺、功能空间集聚与生态承载力弱等多重空间矛盾。土地资源稀缺造成中小科技企业因租金压力外迁，导致创新要素流失，并且存在地上空间资源稀缺和地下空间资源开发不足的双重困境。同时，CBD 内功能空间错配问题频现，传统写字楼空置率攀升，但科技研发中心、数据中心等新型空间缺口严重，无法满足 CBD 新质生产力的发展需求。

2. 产学研协同合作机制不畅

在全球化竞争加剧的背景下，部分关键核心领域的“卡脖子”技术问题已成为实现中国产业链统筹发展和安全的瓶颈。当前，核心技术对外依存度过高现象仍然存在，高端芯片仍然依赖进口，并且核心技术突破存在难点，如研发投入强度偏低、基础研究支撑薄弱，产业协同效率不高等问题亟待解决，产学研协同合作机制不畅阻碍关键核心技术转化为现实生产力。

3. 跨区域协同壁垒

跨区域协同是优化资源配置、实现产业链高效联动发展的关键路径，但在实践中面临行政分割、利益博弈等多重壁垒。“内卷式”竞争导致产业同质化发展，行政分割问题造成 CBD 内企业跨省项目审批效率较低，阻碍了技术、人才等要素流动，无法助力 CBD 新质生产力为城市产业链升级提供协同支撑。

4. 资本配置失衡

资本配置失衡是制约 CBD 发展新质生产力助力城市产业链升级与经济高质量发展的金融难题，表现为资本过度集中于短期获利领域，而硬科技、绿色转型等长期战略性领域投入不足。CBD 内“科技—产业—金融”循环仍然存在堵点，金融机构间未形成合力支持科技成果转化和 CBD 新质生产力培育，制约了城市产业链的发展。

5. 高端人才结构性短缺

CBD 是高密度人才创新高地，但是高端人才结构性短缺现象依旧严重，主要表现为特定领域顶尖人才稀缺、高端人才供需能力错配等。具体而言，前沿科技领域顶尖人才缺口较大，人才区域性失衡情况持续深化，产教供需存在错配问题，高校中拥有实际产业应用能力的高端人才比例较低，成为新质生产力发展以及城市产业链优化的瓶颈。

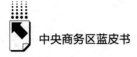

（二）针对性对策与实施路径

1. 空间创新：破解土地资源约束

针对 CBD 面临的土地资源稀缺、功能空间错配等多重空间矛盾，需要进一步对 CBD 进行立体空间开发，提升地下空间开发利用程度，布局数据中心、冷链仓储等基础设施，解决地上空间不足的问题。同时，从简单的静态分区转变为弹性混合分区，实现 CBD 功能空间重组，布局新型基础设施，使垂直产业社区内空间需求均得以满足。

2. 技术攻关：实施产业链专项行动

构建新型举国体制技术攻关体系，发挥 CBD 创新要素集聚优势，在关键核心技术研发方面实现技术突破，引入“揭榜挂帅”机制助力围绕产业链关键环节发展 CBD 新质生产力，保证产业体系实现自主可控、安全可靠。产学研协同一体化破解科研成果转化难题，依托 CBD 新质生产力尽快构建韧性创新生态。

3. 协同机制：打造区域产业链共同体

突破跨区域协同壁垒需重构治理模式、创新协同机制。设立跨区域治理机构，打破 CBD 新质生产力发展的行政藩篱，加强基础设施建设，实现更加便捷的跨区域要素流动，强化数字赋能，打造区域产业链共同体，在产业链分工协作、创新生态共建共享等关键领域实现突破，为城市产业链升级提供区域协同支撑。

4. 资本配置：构建多层次科技金融体系

为解决发展 CBD 新质生产力助力城市产业链升级的资本配置失衡问题，需要构建多层次科技金融体系。在资金筹募方面，适度扩大政府引导基金对 CBD 新质生产力的投资规模，引导耐心资本更多投向关键核心技术基础研究，发挥政府引导基金对市场资金的撬动作用。在金融工具创新方面，需因地制宜开发适配性金融产品，加强长周期可持续资本对技术研发的支撑作用，助力科研成果转化效率提升，实现“科技—产业—金融”循环畅通机制，为 CBD 新质生产力涌现提供充足的金融“活水”。

5. 人才战略：构建全链条人才治理体系

按照发展新质生产力的要求，畅通教育、科技、人才的良性循环。根据科技发展新趋势动态调整学科设置和人才培养模式，为前沿科技领域学科培育尖端人才。依托 CBD 产学研协同优势，打造产教融合共同体，提升实际产业应用能力和技术掌握程度。实施人才区域平衡发展计划，完善人才培养、引进、使用、合理流动的工作机制，通过跨区域协同机制优化人才布局。在人才培养、产教融合、区域协同等方面实现突破，构建全链条人才治理体系，加速 CBD 新质生产力优化城市产业链进程。

参考文献

任保平、司聪：《以科技创新与产业创新的深度融合推动形成新质生产力研究》，《经济学家》2025 年第 2 期。

刘素、袁萌、盖彦慧：《链主生态主导力如何推动新质生产力的形成?》，《经济与管理评论》2024 年第 6 期。

刘贵富、赵英才：《产业链：内涵、特性及其表现形式》，《财经理论与实践》2006 年第 3 期。

沈坤荣、尚清艺、赵倩：《耐心资本赋能新质生产力：内在逻辑、现实挑战与策略选择》，《南京社会科学》2024 年第 11 期。

赵琦、钟夏洋：《金融制度改革与中小企业数字化转型——来自新三板分层制度的证据》，《数量经济技术经济研究》2024 年第 10 期。

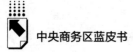

肖勇波等:《生态链管理与现代化产业体系的打造:困境与破局之道》,《清华管理评论》2023 年第 12 期。

中国社会科学院工业经济研究所课题组、张其仔:《提升产业链供应链现代化水平路径研究》,《中国工业经济》2021 年第 2 期。

任保平、王子月:《数字经济推动形成新质生产力“技术—经济范式”的框架与路径》,《经济纵横》2025 年第 1 期。

J. Humphrey , H. Schmitz, “How does Insertion in Global Value Chains Affect Upgrading in Industrial Clusters?” *Regional Studies*, 2002, 36 (9): 1017-1027.

J. Tinbergen, *Shaping the World Economy: Suggestions for an International Economic Policy*, Twentieth Century Fund, 1962.

B.8 CBD新质生产力优化城市产业链分工格局的机理与路径

王媛玉*

摘　要： 城市中央商务区（CBD）具备承载新质生产力的独特优势，能够有效推动城市产业链分工格局优化。新质生产力通过数字技术引领、绿色技术约束与创新技术裂变，赋能产业链分工重构。CBD通过功能跃升、空间重组、制度赋能与生态构建，驱动城市产业链分工优化。CBD优先布局新质生产力的推进路径包括打造三个高地、实施三化改造、构建三类平台。地方政府应采取切实有效的政策措施，推动CBD优先布局新质生产力，促进城市经济高质量发展。

关键词： CBD　新质生产力　城市产业链　产业链分工

新质生产力已成为推动城市经济转型升级的核心动力。新质生产力融合数字技术、绿色技术、创新技术等新型要素，超越传统生产力以劳动、资本、土地为核心的范畴，是适应数字经济、绿色经济、共享经济等新经济形态的生产力高级形态。其特征在于强调知识、技术、数据等要素在生产过程中的深度应用，推动产业从规模扩张向质量提升转变。城市产业链分工格局的演变与生产力发展密切相关。传统城市产业链分工以垂直专业化为特征，存在各环节信息流通不畅、协同效率不高的问题。随着全球化与数字化进程

* 王媛玉，首都经济贸易大学城市经济与公共管理学院讲师，主要研究方向为城市与区域经济、数字经济。

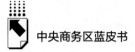

加速，城市产业链分工逐渐向网络化、平台化、生态化演进。数字技术的发展使得产业链分工趋于精细化，绿色技术的兴起推动产业链分工更加绿色化，创新技术催生产业链分工多元化。由此，城市产业链分工格局正朝着智能化、精细化、绿色化、融合化方向发展。

新质生产力与城市产业链分工格局优化之间存在深刻的内在联系。新质生产力的发展为突破传统产业链分工的“价值锁定”困境提供了技术支撑与要素保障，其蕴含的数字、绿色、创新等要素能够打破传统产业边界，促进产业链各环节的重组与优化。同时，城市产业链分工格局的优化也为新质生产力的发展提供了广阔空间，通过产业链上下游的协同创新与资源优化配置，促进新质生产力要素的流动与应用。

中央商务区（CBD）作为城市经济的核心节点，其在优先布局新质生产力、促进城市产业链分工格局优化中的作用日益凸显。CBD 凭借高端服务功能的集聚、新质生产要素的交互优势以及“面对面”交流的创新溢出效应，成为承载新质生产力、优化城市产业链分工格局的关键区域，通过产业链分工的智能化治理、全球要素的高效配置以及制度创新的先行先试，为城市产业链分工格局的优化提供了核心驱动力。因此，深入研究 CBD 新质生产力如何优化城市产业链分工格局，对于提升我国城市经济综合竞争力、推动城市与区域高质量发展具有重要意义。

一　CBD 布局新质生产力的战略优先性

全球产业链重构背景下，CBD 布局新质生产力的战略优先性凸显。传统 CBD 面临“去中心化”危机，如总部价值空心化、服务功能基础化、空间价值被稀释等，亟须转型。新质生产力驱动城市产业链区位布局变革，CBD 作为产业链“智能中枢”，通过信息整合、技术创新、资源配置与产业融合等功能重塑，深度嵌入城市产业链分工体系，成为优化分工格局的关键力量。

（一）全球产业链重构下 CBD 功能凸显

1. 传统 CBD 面临“去中心化”危机与转型压力

在全球产业链重构与数字化浪潮的双重冲击下，传统 CBD 面临深刻的“去中心化”危机，具体表现为以下三个方面。

一是总部价值空心化。以纽约曼哈顿为例，2024 年其核心区甲级写字楼空置率达到 18.7%，较 2020 年上升近 10 个百分点，为降低成本而外迁至奥斯汀、迈阿密等地的跨国企业区域总部数量有所增加。① 究其原因，既有企业运营成本压力（曼哈顿平均租金为 150 美元/平方米・天），也反映出 CBD 对全球价值链主导地位的弱化。2024 年《财富》500 强企业中，仅有 62% 在传统 CBD 保留区域总部，较 2019 年下降 12 个百分点。②

二是服务功能基础化。伦敦金融城的经验表明，高附加值业务占比是 CBD 竞争力的核心指标：其外汇交易占全球的 43%、航空保险业务占 60%，而法律服务收入的 78% 源于跨境并购等高端业务。与之相比，部分新兴 CBD 的基础服务占比较高。以北京 CBD 为例，2024 年会计、法律等基础服务业贡献税收占比达 34%，但跨境并购咨询、离岸金融等高附加值业务占比不足 15%。③ 这种服务功能趋于基础化的“低端锁定”是 CBD 在产业链价值分配中逐渐边缘化的根源所在。

三是空间价值被稀释。远程办公从根本上动摇了 CBD 的空间价值逻辑。2020 年后全球 CBD 楼宇经济密度显著下降，写字楼空置率攀升、日均人流量下降、单位面积产值断崖式下滑等空间价值被稀释的过程具有不可逆性。

---

① “U. S. Industrial Market Report, 2024”，https：//www. avisonyoung. us/us－industrial－market－overview.

② 《2024 年财富世界五百强排行榜》，财富中文网，2024 年 8 月 5 日，https：//www. fortunechina. com/fortune500/c/2024－08/05/content_456697. htm。

③ 《今年 1～7 月北京 CBD 外资企业实现税收 323. 5 亿元 税收过亿楼宇达 105 座》，网易新闻，2024 年 9 月 14 日，https：//www. 163. com/dy/article/JC25GQHR05346936. html。

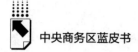

当前已有 82%的跨国企业将混合办公纳入长期发展战略,[①] 导致 CBD 传统的地理集聚优势不断弱化。

上述特征与数据事实表明，传统 CBD 面临深刻的转型危机与压力，亟须通过功能重构与范式革新重构其竞争优势。

2. 新质生产力重塑城市产业链区位布局

在新质生产力的驱动下，城市产业链的区位布局正经历深刻变革，其核心逻辑从传统的资源禀赋导向转向以数据主权、算法资源分布和绿色技术壁垒为核心的新型空间竞争模式。其中，数据主权引领要素流动方向，算法资源分布决定产业链主导权，绿色技术壁垒设定市场准入门槛。这种重构不仅重塑了全球产业链的地理分布，更赋予城市 CBD 作为战略节点的全新功能。

首先，数据主权博弈是提升区域竞争力的关键领域。新加坡于 2012 年率先通过《个人数据保护法》，以此为基础构建严格的数据跨境规则，强化其亚太地区数据流动的重要枢纽地位，并与多国积极协商签署《数字经济伙伴关系协定》（DEPA），致力于提升数字贸易规模与质量。[②] 这种区位锁定效应使得新加坡成为跨国企业数据中枢的首选地，形成“数据引力场”，吸引全球金融、物流等产业链高附加值环节集聚。

其次，算法资源的空间分布正在重构产业链主导权。亚马逊云（AWS）在新加坡、东京等亚太节点部署区域中心，不仅服务于本地算力需求，将人工智能产业链的算法设计、模型训练等高阶环节锁定在本地，更通过“全球骨干网”（AWS Global Backbone）形成算法调度网络，稳固其对数据服务产业链的主导地位，这种“地理锚点”效应使得部署算法资源的载体从物理空间升级为算法资源池。[③]

---

① 《麦肯锡发布最新报告：混合工作制成为常态，为改造城市核心区创造了机遇》，中国经济网，2023 年 9 月 6 日，http：//www. ce. cn/xwzx/gnsz/gdxw/202309/06/t20230906_38704251. shtml。

② 《新加坡加快提升数字贸易竞争力》，商务部网站，2024 年 11 月 1 日，http：//xkzj. mofcom. gov. cn/myszhszmy/jqrd/art/2024/art_d753a5f12d9f4017b6a1694f98a60a65. html。

③ 《亚马逊云科技为何在基础大模型领域加速布局?》，搜狐网，2024 年 12 月 18 日，https：//www. sohu. com/a/838990421_121924584。

最后，绿色技术壁垒重构产业区位选择。绿色技术创新正重塑全球产业链地理分布，其核心在于碳足迹认证体系的规则制定权与实施能力形成技术性贸易壁垒，驱动企业和产业向具备绿色认证资质的城市和地区迁移。德国法兰克福地区集聚全球23%的碳认证机构，其颁发的碳标签被46个国家采信，采用其认证服务的企业能够提升欧盟市场准入效率、降低认证成本，形成显著的“认证红利”。[①] 中国上海临港新片区通过建立与国际互认的碳计量中心，成功吸引特斯拉储能超级工厂等绿色产业链项目落地，验证了碳认证服务的空间垄断特征。

3. CBD 作为产业链“智能中枢”的战略地位

基于全球产业链重构与新质生产力加速形成的时代背景，CBD 逐渐成为城市产业链的“智能中枢”，通过信息整合与决策支持、技术创新与扩散推动、资源配置与协同优化以及产业融合与生态构建引领等多方面功能重塑，深度嵌入城市产业链分工体系，成为优化城市产业链分工格局的关键力量和重要引擎。

CBD 具有信息整合与决策支持功能。CBD 是大量跨国公司总部、金融机构、高端服务业机构等的集聚地，掌握海量的市场信息、技术信息、政策信息等。通过高效的通信网络、商务交流活动以及专业的信息服务企业，CBD 能够快速收集、整理、分析来自全球各地和城市各个产业环节的数据信息，为产业链上下游企业提供精准的决策支持。如金融中介机构可以根据 CBD 收集的市场动态和行业趋势，为制造业企业提供投资建议，帮助其确定研发方向、拓展市场渠道，从而优化产业链分工格局，使资源向更具潜力和效率的环节流动。

CBD 完善技术创新与扩散推动功能。大量科研机构、高等院校、科技企业等创新主体在 CBD 空间集中，通过合作研发、技术转让、人才流动等加速了新技术的产生和扩散。一方面，CBD 内的创新成果可以直接应用于

① 《全球视野下的碳足迹政策：比较与启示》，“中和碳研究院”百家号，2024 年 12 月 27 日，https：//baijiahao. baidu. com/s? id = 1819586905544601873&wfr = spider&for = pc。

产业链高端环节，如智能制造、金融科技等，提升产业的智能化水平和生产效率；另一方面，新技术通过示范效应和溢出效应，逐渐向产业链的中低端环节渗透，带动整个产业链的技术升级和结构优化。

CBD 优化资源配置与协同优化功能。全球范围内人才、资本、技术、数据等新质生产要素在 CBD 实现高效集聚和优化组合，通过产业链的传导机制，向城市其他区域和产业环节进行扩散和配置。如 CBD 风险投资机构为初创型高科技企业提供资金支持，帮助其进行技术研发和产品创新，这些高科技企业的发展又带动了周边配套企业的成长，形成了产业集群效应，进一步优化了城市产业链的空间布局和分工协作关系。同时，依托大数据、云计算、物联网等数字技术，CBD 能够对城市产业链各环节的资源配置情况进行实时监测和分析，及时发现资源错配，并通过政策引导、市场调节等手段进行优化，提升产业链整体的资源利用效率。

CBD 拓展产业融合与生态构建功能。凭借多元化的产业业态和高端服务功能，CBD 推动不同产业领域企业的交流合作，加速实现新质生产要素的流动和共享，催生了众多跨产业创新应用和商业模式。如文化创意产业与科技产业在 CBD 融合，产生了数字文化产业、创意设计软件等新兴业态；金融产业与物流产业融合，推动了供应链金融的发展。产业融合不仅拓宽了产业链的边界、丰富了产业链的内涵，还通过构建多元有机的产业生态系统，增强城市产业链的整体稳定性和竞争力，推动城市产业链分工格局优化发展。

（二）CBD 承载新质生产力的独特优势

1. 高端服务功能的区位黏性

CBD 凭借其高度集中的金融、法律、会计、咨询等高端服务业资源，对承载和发展新质生产力具有较高的区位黏性，主要体现在以下三个方面。

一是金融服务的集聚效应。CBD 汇聚了众多银行、证券、保险等金融机构，形成了完整的金融服务产业链。如北京 CBD 是国际金融机构落户北京的首选地，外资持牌金融机构 300 余家，约占朝阳区总量的 82%，约占全市总量的 39%。[①] 这些金融机构为新质生产力企业提供了多元融资渠道和专业金融服务，降低了企业融资成本和风险，提高了资金配置效率。

二是专业服务的协同优势。法律、会计、咨询等专业服务机构在 CBD 高度集聚，形成了良好的协同效应。企业可以在这里便捷地获取全方位的专业服务支持，提高了运营效率和决策科学性。上海陆家嘴 CBD 集中了四大国际会计师事务所、众多知名律所和咨询公司，这些专业服务机构不仅为企业提供标准化服务，还能根据企业特定需求，定制个性化解决方案，助力新质生产力企业在复杂市场环境中精准定位和发展。

三是人才资源的汇聚与培养。高端服务业的发展吸引了大量高素质、国际化的人才汇聚于 CBD。这些人才具备丰富的专业知识、创新思维和国际视野，为新质生产力企业提供了充足的人力资源保障。同时，CBD 内的企业与高校、科研机构紧密合作，开展实习项目、联合研究等，培养符合新质生产力发展需求的复合型人才。如深圳福田 CBD 通过与周边高校合作设立金融科技实习基地，为行业发展输送专业人才。

2. 新质生产要素的即时交互性

新质生产力的发展依赖数据、技术、知识等新质生产要素的快速流动和交互，CBD 紧凑、独特的空间环境为实现即时交互提供了平台条件。

CBD 促进数据要素的高效流通。企业依托 CBD 高速网络基础设施和先进信息技术应用，实现数据的实时采集、传输和分析。杭州钱江新城 CBD 云集众多互联网企业和科技公司，利用大数据、云计算技术对海量市场数据进行挖掘和处理，为企业的研发、生产、营销等环节提供精准决策依据。同时，CBD 数据交易平台和数据中心建设，促进了数据要素的市场化配置，提高了数据的利用效率和价值创造能力。

CBD 助力技术创新的快速扩散。作为创新高地，CBD 集中了大量科研机构与科技企业孵化器等创新主体，推动形成紧密的创新合作网络，加速新

① 《全力打造国际金融聚集区 北京 CBD 成国际金融机构落户北京首选地》，北京市朝阳区人民政府网站，2024 年 3 月 13 日，http：//www. bjchy. gov. cn/dynamic/zwhd/4028805a8e172e75018e35d815811130. html。

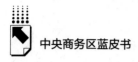

技术的研发和应用推广。广州天河 CBD 的科技园区集聚多家人工智能、生物医药等领域的科研机构和创新企业，通过联合研发项目、技术交流活动等方式，实现技术成果的快速转化和扩散，推动新质生产力在相关产业的应用和发展。

CBD 加速知识共享与创意激发。城市 CBD 往往是学术资源、行业研讨会和商务交流活动的举办地，企业高管、专家学者、创业者等在这里频繁互动，分享前沿知识和创新理念。这种跨领域的交流碰撞，激发了新的创意和商业机会，促进了新质生产要素的融合与创新。如成都高新区 CBD 定期举办各类创新创业大赛、科技论坛等活动，吸引了众多创新人才和项目汇聚。

3. “面对面”交流的创新溢出性

“面对面”交流在互联网通信技术飞速发展的当今时代仍然具有不可替代的作用。CBD 凭借其集中办公、商务与社交的强大优势，进一步提升“面对面”交流的创新溢出性。

“面对面”信任建立与深度沟通加速新质生产力发展。高科技研发、文化创意等领域合作往往涉及复杂的技术细节、知识产权和商业机密，“面对面”交流有助于建立合作双方的信任关系，进行深度沟通和协商，确保合作的顺利进行。苏州工业园区 CBD 定期举办跨国公司与本地科研机构的“面对面”会议，共同推进联合研发项目，大幅提升市场交易成功率与合作效率。

“面对面”非正式交流与灵感激发加速新质生产力发展。CBD 内的商务社交活动、行业聚会等非正式场合，为企业家、投资人、创新者等提供了交流互动的机会。在这些轻松的氛围中，人们更容易放松思维，分享奇思妙想，激发创新灵感。许多创新项目的萌芽和发展，往往源于这些非正式交流中的偶然碰撞。如深圳南山 CBD 的咖啡馆、创业街区等场所，经常成为创新创意交流的热点区域。

“面对面”示范效应与行业引领加速新质生产力发展。CBD 作为城市产业发展的标杆区域，吸引了众多成功企业和创新案例。这些企业在 CBD

内的运营和发展，对周边企业和行业产生了强烈的示范效应。其他企业通过观察学习、人才流动等方式，吸收成功经验，推动自身创新发展。例如，北京中关村领军科技企业的发展模式和技术创新成果，对周边科技创业公司产生了显著的引领作用，促进了整个区域新质生产力发展水平的提升。

二　CBD 新质生产力优化城市产业链分工格局的理论框架

（一）产业链分工格局优化的理论逻辑

1. 传统产业链分工的“价值锁定”与突破

在全球产业链重构与城市经济转型升级的背景下，传统产业链分工格局陷入“价值锁定”困境。这种困境源于企业与地区在传统产业分工模式下的路径依赖和资源刚性使其困于产业链、价值链特定环节，难以向高附加值领域拓展。发展中国家多集中在劳动密集型、资源密集型产业环节，创造价值有限，而发达国家凭借技术、品牌、标准等优势，掌控高附加值环节，获取大部分利润。如全球服装产业链中亚洲发展中国家承担加工制造，仅获取微薄利润，而欧美发达国家掌控设计、品牌营销，获取高额利润，凸显传统产业链分工的“价值锁定”困境。

想要突破“价值锁定”，关键在于技术创新与升级。以技术创新为依托，加速提升要素流动性和灵活性，并通过优化制度环境加速本地产业转型升级。因此，企业需加大创新技术的研发投入，努力突破技术瓶颈，向产业链高端环节靠拢，特别是借助数字技术等新质生产力要素，打破信息壁垒，促进资源高效流动与重组，为突破传统分工限制创造条件。同时，政府应完善产业政策、知识产权保护等制度，营造公平竞争、鼓励创新的市场环境，助力企业突破“价值锁定”，推动产业链分工格局优化。

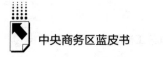

2. 新质生产力的“技术—经济”范式变革

新质生产力引发先进技术引领下的社会经济发展范式变革，推动产业链分工格局重塑。一方面，大数据、人工智能、物联网等数字技术广泛应用，彻底改变产业组织和分工协作方式。制造业借助大数据精准把握市场需求，实现定制化生产，提升效率和竞争力；服务业通过互联网平台打破地域限制，扩大市场范围，催生新的服务模式和业态。另一方面，绿色技术兴起，推动产业向低碳、环保方向转型。新能源技术降低生产成本和碳排放，使相关产业在新分工格局中更具优势，促使产业链各环节重新布局。

新质生产力变革产业链价值分配，促使分工格局空间调整。掌握数字技术、绿色技术等新质生产力要素的企业和区域，在产业链中占据更有利位置，获取更多价值分配份额。这种价值分配变化推动产业链各主体重新定位与协作，加速产业链分工格局优化。例如，新能源汽车产业中，电池技术领先企业因新质生产力优势，在产业链中的主导权迅速攀升，促使传统汽车零部件企业转型，引发整体产业链分工格局演变。

（二）新质生产力赋能产业链分工重构的基本思路

1. 数字技术引领

数字技术的发展使数据成为关键生产要素，其具有可复制性、非消耗性和无限边际效益等。在产业链分工中，数据要素的引入能够进一步提升分工精细化水平，使企业更精准地定位自身优势环节。例如，制造业企业通过大数据分析，可精准把握市场需求，将研发、生产、销售等环节数据化、信息化，依据数据反馈优化各环节资源配置，提升产业链整体效率。同时，数据要素打破传统产业链分工边界，促使各环节紧密协作，形成更灵活、高效的分工模式，推动产业链朝智能化、精细化方向发展。

数字技术的应用显著提升了产业链各环节协同效率。通过物联网技术，产业链上下游企业实时共享生产数据、物流信息等，实现精准对接和协同运作。在汽车制造产业链中，供应商、制造商和经销商通过物联网平台实时共享库存和生产进度信息，减少了库存积压和生产延误，提高了整个产业链的协同效率和竞争力。此外，区块链技术为产业链协作提供了可信的交易环境，降低了交易成本和风险，进一步优化了产业链分工格局。

数字平台的兴起为产业链分工重构提供了全新载体。互联网平台企业通过整合供需双方资源，打破了传统产业链的地域限制和信息壁垒，创造了新的分工协作模式。电商平台的广泛应用推动中小企业走向全球市场、拓宽销售渠道，同时促进了物流、支付、营销等配套服务的专业化分工。这些数字平台不仅促进了产业链内各环节的高效匹配，还催生了众包、众筹等新型生产组织形式，进一步丰富了产业链分工的内涵和形式。

2. 绿色技术约束

在全球日益重视环境保护和可持续发展背景下，绿色技术成为产业链分工重构的重要约束条件。一方面，绿色技术推动产业链各环节向低碳、环保方向转型。如新能源技术的发展促使能源产业从传统化石能源向可再生能源转变，降低了产业链上游的碳排放。另一方面，绿色技术标准和认证体系促使企业提升环保水平，以满足市场准入门槛。

绿色技术的应用不仅有助于企业满足环保要求，还能提升其市场竞争力。企业通过采用绿色技术，降低生产过程中的能源消耗和污染物排放，从而降低运营成本、提高生产效率。采用节能设备和技术的企业能够在能源成本上获得优势，开发和应用绿色材料的企业则能在产品差异化竞争中脱颖而出。此外，绿色技术还能给企业带来品牌价值的提升，增强消费者对产品的信任和认可，进一步巩固企业在产业链中的地位。

绿色技术约束促使产业链上下游企业加强协同创新。为实现整体绿色转型，企业需要在技术研发、生产工艺改进、供应链管理等方面进行合作。汽车制造商与零部件供应商共同研发轻量化材料和节能技术，以提高整车的能效水平。同时，绿色技术的推广也带动了相关产业的发展，如环保设备制造、绿色金融服务等，形成了新的产业链协同创新生态，推动了整个产业链朝绿色、可持续方向发展。

3. 创新技术裂变

创新技术裂变是指创新技术在产业链中快速扩散与融合，从而重塑分工格局。一方面，创新技术扩散使各环节企业接触新技术，提升创新能力，推动产业链技术升级。如人工智能技术从科技巨头扩散至中小企业，助力其实现生产智能化。另一方面，创新技术融合打破产业界限，催生新产业和业态，促使产业链分工向多元化、融合化演进。如生物技术与信息技术融合，形成生物信息技术产业，其与传统产业链融合共同推动分工格局优化。

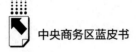

创新技术的不断裂变和演进催生全新的产业链分工形态。随着新技术的出现，一些传统的产业链环节可能被取代或重组，同时新的环节和领域将不断涌现。例如，新能源技术的发展不仅改变了传统能源产业链的分工格局，还催生了储能产业、智能电网等相关产业链的兴起。这些新产业链分工形态具有更高的技术含量和附加值，为经济高质量发展提供了新的动力和机遇。

创新技术裂变往往依赖完善的创新生态系统。创新生态系统由企业、高校、科研机构、政府等各方共同参与，形成一个相互促进、协同发展的网络化体系。其中，高校和科研机构提供前沿的技术研究成果，企业作为创新主体将技术转化为实际产品和服务，政府通过政策支持和资金投入营造良好的创新环境。例如，上海张江 CBD 通过构建完善的创新生态系统，吸引了大量高科技企业集聚，加速了创新技术在产业链中的应用和推广，推动了产业链分工的持续优化。

（三）CBD 新质生产力驱动城市产业链分工优化的内在机理

1. 功能跃升：垂直式分工与平台式分工联动

CBD 布局新质生产力的核心在于重构产业链分工的底层逻辑，推动垂直分工体系向“垂直专业化+平台集成化”的复合模式转型。传统垂直分工以线性价值链为基础，各环节相对独立，这种模式虽然在一定程度上有利于企业专注于自身核心业务，提高专业化程度，但各环节之间缺乏有效的信息沟通和协同运作，存在信息孤岛、协同效率低等问题。平台式分工通过数字技术整合碎片化资源，形成动态匹配的网状结构，通过信息共享机制打破了传统垂直分工体系中的信息孤岛，使各环节企业能够及时了解市场需求和上下游企业的生产状况，从而快速调整自身的生产计划和资源配置。

作为城市产业链的核心节点，CBD 集聚了大量金融机构、高端服务业企业以及创新资源，具备强大的资源整合和协同能力。通过功能跃升，CBD 能够实现垂直式分工与平台式分工的联动，进一步推动产业链分工优化。一方面，CBD 内的企业通过垂直专业化提升自身在特定领域的核心竞争力，如专注于某一类金融产品创新或某一特定领域的法律服务。另一方面，CBD 通过构建平台式分工体系，促进不同领域企业之间的协同合作和资源共享。CBD 内的金融机构可以与科技企业合作，共同开发金融科技产品，实现金融服务与科技手段的深度融合。法律服务机构则可以与跨国公司合作，为其提供跨境并购、知识产权保护等全方位的法律支持，推动产业链分工朝更高端、更复杂的方向发展。

2. 空间重组：虚拟集聚与地理集聚互动融合

CBD 通过空间重组实现了虚拟集聚与地理集聚的互动融合，为产业链分工优化提供了空间支撑。虚拟集聚是指各类经济活动在原有地理集聚的基础上，依靠网络信息技术实现虚拟空间的密切互动关系，从而形成线上、线下相融合的空间集聚新形态。虚拟集聚依托先进的数字技术，构建跨越地理边界的产业活动空间。企业凭借互联网平台、云计算、大数据等新兴技术，与全球合作伙伴实时互动、共享信息、协同工作，从而在虚拟时空中实现资源高效配置与市场拓展。同时，地理集聚在 CBD 持续发挥不可替代的作用。高端服务业、金融机构等在地理位置上的集中形成了独特的产业生态环境，不仅带来了显著的规模经济与范围经济效应，而且促进了知识溢出与创新扩散。企业间的近距离接触，便于开展“面对面”交流、深度合作研发等活动，加速了新技术、新理念的传播与应用。这种产业生态环境使企业能够迅速获取外部知识，激发内部创新，推动产品升级与业务拓展，进而优化产业链分工格局。

虚拟集聚与地理集聚的融合是 CBD 空间重组的核心特征，也是产业链分工优化的关键路径。在这一融合模式下，企业既能享受地理集聚带来的规模经济优势，又能借助虚拟集聚突破地理时空壁垒。地理集聚为企业间的信任建立、长期合作提供了基础，虚拟集聚则进一步拓展了企业获取资源、对接市场的渠道，两者相互促进、相得益彰，使 CBD 成为产业链分工格局优化的空间枢纽。企业在此能够实现空间资源的最优配置以及生产效率的最大化，从而推动整个城市产业链朝高效、协同的方向发展，进而提升城市产业链的整体竞争力。

3. 制度赋能：跨越行政边界的政策设计协同

在优化城市产业链分工的过程中，不同行政区域的政策差异和壁垒往往限制了产业链的畅通互联和资源的高效配置。CBD 在这一过程中扮演着突破阻滞的重要角色。作为城市的核心商务区，CBD 往往是政策创新和实验的前沿阵地，其独特的地位和功能使其成为跨区域政策协同的协调中心和示范窗口。

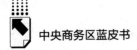

第一，CBD 通过制定和实施具有前瞻性和引领性的产业政策，引导产业链上下游企业在不同行政区域的合理布局。上海陆家嘴 CBD 通过出台针对性的政策，吸引了众多国内外金融机构总部集聚，同时通过与周边区域的政策协同，引导金融后台服务、金融科技等关联产业在周边城市布局，这种政策引导不仅优化了区域内的产业布局，还通过金融资源的集聚和扩散效应，带动了整个长三角地区乃至全国金融产业的协同发展。第二，CBD 在税收政策协调方面发挥着关键作用，通过与其他区域的政策协商和利益平衡，推动税收政策的一体化设计。在粤港澳大湾区建设中，深圳福田 CBD 与香港、广州等地的 CBD 共同制定税收政策协调机制，通过统一税收优惠标准、简化税收征管流程等措施，降低了粤港澳大湾区内企业跨区域运营的税收成本，促进了生产要素的自由流动和产业链的优化布局。第三，CBD 在人才流动政策协同方面具有独特优势，通过与周边区域建立人才合作机制，推动人才政策的协同创新。例如，北京 CBD 与天津、河北等地的 CBD 合作，共同制定人才引进、培养和激励政策，通过互认职业资格、共享人才服务资源等方式，打破了人才流动的行政壁垒，形成了区域内人才自由流动格局。因此，CBD 作为城市产业链的核心节点和政策创新的高地，在跨越行政边界的政策设计协同中具有不可替代的作用。

4. 生态构建：政产学研共同构建创新生态体

政产学研紧密合作是构建创新生态体的重要基础。政府通过制定产业政策、提供资金支持等方式，引导企业、高校和科研机构参与创新活动。如上海张江 CBD、广州天河 CBD 等地依托企业创新主体，将市场需求与技术创新相结合，高校和科研机构则提供前沿的科研成果和人才支持。这种合作模式加速了科技成果转化和应用，推动了产业链分工的优化升级，形成自我循环和持续发展的创新生态系统，为城市产业链的长期竞争力提供了坚实保障。

CBD 内的企业不仅是创新主体，也是产业链分工优化的关键推动者。通过与高校和科研机构合作，企业能够获取前沿技术成果和人才支持，提升自身创新能力。同时，企业及时将市场需求反馈给高校和科研机构，引导其科研方向与市场需求相结合。高校和科研机构在 CBD 创新生态系统中发挥着重要的知识溢出和技术支撑作用，通过在 CBD 设立技术转移中心、科研成果转化基地等机构，加速科技成果向现实生产力转化。因此，作为政产学研合作的核心平台，CBD 通过整合各方资源、促进协同创新，构建了一个完整的创新生态系统，政府、企业、高校和科研机构各司其职又相互协作，共同推动了产业链分工的优化升级和城市竞争力的提升。

三　CBD 优先布局新质生产力的推进路径

（一）战略聚焦：打造三个高地

1. 产业链智能治理高地

CBD 作为城市产业链的核心节点，汇聚了海量的产业数据和丰富的人才资源，具备打造产业链智能治理高地的基础条件。通过建设产业决策脑库，整合产业链上下游的数据资源、市场信息和专业知识，构建全面、实时、精准的产业数据中枢平台，利用大数据技术收集和分析产业链各环节的生产数据、市场需求数据、价格波动数据等，为产业链治理提供数据支持。同时，仿照“城市大脑”智慧治理模式，在CBD部署“产业大脑”，运用人工智能、机器学习等先进技术对产业数据进行深度挖掘和分析，优化产业链分工决策。“产业大脑”可以模拟不同分工方案下的产业链运行效果，预测市场变化对产业链的影响，从而为决策者提供科学、合理的分工决策建议。

2. 全球要素配置高地

在全球化数字经济时代，CBD应积极构建数字离岸枢纽，提升全球要素配置能力。通过建设先进的数字基础设施，如高速互联网、云计算中心、大数据平台等，吸引全球范围内的数据流、资金流、人才流汇聚于CBD。通过设立离岸数据中心，为跨国企业提供数据存储、处理和分析服务，满足其全球业务运营的需求。同时，通过税收优惠、资金扶持、人才引进等政策，大力吸引国际知名的数字服务企业、金融机构和专业服务机构在CBD设立总部或分支机构，鼓励跨国公司开展离岸业务，促进全球资源与本地产业链的深度融合，形成全球要素配置的服务网络，推动城市产业链向全球价值链高端环节攀升。

3. 制度创新策源高地

作为制度创新的前沿阵地，CBD应积极开展政策制度试点监管工作，为产业链分工优化和新质生产力发展提供制度保障。针对新质生产力领域的新兴业态和创新模式，如数字经济、绿色经济、共享经济等，制定灵活、包容的监管政策，鼓励企业进行创新尝试。在金融科技领域，设立创新监管沙盒，允许企业在一定范围内进行新产品、新服务的测试和验证，降低创新风险，加速创新成果的推广应用。同时，加强政府与企业、高校、科研机构的合作，建立多方参与的监管政策制定机制。定期举办政策研讨会、专家咨询会等，广泛听取各方意见，确保监管政策既能满足市场创新需求，又能有效防范风险，为产业链分工优化创造良好的制度环境。

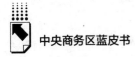

（二）空间再造：实施三化改造

1. 楼宇智慧化

楼宇是企业集聚的主要空间载体，通过楼宇智慧化改造，植入工业互联网平台智能管理系统，提升楼宇的智能化水平和产业服务能力。工业互联网平台可以实现楼宇内设备的互联互通、数据的实时采集和分析，为企业提供智能化的生产运营环境。在楼宇内安装智能传感器，实时监测设备运行状态、能源消耗等数据，通过智能管理系统进行分析和优化，降低企业运营成本，提高生产效率。同时，工业互联网平台智能管理系统还可以连接楼宇内的企业，形成产业互联网生态圈，企业之间可以通过生态圈进行资源共享、协同创新，打破楼宇内企业之间的信息孤岛，促进产业链上下游企业的紧密合作。如设计企业与制造企业可以通过工业互联网操作系统实现设计与生产的无缝对接，提高产品开发和生产效率，优化产业链分工。

2. 用地混合化

为满足新质生产力发展对空间灵活多变的需求，CBD 应实施用地混合化改造。首先，划定动态弹性分工功能区，根据不同产业的发展趋势和需求灵活调整功能区的用途和布局。设立科技创新区、金融服务区、文化创意区等，各功能区之间既相对独立又相互关联，促进产业间的协同创新。其次，设计混合用地支持链式创新。在 CBD 内规划一定比例的混合用地，允许不同产业在同一地块上互动融合。如将科研用地与商业用地、办公用地与生产用地等进行混合设置，为产业链上下游企业的集聚和协同发展提供空间支持。这种混合用地模式有利于促进知识溢出、技术交流和产业融合，推动链式创新的发展。最后，开展新型工业用地（M0）政策创新实践。M0 用地是指融合研发、创意、设计、中试、无污染生产等创新型产业功能以及相关生产性服务功能的用地。CBD 可以通过制定 M0 用地政策，鼓励企业基于 M0 用地进行创新活动，给予 M0 用地企业在土地使用、税收优惠、项目申报等方面的支持，降低企业创新成本，激发企业创新活力，为新质生产力的发展提供政策保障。

3. 链接全球化

为提升 CBD 在全球产业链中的地位和影响力，需要加强其与全球其他地区的链接。建设跨境数据专用通道是实现这一目标的重要举措。通过铺设高速、稳定的跨境数据通信线路，保障 CBD 内企业与全球合作伙伴之间的数据传输安全、快速、可靠。如金融企业可以通过跨境数据专用通道进行实时跨境交易结算、风险监控等活动，提高金融服务的全球化水平。此外，建设跨境数据试验走廊也是推动 CBD 链接全球化的重要途径。通过与国际知名的 CBD 或科技园区共建跨境数据试验走廊并开展数据跨境流动的试点工作，探索建立数据跨境流动的规则和标准，从而提升 CBD 在全球产业链分工中的参与度。

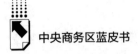

（三）生态培育：构建三类平台

1. 技术创新平台

通过构建 CBD 技术创新平台，促进科技成果从实验室向生产线的快速转化。一方面，加强与高校、科研机构的合作，建立联合实验室、技术研发中心等创新载体，将前沿科研成果引入 CBD。另一方面，搭建中试基地、众创空间等产业化服务平台，为创新企业提供从技术原型到产品量产的全流程服务。如设立智能制造中试基地，为科技型中小企业提供设备共享、技术咨询、生产指导等服务，降低企业的创新成本和风险，加速科技成果的产业化进程，推动产业链分工的优化升级。

2. 场景模拟平台

为促进新质生产力的发展和应用，CBD 应构建场景模拟平台，通过模拟真实的城市环境和应用场景，为新技术、新产品、新模式提供测试和验证的机会。例如，在智能交通领域，开放 CBD 区域的道路交通场景，搭建智能交通测试平台，允许自动驾驶企业进行车辆测试和数据采集，加速自动驾驶技术的发展成熟和推广应用。同时，场景模拟平台还可以吸引相关产业链的企业集聚，形成规模经济效应。例如，围绕智能交通测试平台，吸引汽车制造商、零部件供应商、通信企业、软件开发商等上下游企业入驻 CBD，促进产业链上下游企业的协同创新和共同发展，优化产业链分工格局。

3. 风险共治平台

为保障产业链的安全稳定运行，CBD 应构建风险共治平台，由政府、企业、金融机构等多方共同出资，设立产业链安全保险基金。当产业链中的某一环节或企业遭受重大风险损失时，保险基金可以及时提供资金支持，帮助企业渡过难关，增强产业链韧性，维护产业链的整体稳定。同时，风险共治平台还可以通过大数据分析、风险评估等手段，对产业链的风险进行实时监测和预警，为企业和政府提供决策依据。具体而言，利用大数据技术收集产业链各环节的风险数据，建立风险评估模型，预测潜在的风险事件，并制定相应的应对措施，降低风险发生的概率和影响程度，保障产业链精细化分工的顺利推进。

四 结论与政策启示

本报告深入探讨了 CBD 新质生产力优化城市产业链分工格局的机理与推进路径。全球产业链重构背景下，传统 CBD 面临“去中心化”危机，而新质生产力的发展为 CBD 重塑竞争优势提供了契机。CBD 作为产业链“智能中枢”，通过信息整合、技术创新、资源配置与产业融合等功能重塑，成为优化城市产业链分工格局的关键力量。传统产业链分工存在“价值锁定”困境，而新质生产力引发的“技术—经济”范式变革，为突破这一困境提供了动力和路径，数字技术引领、绿色技术约束与创新技术裂变共同构成了新质生产力赋能产业链分工重构的基本思路。在此过程中，城市 CBD 功能跃升实现垂直式分工与平台式分工联动，空间重组促进虚拟集聚与地理集聚融合，制度赋能突破行政边界限制，生态构建推动政产学研协同创新，共同促进城市产业链分工格局优化。通过打造产业链智能治理、全球要素配置和制度创新策源三个高地，实施楼宇智慧化、用地混合化和链接全球化三化改造，构建技术创新、场景模拟和风险共治三类平台，有效推动 CBD 新质生产力发展，优化城市产业链分工格局。

研究对 CBD 优先布局新质生产力具有一定的政策启示。第一，强化 CBD 新质生产力布局，通过制定 CBD 新质生产力发展战略转向规划，明确发展重点和方向，加强 CBD 数字基础设施建设，提升数据传输、存储和处理能力，为新质生产力发展提供硬件支撑，引导资源合理配置。第二，推动

CBD 垂直化与平台化产业分工融合发展，通过政策引导，鼓励 CBD 企业持续深化专业分工，凭借数字平台实现资源整合，提升产业链协同效率，促进 CBD 内产业链上下游企业紧密合作，实现信息共享、技术共研、市场共创。第三，培育 CBD 新兴产业集群，支持 CBD 基于新质生产力的新兴产业发展，打造具有国际竞争力的产业集群，引领城市产业链、价值链向全球高端环节靠拢。第四，提升 CBD 辐射带动能力，鼓励 CBD 与周边区域在技术研发、成果转化等方面合作，共建创新生态系统，推动跨区域政策协同，消除要素流动障碍，实现跨区域产业链分工优化。第五，增强 CBD 产业链安全韧性，利用大数据等技术对城市产业链关键环节进行实时监测，及时预警潜在风险，支持关键产业备份，降低外部冲击对产业链的影响，制定产业链安全应急预案，确保在突发事件下城市产业链的稳定运行。

综上，CBD 布局新质生产力对于优化城市产业链分工格局、提升城市竞争力具有重要意义。地方政府应高度重视，采取切实有效的政策措施，推动 CBD 优先布局新质生产力，促进城市经济高质量发展。

参考文献

郭晗、侯雪花：《新质生产力推动现代化产业体系构建的理论逻辑与路径选择》，《西安财经大学学报》2024 年第 1 期。

洪银兴：《新质生产力及其培育和发展》，《经济学动态》2024 年第 1 期。

黄群慧、盛方富：《新质生产力系统：要素特质、结构承载与功能取向》，《改革》2024 年第 2 期。

黄先海、高亚兴：《数实融合加速新质生产力形成的内在逻辑与实践路径》，《经济纵横》2024 年第 10 期。

刘伟：《科学认识与切实发展新质生产力》，《经济研究》2024 年第 3 期。

罗爽、肖韵：《数字经济核心产业集聚赋能新质生产力发展：理论机制与实证检验》，《新疆社会科学》2024 年第 2 期。

任保平、王子月：《数字新质生产力推动经济高质量发展的逻辑与路径》，《湘潭大学学报》（哲学社会科学版）2023 年第 6 期。

谭志雄等：《新质生产力推动全球价值链攀升：理论逻辑与现实路径》，《重庆大学学报》(社会科学版)2024 年第 4 期。

习近平经济思想研究中心:《新质生产力的内涵特征和发展重点》,《人民日报》2024 年 3 月 1 日。

杨开忠:《以优化新质生产力布局为中心推动新区域协调发展——新发展阶段和十五五时期区域协调发展战略思路》,《区域经济评论》2024 年第 3 期。

湛泳、李胜楠:《新质生产力推进产业链现代化:逻辑、机制与路径》,《改革》2024 年第 5 期。

理查德·罗伯茨:《伦敦金融城:伦敦全球金融中心指南》,钱泳译,东北财经大学出版社,2010。

区域实践篇

B.9
重庆江北嘴 CBD：打造西部金融核心城，塑造新质生产力发展新动能

贺　秋*

摘　要：　江北嘴 CBD 打造西部金融核心城，不仅是重庆建设西部金融中心赋予江北区新的历史使命，还为区域新质生产力发展注入了强大动力，更成为重庆、成渝地区乃至西部经济高质量发展的重要引擎。本报告系统梳理了江北嘴 CBD 概况、金融业发展成效、打造西部金融核心城举措、面临的挑战，并对其发展方向和对策进行了深入探讨。研究发现，江北嘴 CBD 通过走好金融机构、金融功能、金融人才“三集聚”路子，在金融总部集聚、金融功能创新、金融人才会聚和营商环境优化等方面成效显著，但也面临区域竞争加剧、金融配置资源能力欠缺、金融生态环境亟待优化等挑战。未来，江北嘴 CBD 应瞄准西部金融核心城打造，建立具有竞争力和辐射力的金融机构组织体系、构建服务重大战略的特色金融体系、加快形成金融标志性成果、营造西部金融核心城优质环境，为西部金融中心建设提供有力支

* 贺秋，重庆市江北区金融服务中心副主任，主要研究方向为金融服务、产业经济。

撑，为新质生产力发展注入源源不断的“金融活水”。

关键词： 重庆江北嘴 CBD　西部金融核心城　新质生产力

金融是国民经济的血脉，发展新质生产力离不开全方位、全周期的金融服务。党的十八大以来，习近平总书记高度重视金融在经济发展和社会生活中的重要地位和作用，就金融改革、金融开放、金融发展、金融安全等发表过重要讲话，对做好金融工作做出一系列重要指示。《成渝地区双城经济圈建设规划纲要》提出将重庆打造成为西部金融中心。重庆江北嘴 CBD（以下简称“江北嘴 CBD”）作为重庆金融机构总部集聚度最高的区域，围绕全市“智融惠畅”工程，创新走出金融机构、金融功能、金融人才“三集聚”特色之路，为重庆建设西部金融中心提供了有力支撑，为成渝地区新质生产力发展和改革创新提供了坚实的产业支持。

一　江北嘴 CBD 概况

（一）基本情况

江北嘴 CBD 位于重庆市江北区，地处长江、嘉陵江两江交汇处，区域整体规划建筑面积约 2017 万平方米，是中新（重庆）战略性互联互通示范项目的重要承载地、重庆自贸区的重要组团、长嘉汇大景区的核心组成部分，正积极打造江北嘴西部金融核心城。2024 年，江北嘴 CBD 获国家级“2024 年最具消费活力商务区”称号。

（二）区域经济整体情况

江北嘴 CBD 已入驻办公企业 5000 余家，集聚区域以上金融机构总部 86 家，已建成商务楼宇 82 栋、年税收超亿元楼宇 32 栋。落户了中国银行、重庆农村商业银行、重庆银行、西南证券、安诚保险、长安汽车金融、小米消费金融等金融机构 320 余家；入驻了西部金融法律服务中心、重庆土地交易市场；集聚了毕马威咨询、第一太平戴维斯、大成律师事务所、北京盈科律师事务所等专业服务业企业 500 余家，投用或签约了尼依格罗、丽晶、瑰丽、万豪 W、丽思卡尔顿 5 家超五星级酒店。2024 年，江北嘴 CBD 实现金融业增加值 296.00 亿元，全区占比超 3/4；本外币存贷款余额 1.58 万亿元，全区占比 4/5；限上社会消费品零售总额 74.47 亿元，增速高于全区平均水平。① 金融业已成为引领区域经济发展的支柱产业。

二　江北嘴 CBD 金融业发展成效

（一）金融业发展能级显著提升

2024 年，江北嘴 CBD 金融业增加值实现 296.00 亿元，约是 2015 年的 4.3 倍，金融业增加值占 GDP 比重由 2015 年的 8.74%上升至 15.38%，占全市金融业增加值比重由 2015 年的 4.26%上升至 13.23%，本外币存贷款余额实现 1.58 万亿元，较 2015 年增长 8 倍有余，金融业发展能级较“十二五”末有显著提升（见表 1）。

表 1　江北嘴 CBD 2024 年核心金融指标与“十二五”末对比

序号	指标名称	单位	2015 年	2024 年
1	金融业增加值	亿元	68.69	296.00
2	金融业增加值占 GDP 比重	%	8.74	15.38
3	金融业增加值占全市金融业增加值比重	%	4.26	13.23
4	本外币存贷款余额	万亿元	0.17	1.58

资料来源：历年《重庆市江北区统计年鉴》《重庆统计年鉴》、重庆江北嘴中央商务区管委办。

① 本报告未标明来源数据主要来自《重庆市江北区建设西部金融中心核心承载区“十四五”规划（2021—2025 年）》、2022 年重庆市江北区重大决策咨询调研课题——“重庆江北嘴建成中国西部金融中心核心承载区研究”的成果，以及江北区和重庆江北嘴中央商务区管委办相关内部材料稿件、网络新闻等。

（二）金融机构组织体系竞争力持续增强

截至2024年，江北区全域已集聚各类金融机构500家，涵盖约20种门类，包括区域以上金融机构总部98家，其中江北嘴CBD达86家，全区超87%的金融机构总部在此汇聚（见表2）。拥有全市独有的证券法人机构、地方资产管理等金融牌照，引进了西部唯一的理财子公司渝农商理财、西部首家银行系金融科技公司重庆渝银金融科技，以及重庆国家金融科技认证中心、中保保险资产登记交易系统有限公司等重要金融基础设施平台，实现了外资机构、成渝金融机构、金融科技、金融基础设施等领域新突破。

表2　江北嘴CBD 2024年金融机构数量与“十二五”末对比

序号	指标名称	单位	2015年	2024年
1	入驻办公企业数量	家	500余	5000余
2	金融机构数量	家	133	320余
3	区域以上金融机构总部数量	家	35	86

资料来源：重庆江北嘴中央商务区管委办。

为促进金融机构健康发展，江北嘴CBD还积极引进了经济鉴证类、评估类、代理类、经纪类、咨询类等多种类型的金融服务中介，集聚了国内外众多知名的律师事务所、会计师事务所、咨询服务机构，基本形成以传统金融为主体、新型金融和高端中介服务互为支撑的现代金融发展体系。

（三）金融服务区域经济能力有效提升

江北区以江北嘴CBD为圆心，深入推进做好金融“五篇大文章”。率先实施“1+5+N民营小微企业和个体工商户金融服务港湾行动”，截至2024年底，共建成金融服务港湾45家，参与银行机构24家，港湾累计授信152亿元、为1.1万户市场主体放款超118亿元，普惠金融覆盖面持续拓展。建设绿色金融改革创新试验区核心区，累计发行企业绿色债券185

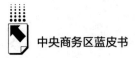

亿元，2024 年新发行绿色债券 50 亿元，江北嘴 CBD 内重点金融机构主承销重庆首笔熊猫绿色债券 5 亿元，推动全区绿色贷款余额超 1700 亿元，增速近 10%，余额增量占全市近 7%。大力支持江北嘴 CBD 多家重点银行机构设立科技特色支行或设立科技金融事业部，为科技企业提供“一站式”金融服务，如华夏银行重庆分行做强总行级专精特新普惠金融创新中心，创新落地全国首笔“科技积分专利价值双挂钩贷款”，精准解决科技企业融资痛点。联合两江新区、江北嘴投资集团等多方，以金融科技产业集聚、金融科技平台建设为切入点，推动区域数字金融发展，设立了江北嘴金融科技港、中新金融科技产业示范基地，引入了重庆国家金融科技认证中心、中再巨灾管理公司等，为重庆国家金融科技应用和金融标准化创新试点增添新助力。

（四）金融核心区磁吸力全面提升

江北嘴 CBD 通过党建引领、打造创新功能平台等方式全方面服务区域内金融机构，多维度扩大宣传效应和辐射力影响力。江北嘴 CBD 内创新建设的江北嘴金融党建先行区凝聚金融机构达 104 家，推动普惠金融嵌入 1359 个基层治理网格，基本建成“15 分钟金融服务圈”，“红金渝”入选首届全国机关党建优秀品牌。全国首创的西部金融法律服务中心立足防范化解金融风险、持续优化营商环境“两大功能”，以高水平法治支撑和服务西部金融中心建设，自成立以来办理各类金融案件 18 万余件，共计 228 亿元，2023 年成功入选“重庆市政法领域改革十大最佳实践案例”。联合区域内重点金融机构打造的江北区“金种子计划”，已成功举办 3 届，提供实习岗位百余个、累计吸引超万人关注，共选优招募清北、新加坡南洋理工实习生 116 名，现有 26 名成功入职重庆，其中 15 名入职江北。建成江北嘴博士后创新创业园、重庆金融人力资源服务产业园等人才服务平台，带动人才就业 12 万人次。每年一度的江北嘴新金融大会已举办 5 届，成为西部地区金融业交流合作的重要平台、重庆金融开放发展的重要名片之一。

三　江北嘴 CBD 打造西部金融核心城举措

重庆市江北区坚持从全局谋划一域、以一域服务全局，积极融入全市“智融惠畅”工程，提出“13457”总体发展思路，将“筑牢现代金融业”作为“四大支撑”之首，将“打造西部金融核心城”作为“七件大事”的头等大事，以“四抓四促”推动金融业发展集聚成势，加快实现金融机构、金融功能、金融人才“三集聚”。

（一）抓金融机构增量提质，促产业结构提档升级

一是丰富金融业态，招商促增量。聚焦金融服务现代化产业体系，江北嘴 CBD 持续引进境内外优质金融机构。近年来新引进南洋商业银行、国宝人寿、重庆渝银金融科技等众多优质金融项目，2024 年，中信银行互联网贷款运营中心、邮储银行财务共享中心和中信消费金融运营中心（重庆）3 家银行系功能性总部均落地江北嘴。二是优化服务保障，强商提质量。建立“百千万”联系服务市场主体全覆盖工作体系和“对口联系服务重点企业”走访机制，坚持主动服务、精准服务、靠前服务，助力金融机构做大做强。

（二）抓金融市场能级跃升，促实体经济活力迸发

一是深化融资对接，畅通互动循环。推动金融资源向小微企业集聚，携手中国人民银行重庆市分行推出全市首家民营小微企业首贷续贷中心，率先落地“1+5+N 民营小微企业和个体工商户金融服务港湾行动”试点，打通政府基层组织、银行基层网点和企业间信息传递、融资对接“微循环”。二是加大培育力度，助力企业上市。建立“行业主管服务+上市政务保障”机制，推动形成市场化、可持续、后劲足的拟上市资源梯队。三是支持私募基金，助推行业发展。大力推动优质私募股权基金及管理人落户，引导基金向智能制造、生物医药、生活服务等领域聚焦。

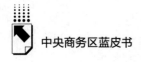

（三）抓金融改革集成创新，促增长动力加速转换

一是探索跨境试点，提高金融开放“含金量”。开展跨境投资管理业务试点，落地 QDLP 项目，提升跨境融资质效。二是加快绿色发展，突出绿色金融“含绿量”。建设绿色金融改革创新试验区核心区，出台实施方案，带动绿色低碳领域金融资源集聚。三是鼓励创新研发，增加科技金融“含金量”。举办中新金融峰会金融科技分论坛、陆海新通道金融科技专场赛，支持重庆国家金融科技认证中心建设国家重点实验室。

（四）抓金融服务多跨协同，促金融生态优化更新

一是聚焦招才引智，激发金融人才支撑力。出台“江北英才计划”、首创江北区“金种子计划”，开展基层政府与金融监管部门、金融机构干部互派交流，建设江北嘴博士后创新创业园、重庆金融人力资源服务产业园。二是打造特色载体，扩大金融品牌影响力。创设集公共法律服务、诉讼服务、检察服务、警务服务于一体的西部金融法律服务中心，打造西部金融培训中心，落地全国红色金融教育基地品牌，建设拥有西部金融中心数字化展厅、中新金融峰会永久会址、国家金融信息平台西部中心、西部金融超市四大功能的重庆金融会展中心，首创集央地协同共建、党建引领融资助企、金融党建“三网融合”、“红金渝”金融党建新名片于一体的江北嘴金融党建先行区。三是注重防范化解，增强金融风险管控力。构建金融领域“大监管”机制，提升金融风险治理效能，运用非法集资综合信息系统“监测板块”进行非法集资风险监测、预警提示，分类处置风险；推进积案化解，实行积案攻坚“6+N”会商处置机制，在全市率先设立金融法庭和金融检察部，设立金融“类案智能专审平台”，组建金融纠纷调解委员会，化解金融借贷矛盾。

四　江北嘴 CBD 面临的挑战

江北嘴 CBD 经过多年建设发展，虽已在主导产业发展方面形成了一定

的集聚效应，带动区域经济实现了初步蝶变，但较上海陆家嘴金融城、北京西城区金融街等国家级金融中心的金融核心区域仍有不小差距，尤其是在新形势下面临着诸多挑战。

（一）区域竞争加剧

随着成渝地区双城经济圈建设的加速推进，成都等周边城市也在大力发展金融产业，区域竞争加剧，造成了一定的资源分流。2024 年成都金融业增加值 1969.45 亿元，虽与重庆差距 260 多亿元，但其入驻成都高新区金融城的外资金融机构已超过百家，而江北嘴 CBD 外资金融机构不足 30 家。此外，在成渝共建西部金融中心大框架下，部分试点政策优先落地成都，造成江北嘴 CBD 可争取承接的事项减少、需加强与重庆各区的内部资源竞争。

（二）政策创新与制度开放度不足

从自贸区试点政策制度来看，上海自贸区拥有 FT 账户、跨境资金池等 50 余项金融创新政策，而重庆自贸区在资本项下开放、外汇管理等领域突破有限。如重庆 QDLP 试点额度仅 50 亿美元，仅为上海的一半，目前该项试点政策也趋于收紧。

（三）金融创新活力较发达地区仍有差距

一是金融科技企业数量较少、创新试点不多。缺乏处于金融科技前沿的科研院所及公共研发服务平台，反观上海，央行上海总部公布的金融科技创新监管试点项目中，近七成均来自陆家嘴金融城。二是金融生态圈构建刚起步。陆家嘴金融城倾力打造了集“展、会、讯、孵”于一体的陆家嘴双城辉映会客厅，既聚合了企业优势资源，又为企业投资展业营造了便利的营商环境。而江北嘴尚无这样一个提供综合服务的载体，其打造的重庆金融会展中心虽制定了远景目标，但目前只实现了展会功能，较构建金融生态圈、扩大影响力仍有一定距离。

（四）金融配置资源能力欠缺

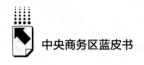

一是江北嘴片区缺少全国性或者区域性有影响力的交易市场，虽有重庆国家金融科技认证中心、中保保险资产登记交易系统有限公司等，但仍存在业务开展量不足、辐射力不够等问题，不利于地区筹资功能与融资功能的发挥，无法充分优化市场资源配置和吸引外来资金。二是资本市场建设任重道远，从区内企业储备情况来看，有上市意愿的小巨人及专精特新、高新技术企业较少，无成熟的科创板储备企业，企业运用资本市场拓宽融资渠道的积极性不足，亟须挖掘、培育上市梯队后备企业。

（五）金融生态环境亟待优化

一是基础设施建设方面，江北嘴甲级写字楼空置率长期高于30%，对比上海陆家嘴金融城（12%）、北京西城区金融街（8%），反映出商务生态吸引力不足。二是高端复合型人才储备与吸引方面，重庆本地的金融教育资源较成都有一定差距，仅有西南大学、重庆大学等少数高校开设金融专业，而成都拥有西南财经大学（全国财经类TOP5）且金融从业人员已超30万人。此外，猎聘2022年相关数据显示，重庆金融从业者跳槽至北上广深的比例达18%，高于成都的12%，反映出本地职业发展平台和薪酬竞争力不足。

五　江北嘴CBD发展方向和对策

抓牢重庆建设西部金融中心战略机遇，瞄准重庆江北区委提出的“13457”总体发展思路，走好金融机构、金融功能、金融人才“三集聚”路子，进一步提升江北嘴CBD的金融集聚度、金融资源配置能力、金融创新活跃度、金融区域磁吸力和影响力，推动江北嘴CBD西部金融核心城迭代升级。

（一）全方位推进招商强商，建立具有竞争力和辐射力的金融机构组织体系

以江北嘴 CBD 西部金融核心城为主战场，打造“精准化、专业化”金融招商团队，持续集聚各类持牌金融机构总部和重大金融基础设施，积极争取金融机构来江北嘴 CBD 设立管理中心、结算中心、互联网贷款中心、数字化运营中心、创新中心等功能性总部。

一是加快引进银行业金融机构功能性中心。银行业在我国金融业中处于主体地位，对于地方经济繁荣起着积极的推动作用，是江北嘴 CBD 打造西部金融核心城不可或缺的重要支柱。目前，银行法人机构有 2 家落户江北嘴，占全市 1/2；国有六大行有 4 家区域总部落户江北嘴，占全市 66.7%；12 家全国性股份制商业银行有 5 家区域总部落户江北嘴，占全市 41.7%。在大型银行招商资源饱和的当下，可以利用江北嘴 CBD 银行机构总部集聚优势，推动引入或设立管理中心、结算中心、互联网贷款中心、数字化运营中心、创新中心等功能性总部，拓展金融服务链条。

二是培育和引进证券、基金等金融机构。加快培育和引进证券、基金等金融机构，能够优化江北嘴 CBD 金融机构和服务结构，促进直接融资与间接融资服务协调发展。江北嘴 CBD 应大力引进私募股权基金管理公司及有限合伙企业，积极争取国家、市层面支持，适时推动商业银行、保险机构、证券公司等符合条件的优质金融机构依法设立基金管理公司。同时，支持市外相关证券法人机构来江北嘴 CBD 设立分支机构，支持本地证券、基金总部进一步扩大自身业务规模、提升管理层级和扩大业务辐射范围，推动本地企业做大做强。

三是引进并做强金融基础设施。支持全国性金融基础设施运营机构落户，力争在金融资产登记托管、清算结算、交易设施建设、重要支付等方面有所突破。支持建好中保保险资产登记交易系统有限公司，推动实现保险资产管理平台和金融同业基础设施的互联互通。促进重庆国家金融科技认证中心快速发展，帮助该中心围绕检测认证、金融科技研究等工作筹建国家重点

实验室。

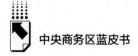

四是健全金融专业服务链条。支持吸引优质的会计师事务所、律师事务所、审计师事务所、税务师事务所等行业国内“头部”服务机构入驻设立分支机构或建立多种形式的合作联盟关系。培育和引进一批金融研究、咨询、智库类服务机构，支持西部金融研究院、江北嘴财经智库等已设立机构集聚社会智力资源服务重大战略，赋能西部地区金融业高质量发展。

（二）深入推进做好金融“五篇大文章”，构建服务重大战略的特色金融体系

中央金融工作会议做出科技金融、绿色金融、普惠金融、养老金融、数字金融“五篇大文章”战略部署，为构建服务重大战略的特色金融体系指明了方向。做好金融“五篇大文章”，既是江北嘴 CBD 深化区域金融供给侧结构性改革的核心抓手，也是推动重庆市乃至西部实体经济高质量发展的关键路径。江北嘴 CBD 将充分运用好区域金融资源集聚优势，从政策落实、机构引导、平台搭建、项目支持等多方面入手，深入推进做好金融“五篇大文章”。

一是支持完善科技金融服务体系。加强中央、市级对科技金融支持政策的宣传落实，鼓励江北嘴 CBD 金融机构加快打造科技金融专营机构、构建科技金融业务发展长效机制，支持科技信贷与保险产品创新。推动区级产业引导基金聚焦高新技术领域、支持初创期科技型企业研发及成果转化。建立科创企业上市培育库，联合证券交易所、券商等开展上市辅导及服务，鼓励企业在科创板、北交所上市。

二是稳步推进绿色金融改革创新。紧抓重庆创建国家绿色金融改革创新试验区的机遇，稳步推进绿色金融改革创新试验区核心区建设。加大绿色再贷款支持政策宣传落实力度，做好绿色项目识别、包装、申请，持续引导和鼓励金融机构进行绿色金融产品和服务创新，探索发展各类以环境权益为抵质押物的绿色信贷产品，支持绿色低碳循环发展。支持符合条件的绿色产业企业上市，推动发行绿色债券。

三是加快拓展普惠金融覆盖面。以江北嘴金融党建先行区为轴心，深化央地协同，打造“红金渝”金融党建品牌，将企业党建工作综合评价纳入银行融资授信评价体系，充分利用全市域成熟的“141”基层智治体系，从网格、人员、服务三个维度入手，推动金融服务网、风险合规管理网、基层治理网“三网融合”，畅通小微企业融资协调机制，打通金融服务末梢，建成“15 分钟金融服务圈”。纵深推进“1+5+N 民营小微企业和个体工商户金融服务港湾行动”，引导更多普惠金融资源精准对接小微市场主体。

四是探索提升养老金融服务质效。协同推动普惠养老专项再贷款政策落地，引导资金向中小养老机构倾斜。支持江北嘴 CBD 金融机构总部通过丰富个人养老金产品、创新养老产业融资工具、推动长期护理保险扩围等方式，深化养老金融产品创新与供给。政企联合推进适老化金融服务体系建设，政府牵头创新建设智慧养老社区，打造“智慧养老院”和“关爱地图”；金融机构升级数字化适老服务，如手机银行适老版 App、智能设备无障碍改造、专属服务窗口建设等。

五是激发数字金融创新服务活力。加大力度培育和引进大数据、移动金融、数字征信等金融科技企业，促进科技与金融深度融合发展。鼓励江北嘴 CBD 银行、证券、保险等传统金融机构与互联网深度融合，更新数字信贷产品，优化自身数据分析和处理能力；推动小米消费金融、重庆渝银金融科技等重点金融机构打造特色数智化转型平台或服务场景。做大做强重庆国家金融科技认证中心，增强西部金融科技认证与标准化服务能力。

（三）加快形成金融标志性成果，提升江北嘴 CBD 磁吸力和影响力

加快形成金融标志性成果，是江北嘴 CBD 实现“建成西部金融中心核心承载区”战略目标的关键引擎，对增强区域磁吸力、扩大品牌影响力具有战略性意义。江北嘴 CBD 将从创新打造的西部金融法律服务中心、重庆

金融会展中心、江北嘴新金融大会和江北区“金种子计划”等诸多亮点平台入手，抓好功能完善、升级迭代和影响力提升，形成真正的具有成渝地区、西部乃至全国影响力的金融标志性成果。

一是推动西部金融法律服务中心迭代升级。积极融入西部金融中央法务区建设，持续深化“公益性+市场化”金融法律服务模式，进一步推动“全链条、一站式”金融法律服务平台做强做实。积极吸引品牌律所、商事仲裁、破产清算、公证、鉴定等特色法律服务机构集聚落户，在江北嘴 CBD 打造金融法律服务楼宇群。探索开发“金融‘枫桥经验’一件事”应用，实现金融法律服务各环节的高效衔接。每年举办金融法治“年度发布”活动，开展金融法治交流研讨，打造具有特色的金融法治文化。

二是提升重庆金融会展中心辐射效能。充分发挥重庆金融会展中心会展功能、吸引各类金融资源集聚、举办各类高规格金融会议，打造重庆专属金融会展品牌。用好国家金融信息平台西部中心，充分发挥新华社信息采集、数据汇集、智力密集优势，传播西部经济金融声音。加快建设集数字孪生底座、金融中心成果展示、金融服务集成、数智金融平台展示、金融知识和文化传播于一体的江北嘴 CBD 西部金融核心城城市会客厅。

三是擦亮江北嘴学术交流名片。精心打造江北嘴新金融大会，通过定期发布西部金融创新成果、重要金融产品及信息，汇聚全球金融理论基础、实践界专家学者进行思想碰撞，展示江北嘴 CBD 形象和成就。持续办好《重庆上市公司发展研究报告》发布暨资本市场研讨会，通过发布年度报告和开展研讨活动，系统总结重庆上市公司发展情况，为企业提供上市策略参考，助力江北嘴 CBD 发挥在多层次资本市场建设中的参谋决策作用。

四是构建金融人才“强磁场”。升级实施江北区“金种子计划”，建立实习留用跟踪机制、推动出台金种子回流激励政策，为江北嘴 CBD 招募优质金融后备人才。用好“江北英才计划”政策和江北嘴博士后创新创业园平台，强化对高端金融人才的引进和培育。优化区域内重庆金融人力资源服务产业园功能，充分发挥其猎头、测评、管理咨询等中高端人力资源服务机构的作用，为各类金融机构提供系统性、定制化“一站式”服务。创新打造西部金融培训中心，通过“培训+基地”模式为金融机构提供定制化培训方案，促进高素质金融人才培养和交流。

（四）“硬环境”“软环境”双管齐下，营造西部金融核心城优质环境

在打造江北嘴 CBD 西部金融核心城的进程中，“硬环境”与“软环境”的协同建设是构筑区域核心竞争力的关键抓手。江北嘴 CBD 要打造好西部金融核心城，优越的配套基础设施、配套产业、开放程度、营商环境和法治环境是接下来必须全方位保障的。

一是加强配套基础设施建设。优化江北区交通规划，有效解决江北嘴交通堵塞等问题，加强教育、医疗等公共服务建设，增强城市宜居性。做好城市外观形象美化和标识工程，优化夜景灯饰工程，加强重庆金融会展中心、钻石广场的功能完善和宣传推广，将其打造成江北嘴 CBD 西部金融核心城的“城市新名片”。

二是迭代升级配套产业。联动国金中心、财信广场、三洞桥 PARK 三大商业载体，支持传统商贸企业“触网”升级，串联鎏嘉码头、三洞桥内外街等重要夜间休闲街区，开发夜间消费“打卡地图”，办好成渝双城消费节、国际消费节、不夜重庆生活节等展会活动；运用科技馆、大剧院等重要文化载体，通过主题节庆活动、开放集市等方式形成消费叠加与延时经营，打造江北嘴文化 IP，推动国际消费中心城市首选区建设取得新突破。加快梳理“楼宇画像”，开展功能性改造，打造一批“总部楼”、“金融楼”和“信息楼”。

三是推动国际交流合作。借助中国商务区联盟平台，加强江北嘴与一、二线城市中央商务区之间的交流合作，落实好江北嘴—陆家嘴等地的合作备忘录，充分借鉴先进地区金融城建设、中央商务区建设的经验，推动更多优质项目、资源和交流合作平台汇聚江北嘴 CBD。在中新（重庆）战略性互联互通示范项目框架下，联合两江新区建好中新金融科技产业示范基地，持续深化中新金融合作。

四是构建最优营商环境。深化“放管服”改革，落实好公平竞争审查

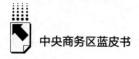

制度，推动建设全国统一大市场。加强服务型政府建设，持续深入落实“百千万”联系服务市场主体全覆盖工作体系和“对口联系服务重点企业”走访机制，常态化走访西部金融核心城重点机构以解决急难愁盼问题。探索建立江北嘴 CBD 金融核心城标准化服务体系，为入驻机构提供惠企政策咨询、办公场所选址、注册登记代办、权证店招办理、市政设施协调和交流合作平台搭建等高质量管家式服务。深化辖区金融机构纪检监察协作区功能，切实营造风清气正的金融环境。

五是优化金融法治环境。加强法治政府建设，优化区域法治环境。贯彻落实地方金融监管法规制度，落实地方金融协同监管责任，促进地方金融组织可持续发展。建立健全防范处置非法集资行政执法机制，做好非法集资防范和处置属地工作。充分发挥金融行业自律组织、协会的作用，提升金融从业人员自律管理能力。

B.10

郑东新区CBD：打造新质生产力发展的区域活力中心

李晓伟*

摘　要： 郑东新区中央商务区以建设国际化中央商务区和国际化区域金融中心为目标，努力建设成为新质生产力发展的区域活力中心。为进一步在产业创新发展、绿色低碳转型、创新环境营造等方面取得持续突破，郑东新区CBD从创新消费、智慧建设、绿色低碳、金融提质、环境优化等多方面入手，为区域经济、社会和环境的和谐发展注入不竭动力，助力辖区高质量发展。

关键词： 郑东新区CBD　新质生产力　高质量发展

目前，中国正从高速发展向高质量发展转型。郑东新区中央商务区（以下简称“郑东新区CBD”）作为区域新质生产力的核心载体，坚持以新质生产力为抓手，以持续创新驱动辖区高质量发展。

一　发展概况

郑东新区CBD于2013年3月设立，总体空间布局为“两圆一带”，包括已经建成投用的如意湖CBD、正在建设的龙湖金融岛以及连接如意湖CBD和龙湖金融岛之间的运河两侧建筑群，规划面积7.1平方公里。

---

* 李晓伟，郑州中原科技城党工委委员、管委会副主任，主要研究方向为科技创新、商务服务、贸易经济、对外开放、楼宇经济。

（一）经济效益方面

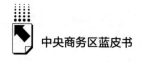

2024 年，郑东新区 CBD 建成区面积 4.83 平方公里，实现服务业增加值超 490 亿元，主营业务收入 800 亿元，全口径税收 135.9 亿元。累计入驻各类市场主体 1.4 万余家，各类从业人员超 10 万人。

（二）运营效益方面

2024 年，郑东新区 CBD 建成投用商务楼宇的平均出租率达到 92.52%，共培育形成全口径税收超亿元楼宇 21 栋，全口径纳税 118.64 亿元。连续五年获评河南省唯一的“六星级”服务业“两区”，已经初步成为河南省乃至中部地区重要的现代服务业集聚中心。

（三）生态效益方面

郑东新区 CBD 整体绿化率超 50%，周边水域面积达 7.5 平方公里。2024 年辖区的龙湖成功创建淮河流域幸福河并被淮委会评为幸福河湖建设典型。同时，随着夜景亮化和 5.2 公里的水上夜游旅游线路正式开通，全年约有 8 万名游客选择乘船游览龙湖，见证了辖区从“黄金水域”向“黄金产业带”的华丽转变，郑东新区 CBD 迸发出更为旺盛的活力。

二　发展成效和举措

（一）积极促进新质消费

近年来，郑东新区 CBD 始终把恢复和扩大消费放在优先位置，科技赋能大胆创新，倾力打造精品项目，为推动经济持续回升向好注入源源动力。

郑州市委十二届七次全会暨市委经济工作会议提出要“加快建设国际消费中心城市，全方位扩大有效需求”，郑东新区 CBD 从“营造新场景、培育新业态、拓展新功能、激发新活力”四个方面着手，抓好促消费、增活力、稳增长工作，助力郑州市加快打造国际消费中心城市。

1. 多元场景加速向“新”，点燃消费增长新引擎

根据时令季节，接续举办亲子市集等活动，在如意湖 CBD、龙湖金融岛等热门区域谋划推出“美好生活·熙熙相通”等消费主题活动以及覆盖 52 个周末的假日促销活动，促进消费不断增长。

依托公园、水面等优质资源，打造新型“公园+雅集”“公园+露营”“公园+潮玩”示范项目，布局 24 小时日咖夜酒、Citywalk 等主题元素，形成一批具有代表性和引领性的“公园+”项目集群。

抢抓元旦、春节等消费旺季契机，推动大型商超在消费场景和体验方面加快创新。以消费为主线，串联“食、游、购、住、娱、演”等多元要素，在成熟消费场景周边引入新潮上下游商家，满足消费者的新鲜感。

2. 创意业态推陈出“新”，激发消费需求新动能

加快推进山姆会员店河南首店建设，引导重点特色商业街区围绕特色主题，引进涵盖特色餐饮、潮流零售等多种业态的首店、形象店，满足不同群体的个性化需求。

大力发展“商业+艺术”“商业+文旅”，以海汇港美术馆等项目为依托，通过文化体验、主题展览等方式，打造有亮点、有卖点、有热点的特色首发产品。

不断拓展优秀喜剧等城市 IP 影响力。以全省首家开心麻花演艺新空间项目为基础，联袂打造全国首个综合性喜剧产业基地。依托辖区生态、场景、人才优势，大力发展“微短剧”，推动众多取景地“借剧出圈”。

3. 城市功能加快更“新”，拓展消费供给新空间

以郑东新区 CBD“两圆一带”为先行启动区，进一步盘活城市空间、激活水岸消费经济。加快如意运河两岸 5.2 公里航线内商业街区、开心麻花喜剧产业园及龙湖水上剧场演艺项目建设。

坚持供需两端发力，大力推动郑州东站商圈建设，加快推动 CBD、智慧岛等提档升级。持续推进海汇港等特色商业街区打造，针对消费需求适时调整经营业态、培育首店经济，全力打造“醉美·夜郑州”消费品牌。

加快华润郑东万象城、正弘坊等大型商业综合体建设进度，新建 3.6 万

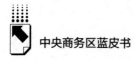

平方米的金融岛五星级酒店，推动希尔顿逸林酒店等品牌酒店于2025年初实现试营业，全力推动高端消费提质升级、扩容增量。

4. 制度保障活力创“新”，推动消费环境新提升

加快研究全区文旅发展和消费空间规划，重新梳理全区文旅和优质消费资源，与周边开封、中牟、登封等市、县形成联动效应，着力构建“游玩在周边、吃住在郑州、消费在东区”的消费格局。

保护消费者和经营者合法权益，简化行政审批流程，推动“两新”政策落地落实。探索消费市场轻微违法“柔性执法”措施，有力维护消费环境秩序和热度。

以城市智能体建设为引领，通过数字化技术整合国内外特色优质消费资源，带动云看展、云赏剧等悦己消费、情绪消费新时尚，持续驱动国际消费中心城市建设。

（二）积极建设智慧城区

1. 城市智能体建设

城市智能体是针对城市治理、应急指挥等场景，依托AI、云计算等多技术协同创新，与多类用户群体共同打造的云网边端一体化智能协同系统。通过城市智能体，纵向统筹5G、AI等共性技术平台的协同规划建设，使多用户群体实现数据共享、业务协同，同时支撑智慧应用快速上线，并建立运营支撑体系，持续提升城市治理效率和城市综合竞争力。

郑东新区全区绘制高清网格电子图，汇集视频摄像头近2万个、城市部件信息30余万条，组织要素34万条，覆盖人口130万，整理人口标签284万条，一屏全面掌控辖区各类事项。

辖区与浪潮、超聚变公司结合，大力推进城市智能体建设。同时和郑州数智科技集团、中国电子、超聚变、浪潮、华为等技术公司，召开智能体城市方案谋划会，研究建立城市智能体建设思路框架。

（1）视联网方面

整合辖区各单位视联网资源，接入CBD、金融岛、郑州东站、社区、

园林水务等约 2 万路视频，为 200 路重点区域视频增加人员聚集、流动摊贩、占道经营等 16 种算法。同时打通视联网平台与网格化平台，AI 智能发现事件经告警中心研判后可以推送至网格化平台流转处置。同时，为各级使用部门配备移动终端，开通专属账号，实时掌握辖区动态。

（2）物联网方面

在物联网资源方面，郑东新区城运中心接入辖区 26 万个城市部件、292 个停车场、56 个智慧井盖、64 座智慧公厕、38 个内涝监测点位的传感器，初步感知城市运行态势。

（3）空地互联方面

正打造 16 个“数字机场”，搭载 AI 算法、红外摄像、喊话器等功能模块，发挥无人机“全方位、无死角、即拍即取证”等优势，对违规建筑、违法占地、水质监测、污水排放等进行日常空中巡逻，实现“智能航飞—AI 自动发现—线索推送—处置监督”闭环管理，打造“空地一体”的创新治理模式。

（4）专属网格方面

围绕重点区域打造专属网格，建立运行中心不断提升重点区域治理和服务水平。比如，CBD 文化会展专属网格结合地标属性，创新“一心引领带动、一网融合聚力、五种模式应对”管理机制，在保障重大活动、服务企业发展等方面发挥重要作用。再比如，“产业大脑”平台方面，在 CBD 文化广场等专属网格，拓展产业图谱绘制、产业智能分析、资源精准匹配等功能，实现招商资源汇集、招商目标推荐、招商项目引入等全生命周期服务。

2. 智慧楼宇建设

智慧楼宇是以楼宇环境为平台，将现代计算机、自动控制等技术相结合，运用系统集成等先进的科学原理，通过对楼宇结构、系统、服务和管理，以及它们之间的内在联系进行分析，以最优化的设计，向用户提供安全、舒适、便利的环境与服务，适合当今信息技术高速发展的需求特点的现代化楼宇。

（1）新建楼宇

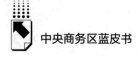

在新建的龙湖金融岛楼宇中，网络通信系统、安全防范系统、设备智能管理系统、能耗监测计量系统以及信息发布系统、车辆管理系统等智能化系统的应用范围、功能配备都处于全省领先水平。同时积极推进新基建项目建设，5G基站加快布局，基本实现全域覆盖，贯通龙湖金融岛与如意湖CBD的自动驾驶公交二期建成试运营，智慧城市管理中心“一网统管”获得首届“中国新型智慧城市创新应用大赛智佳奖”“中国领军智慧城区奖”等荣誉称号。

（2）成熟楼宇

在对如意湖CBD成熟楼宇的改造中，郑东新区CBD也做了积极引导，在星级评定的考核中，对于积极提升楼宇智能化水平，如设置智能门禁、访客系统，配置实时视频监控安全系统，配备智能外卖柜、ATM机等的楼宇，均给予加分奖励。

此外，在郑东新区智慧岛，华为在物联网数据采集、5G网络信号覆盖、IOC一体化分析管理、全场景智慧应用等方面贡献力量。城市大脑汇集近5亿条数据信息，岛内运营决策一体化智能化；AI集群助力智慧交通，通行效率提升15%；全岛覆盖5G信号，高速互联实现更高计算精度，5G无人售货车、5G智能公交、5G无人机“上岗履职”，支撑各类应用服务。

当然，目前在推进楼宇智慧化发展的进程中仍面临着区域发展不平衡、运行管理基础薄弱、创新型企业不多等问题，还有很大的发展空间。需要研究、设计、应用层面的共同努力，做好政策的积极引导，建立更好的创新激励机制，增进与全国层面其他商务区的学习交流，引进先进经验，这也是郑东新区CBD工作者的共同使命。

（三）积极打造人工智能产业

2021年12月河南省政府印发《河南省“十四五”战略性新兴产业和未来产业发展规划》，明确到2025年，战略性新兴产业综合实力在中西部地区领先，未来产业引领带动作用初步显现，基本形成具有自主技术支撑的新兴产业体系，成为引领全省高质量发展的主导力量。

在未来产业方面，省、市、区先后出台一系列发展政策，辖区 CBD 作为河南省经济社会发展的引擎和龙头，未来产业从关键技术、产品开发到行业应用的产业链条正在形成。随着中原算力谷揭牌，河南省在打造中部地区算力产业高地、推动郑州成为“算力之城”的进程中迈出关键一步。郑州市发布《郑州市支持人工智能创新发展若干政策措施》，在加强智算数据资源统筹供给、提升人工智能技术创新能力、优化人工智能产业创新生态 3 个方面，提出 10 条有针对性的政策措施，加速推进该市“向新”“向智”发展。

1. 产业规模初步形成

截至 2024 年，区内共有人工智能产业核心企业 20 余家、人工智能产业企业近 100 家、关联企业近千家，其中包括中原动力、猎鹰消防、信大煜坤、启迪睿视等一批人工智能优质企业。2022 年 8 月河南省区块链产业园、郑州市区块链产业示范基地正式揭牌。辖区已集聚国家级平台 3 家、国家级重点实验室 3 家，部级重点实验室 16 家，省级重点实验室 54 家、省级工程技术研究中心 130 家；集聚了海康威视、大华、超聚变等近 600 家高新技术企业、逾千家科技型企业、超万家科创企业；高标准打造河南省区块链产业园、中原数据要素产业园、58 科创数字经济产业园等 5 个“拎包办公”产业园，推进建设商用密码产业园、粤浦白沙科技创新港等 18 个专业园区①。

2. 创新能力快速提升

目前已引进建设哈工大郑州研究院、北理工郑州智能科技研究院、河南数字经济产业创新研究院等创新平台 10 余家，汇集多家（个）重点研发机构、重点实验室和行业专家团队，聚焦智能网联汽车、智能机器人、智能医疗等领域，重点布局人工智能基础软硬件设施，建设人工智能创新平台，为辖区人工智能理论和技术创新及产业发展提供支撑。谋划建设人工智能公共

① 李林、郜媛：《中原科技城　科创之花“郑”绽放》，《河南日报》2023 年 11 月 21 日。

实验室，为机器人产业链的新产品、新工艺、新装备的研究开发提供硬件支撑。充分发挥头部企业在创新中的引领支撑作用，积极申报承担省、市级重大人工智能科技攻关项目、重大科技成果转化专项、郑洛新自创区产业集群专项等，支持企业在科技惠民、应急科技攻关、生态保护、城市防洪、资源可重复利用等方面积极探索、形成示范。

3. 融合应用逐步深化

积极拓展人工智能应用场景，通过头部企业和研究院的交叉融合，以场景融合和应用创新带动人工智能技术和产品落地，推动 AI 与智慧交通、生命健康、机器人等场景创新，已试点应用自动驾驶公交一期和二期、人机灭火救援综合装备、无人机应急救援综合装备、通用型无人机抢险救援装备等 8 类 20 个场景，推动人工智能与传统产业加速融合，呈现出蓬勃发展态势。重点企业自行研发的基于高分辨率工业锥束 CT 的智能工业检测系统、面向乳腺铂靶和肝脏 CT 病理分析的医疗影像辅助诊断系统、智能消费级无人机、视频身份识别系统、智能气体传感器、工业抓取机器人等一批基础技术产品处于全国领先地位。

近年来，辖区研发投入持续加大，取得一定的技术成果。但辖区人工智能技术基础薄弱，目前引育的人工智能产业龙头企业较少，骨干优势企业整体规模偏小、产值偏低，带动能力不足，产业链上中下游企业衔接配套程度不高，与杭州、苏州、南京等先进地区相比，研发投入仍然较低，底层技术研发不足问题短期内仍将存在，产业集群化发展水平需要进一步提升。

（四）积极发展新质金融业

金融业是郑东新区 CBD 乃至郑东新区新质生产力发展的基础性要素。河南省主要法人金融机构均在区内落户，累计入驻各持牌类金融机构 197 家，占整个郑东新区的 45.18%，涵盖银行、保险、证券、期货、财务、信托、资产管理、金融租赁等多种业态。龙湖金融岛的投用，成功打响了郑东新区金融业品牌名片。

目前，郑东新区 CBD 金融产业链条完整、国际化区域金融中心建设成效显著，有效助力郑州市稳居全国区域金融中心“综合实力十强”，在与中部主要金融中心城市的竞争中不断加速前行。

1. 持续推动辖区各类金融机构量质齐升

突出金融业发展主线，兼顾外引内培，不断塑产业、强优势、建生态，全力推动金融机构招商集聚工作稳步开展，持续助力郑东新区国际化区域金融中心建设实现新突破、再上新台阶。

（1）提高招商工作的前瞻性和整体性

充分发挥辖区对汇聚高端金融要素资源的牵引带动作用，实现“本土培育”和“引金入豫”双轮驱动，加快推动多元化金融机构集聚，形成门类齐全、功能完善、能级高端的金融市场体系。一方面，通过分行业、分业态系统梳理未入区金融机构名单，深入构建完善金融业招商图谱，建立重点招商目标企业库和项目库，为招引工作开展指明方向。另一方面，优化招商方向，对招商图谱和项目库中企业进行系统研判，综合引入对地区贡献多、带动力强、辐射力大的金融机构，同时把招商资源向优质项目倾斜，增强实效。

（2）推动金融业招商工作高质量开展

围绕金融产业链价值链供需链重点机构持续发力，构建新质生产力金融产业体系。一方面，通过加大对期货业上下游机构招引力度，做好“强链”工作；通过持续填补辖区金融机构类别空白，做好“补链”工作；通过大力培育引进资产评估、信用评级、保险代理、保险经纪等金融配套服务机构，做好“延链”工作。另一方面，定向吸引各类金融生态机构，充分发挥龙湖金融岛高端载体优势，实现了光大银行、信达资产、中国人寿等机构入驻。

2. 持续推动科技创新与金融业发展深度融合

政策化、制度化支持科创金融发展是河南金融支持科创领域探索出的一条新路径，是省委、省政府做出的富有前瞻性的战略布局。

郑东新区 CBD 积极响应省、市、区各级战略，主动作为。一方面，协助郑州银行成立全省首家科创金融事业部，有效破解省内科创企业融资难题，助力科创企业加快成长，共同打造地方科技金融特色发展道路。另一方面，积极向辖区金融机构推介“白名单”企业，并推动金融机构针对“白名单”企业建立科创金融预授信额度模型及制定风控规则，对符合条件的科技型企业预先提供一定额度的授信，切实提高政策性科创金融的普惠性、可获得性[①]。同时积极鼓励金融机构研发科创产品。成功推动金融机构针对科创企业开发了“研发贷”“知识产权质押贷”“上市贷”等专属产品，满足科创企业全生命周期的融资需要。

以郑州银行科创金融事业部为例，年均送达预授信通知书3740户，预授信金额达308.5亿元；累计支持各类科技型企业1390家，金额达80.0亿元；累计支持“个转企、小升规、规改股、股上市”企业1250家，金额达160.6亿元，为创新领域提供了有力的金融支撑。

3. 全力以赴支持郑州商品交易所优势再造

作为郑东新区的起步区和核心区，郑东新区CBD自开发建设之初就将全力推动郑商所发展放在各项工作的首要位置。作为河南省资本市场的“金字招牌”，“郑州价格”常年吸引800多亿元期货交易结算资金汇聚郑州，直接带动仓储、物流、金融、商贸、信息等相关产业集聚发展，对郑州区域金融中心建设形成强力支撑[②]。

2024年，郑商所全年成交量2609.60百万手，成交额85.15万亿元，分别占全国市场的33.76%和13.75%。截至2024年，已累计上市26个期货品种、19个期权工具，数量排名全国第一，覆盖粮、棉、油、糖、果和能源、化工、纺织、冶金、建材等国民经济重要领域，服务实体经济的能力持续提升，国际价格影响力进一步增强，更好地满足产业企业多元化、精细化的风险管理需求。

（1）连续高标准举办7届中国（郑州）国际期货论坛

通过广泛邀请诺贝尔经济学奖获得者及证监会、河南省主要领导出席，

① 李林：《金融“活水”激荡　科创“浪潮”澎湃》，《河南日报》2023年9月7日。
② 王映、王昺南：《“郑州价格”的辐射有多广》，《河南日报》2022年4月15日。

论坛成功发出郑州“期货声音”、有力展示河南“期货名片”，展示出了中原地区做强期货行业的决心与底气，提升了郑商所及郑州期货市场对外开放水平和国际影响力。

（2）全力保障郑商所硬件设施建设

全程积极配合协助郑商所开展新一代大数据与技术研发中心选址工作，并协调解决相关问题，确保建设工作顺利开展。并以郑商所为依托，谋划配套建设期货产业集聚园区，通过集聚期货及上下游产业，凸显期货发展特色、构建良好期货生态、形成产业集聚效应。

（3）不断优化提升期货发展软环境

将郑商所纳入应急事件重点保障对象，全方位、高标准保障郑商所平稳运营，为郑商所交易结算提供可靠保障。同时根据省、市要求，结合郑东新区实际，围绕期货机构及郑商所上下游企业招商、支持郑商所新品种上市、期货人才引进等方面出台相关规划，为全面实施支持郑商所优势再造战略夯实基础。

（4）支持郑商所提升对外开放水平

全力支持协助郑商所研发上市国际化新品种，积极协调辖区相关企业配合做好前期调研，提高期货服务实体经济的能力和水平。全面实施“期货+”战略，举办“期货+企业”系列对接交流活动，不断提高辖区内企业科学运用期货套期保值工具规避原材料、产品价格波动风险的意识和能力，助力辖区期货市场健康快速发展。

4. 常态化开展“万人助万企”活动，助力营商环境优化

党的二十大报告强调“坚持把发展经济的着力点放在实体经济上”，郑东新区 CBD 始终坚持金融服务实体经济的宗旨，坚持提升辖区金融业与实体经济的匹配性，不断引导金融资源更好地服务支持辖区经济社会发展的重点领域和薄弱环节。

常态化开展“万人助万企”活动，不断强化服务意识，积极帮助辖区企业纾困解难，推动辖区金融业营商环境持续优化，召开 13 场线上银企对接会，主要聚焦助企纾困、专精特新、科技创新金融等主题，累计参与人次达 270 万。同时，分业态、分区块举办线下银企对接活动 5 场，真正做到在银行和企业之间牵好线、搭好桥，推动双方的良性互动，切实发挥金融服务实体经济的作用。

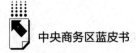

同时，充分发挥“郑好融”优势，鼓励金融机构入驻，发布多样化金融产品，积极引导企业通过“郑好融”平台获得融资，拓展企业融资渠道，并鼓励金融机构积极创新金融服务、优化审批流程、开通小微企业绿色通道。同时，有效发挥政府性融资担保体系作用，不断加大地方金融支持实体经济力度。

（五）积极建设新质楼宇

郑东新区 CBD 围绕“以楼宇经济为载体建设现代服务业强区”的总体要求，坚持以“国际、高端、绿色、标准”为导向，积极鼓励各类特色楼、亿元楼加快发展，着重提高商务楼宇的亩均产出，使楼宇经济成为郑东新区 CBD 提升存量财源、培植增量财源，促进高端服务业加快发展，增强综合竞争力的重要支撑，把郑东新区 CBD 建设成为郑东新区的示范引领区、中原楼宇经济的标志性区域、黄河流域高质量发展的楼宇经济高地。

1. 持续发挥亿元楼带动作用

根据不同楼宇主导产业定位，做好现有亿元楼内企业流动、运营情况监测，确保税收持续稳定增长；支持现有企业做大做强并引导相关行业或项目向准亿元楼集聚，持续做好新的亿元楼培育，进而实现特色楼形象和档次的快速提升；同时以亿元楼为重点，在亿元楼产业结构的基础上，合理拓展、完善产业链条。

2. 加快提升楼宇经济层级

一是加快龙湖金融岛的金融载体建设，积极推进签约项目入驻和运营，培育新的楼宇经济增长点，进一步扩大辖区楼宇经济的优势和影响力；二是在巩固金融业的基础上，着力提升产业复合度，以龙头企业带动产业链延伸，形成“金融服务+实体经济”“龙头企业+中小企业”的产业体系。合理填补拓展金融、新业态等产业链条，积极构建“产业体系生态圈”，促进楼宇经济有效升级。

3. 提升星级楼宇评定质效

为进一步提升郑东新区 CBD 商务楼宇的管理、服务水平，引导商务楼宇朝品牌化、精品化和专业化方向发展，研究出台《郑东新区 CBD 星级商务楼宇评定办法》并与时俱进进行完善优化。自 2015 年起，两年一届的评定活动累计评选出五星级商务楼宇 4 栋、四星级商务楼宇 15 栋、三星级商务楼宇 15 栋，对园区营商环境的持续优化起到了良好的宣传和引导作用。

4. 着力推进提升楼宇品质

持续以星级楼宇评定工作为抓手，以打造“楼宇全生命周期”为导向，探索建立区、办事处、楼宇物业三级改造机制，探索对楼宇停车场、楼宇电梯、5G 无线网等进行改（扩）建；对接楼宇运营单位，推进楼宇配置生活服务功能，引进餐饮、购物、休闲、健身、自助银行等生活服务业态，形成便利、舒适的配套服务体系。

5. 扎实打造高端人才高地

郑东新区 CBD 配合省、市相关部门，组织辖区重点金融机构参加“中国·河南招才引智创新发展大会”“河南省创新发展大会”等，不断助力园区金融机构引进高端金融人才。同时持续开展 14 届“如意前程”人才招聘会，累计向 3000 余家企业输送各行业优质人才超 1.6 万人。

三　发展方向和对策

接下来，郑东新区 CBD 将继续依循“两个国际化”总体思路，充分发挥区位、产业集聚等多种优势，通过以下各项举措完成各项发展目标。

（一）加快产业空间建设

把龙湖金融岛建设作为一号工程，持续做好各项服务协调工作。同步加快配套基础设施及公共服务设施建设。内环围绕金融产业引领，重点推进金融总部的入驻和集聚；外环积极推进整体项目建设，尽快打造龙湖金融岛的形象品位；运河两侧持续推动河南卢森堡中心、平煤神马资本运营中心、楷林大厦、中瑞国际等项目的招引，逐步形成企业总部集群。

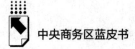

（二）依托战略平台，力推高质量发展

紧紧依托河南自贸区、国家中心城市和国际消费中心城市等各级战略平台建设，依托区位产业优势，积极形成服务链条，促进新兴现代服务业集聚发展。

（三）加大招商力度，完善主导产业体系

持续构建多层次商品交易市场，推进郑商所增加场内交易品种和引进国际期货投资者，逐步建设一批电子化大宗商品交易平台，同时大力推进金融产品、金融服务、金融市场、金融组织、金融制度、金融业态等金融创新；完善配套金融服务体系，推动农业金融、绿色金融、金融大数据等特色金融发展，同时加强品牌形象宣传推广，切实提升金融集聚核心功能区的软实力和吸引力。

（四）细分差异定位，促进区域协调发展

一是建立区域产业“大分工”的协调发展机制。将区域的竞争降到合理程度，达到分工协调促内生、内生优化促发展的和谐状态。二是通过“小细化”协调盘活 CBD 经济。通过打造高标准载体资源，在 CBD 内部形成业态布局合理、各有特色、优势互补、融合发展的良性格局。最终构建“大分工、小细化”的梯次协调发展体系。

（五）动态监测发展，积极引导招商

对现有亿元楼内入驻企业进行日常服务、发展情况沟通和动态监测，确保税收持续稳定增长。谋划好金融岛内环和运河两侧新建投用楼宇的招商推介工作，提升楼宇服务水平。持续放大星级楼宇评定工作的后续影响力，持续提高楼宇物业管理服务档次。

（六）创新方法举措，全力优化营商环境①

一是促进要素集聚。包括人才、资金、技术、信息、土地在内的各类要素高度集中，为现代服务业飞速发展奠定了基础。二是促进产业集聚。在要素集聚效应的带动下，各类关联产业相互促进、协调发展，形成了良好的营商环境，为服务业发展营造生态圈。三是促进消费集聚。以商业和服务业集聚为基础的产业集聚，提供了购物、休闲、娱乐、商务、金融等多种形态的"一站式"消费服务，为服务业发展提供了广阔市场。

（七）优化配套服务，积极打造品牌

发挥企业服务中心的作用，创造良好便捷的工作生活环境。探索个性化服务。及时调整图书自动阅览设备书籍的种类和更新频率，开展读书专项活动，营造良好文化氛围，建设区域交往中心、文化中心、购物中心和休闲中心。

（八）拓宽宣传渠道，加大辐射影响力度

一是加大与《河南日报》和《郑州日报》等媒体的沟通力度，多角度深挖新闻点，扩大宣传，提升园区知名度。二是切实履行好中国商务区联盟副秘书长单位职责，充分发挥桥梁纽带作用，依托联盟交流互访活动和蓝皮书编制工作，持续加强与各个成员单位的交流互动。

---

① 覃岩峰等：《郑东新区中央商务区：发展步履铿锵　交出靓丽答卷》，《郑州日报》2020 年 9 月 3 日。

B.11

从“空中聚宝盆”到“垂直创新带”：鄞州数字经济楼宇的进阶密码

吴行舟*

摘　要：　鄞州数字经济楼宇从“空中聚宝盆”到“垂直创新带”的进阶转型，既是宁波市培育新质生产力的重要实践，也为长三角数字经济高质量发展提供了创新样本。本报告通过分析鄞州数字经济楼宇的发展现状、创新实践与面临的挑战，系统总结其从产业集聚、数字赋能到政策驱动全域协同的转型路径。调研发现，鄞州通过构建“一楼一品”产业生态、打造智慧孪生管理系统、创新政策工具箱等举措，已形成营收超千亿元的楼宇经济集群，但在产业链协同、数据要素流通、制度创新、跨域协同等方面仍面临挑战。未来应通过深化产业生态构建、强化数字技术赋能等系统性对策，推动数字经济楼宇向“技术集成中枢”和“创新共生体”升级，为区域经济数字化转型提供可复制的“鄞州经验”。

关键词：　数字经济　“垂直创新带”　新质生产力　楼宇经济

数字经济是现代化产业体系重构的核心引擎，发展新质生产力亟须构建集约化、协同化的创新载体。党的二十届三中全会明确提出“健全促进实体经济和数字经济深度融合制度”，要求完善数字产业化和产业数字化政策体系，推动形成数据驱动、跨界融合的产业新生态。鄞州区深入贯彻全会精

---

* 吴行舟，宁波市鄞州区工业发展促进中心工业企业服务科副科长，主要研究方向为数字经济、楼宇经济。

神，在《浙江省数字经济促进条例》框架下实施创新提质“一号发展工程”，将数字经济楼宇列为“垂直创新极核”，着力破除要素流通壁垒、优化产业协同网络。鄞州区通过构建产业链生态闭环、推进数实深度融合，形成了“工业上楼”空间再造与“楼宇大脑”智慧治理相结合的创新范式，其打造的“科创飞地”突破区域创新壁垒，不仅为长三角一体化数字创新走廊建设注入动能，更成为国家数字经济战略的“立体化实践场”。

一　鄞州数字经济楼宇的发展现状

（一）基本情况

鄞州数字经济楼宇主要集聚于南部商务区和东部新城两大核心区域，形成了以数字技术驱动、产业生态协同为特征的“垂直创新带”。截至2024年，全区重点商务楼宇总数达204栋，其中税收超亿元楼宇20栋、营收超百亿元楼宇7栋，新认定市级数字经济产业园7家，楼宇经济综合贡献稳居宁波市首位。鄞州区通过“一楼一品”差异化发展模式，培育了以鄞州科技信息孵化园、甬江软件园、和丰创意广场数字楼宇、永强大厦等为代表的数字经济标杆楼宇，成功打造了国家级小型微型企业创业创新示范基地等载体。

（二）楼宇经济整体情况

鄞州数字经济楼宇共计11栋，培育库楼宇超过16栋，总建筑面积超过160万平方米，2024年全年总营收超过2500亿元，同比增长超过12%。南部商务区拥有总部大厦8栋、特色街区2个，以软件信息、广告文创、金融服务等产业为主导，集聚了永强大厦、中基大厦等头部载体；东部新城则聚焦航运物流、金融科技，促进金融贸易、航运和高端商务功能进一步集聚，形成宁波港东南物流大厦、宁波国际航运服务中心、宁波数字贸易中心等“垂直产业集群”。2024年，鄞州数字经济楼宇内核心关联企业占比超60%，涵盖软件信息、智能制造、跨境电商等细分领域。例如鄞州科技信息孵化园入驻企业104家，70%关联数字经济，研发投入强度普遍在10以上，2024年数字经济营收超13亿元；嘉鄞大厦入驻企业90家，67%关联数字经济，2024年数字经济营收超12亿元，获得国家小型微型企业创业创新示范基地、省数字化示范小微企业园等多项高标准荣誉。国际资源深度链接，如宁波港东南物流大厦吸引16家国际头部航运物流企业，营收超230亿元，成为长三角航运物流服务产业高地。

二　鄞州数字经济楼宇的创新实践

（一）产业集聚：从“物理堆叠”到“生态耦合”

一是强化顶层设计，精准定位产业链。出台《鄞州区楼宇经济高质量发展行动方案》《楼宇经济攻坚方案》，通过巩固高产楼宇阵地、抓好总部经济培育、加快特色楼宇打造和放大国有资产价值，牵头促进楼宇发展能级大提升。如支持永强大厦通过精准引育“知学网络”“诠航科技”“利特网”等企业，形成“在线教育—智能硬件—跨境支付”全链条生态，2024年楼宇营收突破200亿元。二是实施产业链闭环专项扶持。设立“产业链协同发展基金”，对签订合作协议的上下游企业给予专项补贴，推动诠航科技（隧道机器人研发）与利特网（区块链支付）联合开发智能物流系统，推动智能硬件研发与区块链技术融合应用，助力宁波物流园区数字化升级。三是梯度培育全生命周期企业。对成熟企业发放“总部扩容补贴”，持续培育国家级高新技术企业。在恒凯山河大厦设立“孵化—加速”双区，与宁波诺丁汉大学共建实验室，为初创企业提供技术验证服务。四是持续推进“工业上楼”转型升级。姜山未来工业社区对低效、零散空间进行资源重组和有机更新，启动区项目所有工业用地均已出让，让土地资源发挥最大效益；智鄞产业园是鄞州首个“工业上楼”项目，于2022年9月建成投用，已入驻“任翔机电”“华朔科技”等10多家企业。

（二）数字赋能：从“传统管理”到“智慧孪生”

一是创新“AI+楼宇大脑”。鄞州区福明街道打造宁波首个具有AI管理特色的“楼宇大脑”——荆城楼宇社区，截至2024年，已汇集街道107栋楼宇与7000余家企业的信息，累计服务近1000家企业。其中“AI招商”功能为招商入驻提供双向便利，一方面为意向入驻企业智能生成招商预案和选址方案，另一方面为街道招商人员提供楼宇全息影像，辅助做好引资价值研判。二是试点楼宇数字孪生标杆。中基大厦打造智慧展厅，动态监测外贸交易数据与公共空间使用率，接入长三角商务楼宇评价体系，空置率下降；恒凯山河大厦集成AI能耗管理系统，能耗降低15%，通过省级绿色示范验收，成为区域楼宇节能改造标杆。三是推行“一栋楼宇一套算法”。针对宁波港东南物流大厦开发国际航运价格预测模型，模型接入上海航交所数据端口，开发了多式联运数据模型，促成供应链金融合作超百单，金额超50亿元。四是深化政务服务“楼宇网格化”。设立“一站式”政务服务站，嵌入市场监管、海关等20多项职能，企业开办时间压缩至0.5个工作日，外贸通关时效缩短至2小时。

（三）政策驱动：从“单点突破”到“系统作战”

鄞州通过“政策工具箱”组合拳，构建覆盖空间提质、金融扶持、人才引育的系统化政策生态。一是构建“立体化”楼宇经济支持体系。创新打造“垂直产业园”模式，通过“一楼一策”精准服务机制对全区120余栋重点楼宇实施动态管理，对符合发展要求的楼宇给予最高100万元运营奖励。二是强化数字经济全链条扶持。支持实施移动互联网、云计算、大数据、物联网、工业互联网和人工智能等领域优秀软件新场景产业化，对经评审验收的软件新场景产业化项目给予最高50万元补助。三是创新评价倒逼升级机制。发布《星级楼宇评定标准》，将研发投入强度、专利转化率纳入核心指标，五星级楼宇优先匹配土地资源，税收亿元楼近30栋。

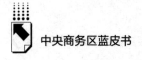

（四）全域协同：从“单楼作战”到“全域联动”

鄞州区政府打破行政边界，构建“楼宇—园区—城市”三级协同网络。一是成立楼宇经济促进会。促进会联合政府部门建立“楼长制”及提供“管家式”服务，优化营商环境，提升企业黏性。通过搭建政企沟通桥梁，组织政策申报咨询会精准解读并帮助企业获取扶持政策。二是打造“鄞衢科创飞地”。“鄞衢科创飞地”落地南部商务区，总面积约5000平方米，依托数字园区平台，提升科技创新资源整合能力，并通过链接南部商务区技术人才产业资源，形成“鄞州研发+衢江制造”模式，吸引高科技企业20家，孵化项目18个，排名全省县级“科创飞地”第二。三是深化国际协作。依托东部新城宁波国际航运服务中心，与新加坡国际港务集团（PSA）、迪拜杰贝阿里自贸区建立数据互通机制，实现航运单证电子化率大幅度提升，2024年服务进出口企业超千家。

三　面临的挑战

（一）存在产业链协同与垂直整合壁垒

现有楼宇经济存在产业链条碎片化、跨领域协同机制缺失等问题。虽然已形成“一楼一品”基础格局，但区块链、低空经济等新兴产业尚未实现上下游深度耦合，导致技术外溢效应受限。具体表现为垂直整合滞后，例如永强大厦等核心楼宇虽定位区块链节点，但缺乏与东部新城航运集群的系统性数据互通（如船舶动态数据与跨境支付系统尚未打通），存在“链主企业孤岛化”现象。同时跨域创新梗阻，受限于物理空间分割，甬江软件园等载体未能有效整合高校科研资源，浙江大学宁波研究院低空交通项目仍处于单点试验阶段，未形成全域仿真平台共享机制。

（二）存在数字技术转化效率提升与数据要素流通瓶颈

数字孪生、元宇宙等技术应用仍停留在展示层，数据资产价值转化路径尚未贯通。技术落地存在断层现象，全域楼宇数字镜像系统仅覆盖不到50%重点楼宇，“BIM+IoT 动态映射”尚未实现与招商系统的智能匹配，导致空间资源配置仍依赖人工决策。数据孤岛效应凸显，商业楼宇客流动线数据与制造企业仓储数据分属不同主体，供应链金融风控模型因数据确权规则模糊难以规模化应用。楼宇首席数据官（CDO）联盟尚未建立跨企业治理标准，隐私计算技术应用成本高昂，中小微企业数字化改造意愿低于预期。

（三）存在制度创新与动态监管能力缺口

现有政策体系难以匹配平台经济、元宇宙等新业态发展需求，触发式监管机制尚未形成闭环。政策工具灵活性不足，数字经济专项资金仍按传统产业目录分配，空间换股权、场景换技术等创新模式缺乏实施细则，导致楼宇级产业加速器推进缓慢。楼宇数字孪生平台的“风险监测—预警—处置”链路尚未打通税务、海关等多部门数据，动态监管阈值设定缺乏 AI 算法支撑。

（四）存在跨域协同与全球化服务能级短板

鄞州区创新网络与数字服务布局存在“物理连接强、化学融合弱”的困境。要素流通不畅，“鄞衢科创飞地”的“总部+制造”模式中，衢州生产基地的数据回传延迟率较高，制约研发—产业化闭环效率。品牌推广动力不强，全球数字经济大会等展会资源转化利用率不高，元宇宙展厅跨境路演因文化差异订单转化率低于传统模式。航运物流楼宇集群与新加坡 PSA 的港航数据协同受地缘政治影响，国际市场拓展面临本地化服务团队建设挑战。

四　发展对策

鄞州区从产业生态构建、数字技术赋能、全域协同联动、产教深度融合、强化要素保障五大维度切入，探索数字经济楼宇高质量发展的系统化路径。

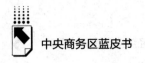

（一）深化产业生态构建，推动垂直创新能级跃升

一是强化产业链垂直整合。突破传统“一楼一品”模式，打造“垂直产业生态共生体”，以永强大厦为“区块链+跨境支付”核心节点，联动东部新城航运物流集群构建“数字贸易—供应链金融—跨境数据服务”全链条闭环。引入链主企业开放数字底座，建立楼宇内企业技术接口共享机制，形成“链主牵引—配套反哺”自循环生态。设立楼宇级产业加速器，通过空间换股权、场景换技术等模式，定向孵化区块链跨境支付中间件、物流数据清洗工具等细分领域企业。实施全域空间焕新计划，将低效楼宇改造升级为“数字技术集成试验场”。部署楼宇数字孪生中枢，通过“BIM+IoT 动态映射”空间使用效能，动态提升产业匹配度。构建能耗—产值双效评价模型，对楼宇实行碳排放配额与税收贡献联动奖惩机制，探索推动恒凯山河大厦绿色经验逐渐转化为全区楼宇低碳认证标准。

二是构建跨领域创新联合体。探索在数字经济楼宇内打造无界实验室矩阵，在甬江软件园、和丰创意广场等载体创建分布式研发工场，打破传统实验室物理边界。例如联合浙江大学宁波研究院设立“低空交通数字孪生联合工场”，将楼宇屋顶改造为无人机路径仿真试验平台，入驻企业可共享空域电磁干扰数据库与算法模型。推行楼宇科研设备共享积分制，头部企业开放工业软件云化平台使用权限，中小微企业凭创新成果兑换算力资源。以技术突围加快共同体构建，聚焦智能网联汽车、工业软件等“卡脖子”领域，建立楼宇级揭榜挂帅机制。探索在中基大厦等载体设立“关键技术攻关飞地”，通过楼宇运营方提供试验场景、金融机构设立风险补偿资金池、高校派驻“驻楼科学家”模式，形成“需求方出题—创新体攻关—场景方验证”闭环。

三是推进“AI+数字楼宇”延伸发展。推动数字经济楼宇与人工智能的深度融合，重构楼宇经济的价值创造模式，形成“技术底座—场景创新—生态协同”三位一体的发展范式。创新应用场景，重点推动 AI 与垂直产业的渗透式融合，在商贸领域开发智能决策引擎，通过自然语言处理技术解析跨境贸易规则，自动生成合规方案；在制造服务领域搭建工业知识图谱，将楼宇内研发数据与生产线实时工况关联，实现工艺参数的动态调优；在楼宇运维中植入预测性维护算法，通过设备运行数据预判故障周期，降低运维成本30%以上。重点培育智能服务生态，推动楼宇从空间载体升级为“算法即服务”（AaaS）输出平台，例如将智能客服、风险预警等模块封装为标准化产品，辐射至区域产业链上下游；探索打造虚实共生生态，通过元宇宙技术构建数字孪生楼宇集群，支持企业开展虚拟产品研发、跨国协同办公等创新实践，形成实体楼宇与虚拟空间的价值共振。

四是探索低空经济服务制造。以数字经济楼宇为主要载体空间，积极配合指导相关单位、企业建设低空飞行器检验检测及质量安全保障公共服务平台，为低空产品提供技术服务，鼓励有条件的检验检测机构获得相关资质，支持第三方适航审定企业落户区内。发展飞行器托管租赁、维修保障、人才培养等低空衍生服务产业。发挥鄞州工业设计“金名片”优势，引导实施设计企业与制造业企业创新合作模式，推动工业设计与制造业全领域深度结合。积极探索“低空+智慧物流”“低空+城市交通”等潜在应用场景，以应用持续培育壮大低空市场。发展城市无人机配送运输等新兴物流方式，鼓励小型航空器在核心商圈拓展低空末端配送业务，探索中大型载货低空航空器在江海航运物资补给中的应用。配合市开通区内短途航线，推进商业飞行航线落地。

（二）强化数字技术赋能，打造数字服务新模式

一是构建数字服务共生体。以楼宇为载体打造“数字技术融合创新试验田”，推动人工智能、区块链、物联网等技术深度嵌入商贸、金融、物流等垂直领域。建立“楼宇数字服务共生网络”，引导头部企业开放核心算法与数据接口，形成跨行业标准互认体系，实现楼宇内企业研发能力与供应链资源的双向赋能。探索在跨境贸易领域构建智能贸易协同中枢，整合电子合约、自动化报关、多币种清算等模块，为楼宇企业提供全链路数字化贸易服务。探索在医疗健康领域搭建远程诊疗数据协同平台，实现医疗机构与楼宇内AI企业的实时数据交互与模型迭代。试点推行“场景数字化认证”，对

完成全流程数字化改造的企业给予梯度化政策激励，分阶段推进省级示范场景建设。

二是创建技术协同工场。在核心楼宇布局“AI+产业协同创新基地”，构建“基础研发—场景验证—生态反哺”的闭环赋能体系。推动建立分布式算力共享池，通过边缘节点与区域超算中心联动，降低中小微企业智能技术应用门槛。针对智能网联、工业软件等关键领域，建立产业协同攻关机制，以楼宇空间为载体整合试验场景、风险资本与高校智库资源，形成“需求牵引—技术攻坚—价值落地”的立体化创新网络。试点“技术沙盒监管区”，允许企业在特定楼宇内开展数字产品压力测试，加快前沿技术商业化进程。

三是推动数字孪生技术应用。建设全域楼宇数字镜像系统，通过建筑信息建模与物联网感知技术动态采集能耗、人流、企业运营等多维数据，构建虚实映射的决策支持平台。开发“智能匹配引擎”，基于产业关联度、绿色化水平等指标，动态优化楼宇空间资源配置策略，显著提升招商精准度与资源周转效率。创新“碳能价值转化体系”，将楼宇光伏发电、储能设备运行数据纳入区块链管理，探索节能贡献与跨境数据合规成本的联动兑换机制。同步拓展“虚实融合服务生态”，支持企业通过元宇宙展厅开展跨境产品路演，创新线上交易与实体经济的价值核算规则。

四是释放数据要素动能。设立“楼宇数据资产运营中心”，制定涵盖确权、估值、流通的全周期管理规范，推动楼宇运营方开发“数据服务产品矩阵”。例如，将商业楼宇客流动线数据脱敏后形成产业分析报告，赋能零售品牌优化区域布局；鼓励制造企业共享楼宇内仓储物流数据，构建供应链金融风险评估模型。深化数据管理能力贯标工程，在重点楼宇试点“数据治理联席委员会”机制，建立跨企业数据合规流通标准。配套推动建立多层次数据资本支持体系，引导社会资本参与数据信托、证券化等创新业务，培育具有行业引领力的数据服务标杆主体。

（三）深化全域协同联动，构建开放型数字经济生态圈

一是拓展长三角创新协同网络。以楼宇为载体深度融入长三角数字经济

联盟，推动楼宇级产业飞地与人才飞地联动建设。依托长三角“一带一路”数字经济联盟，在核心楼宇设立跨区域协同创新中心，聚合创新技术资源，构建“研发—中试—产业化”全链条协同网络。通过楼宇技术交易共享平台实现长三角区域专利技术跨域流转，推动智能网联汽车、工业软件等领域的联合攻关。同步升级“鄞衢科创飞地”功能，将其打造为楼宇经济协同示范区，探索“总部在鄞州、制造在衢州”的产业协作模式，促进区域间创新要素双向流动。借鉴长三角城市群数据基础设施融合经验，推动楼宇内企业接入长三角算力调度网络，实现边缘计算节点与区域超算中心资源联动，降低中小微企业智能化转型门槛。

二是深化全球化数字服务布局。以楼宇为支点构建数字服务出海生态圈，打造集成虚拟验货、智能报关、跨境支付的元宇宙贸易服务平台。探索在航运物流楼宇集群部署 RCEP 数字服务节点，通过与新加坡 PSA、迪拜杰贝阿里自贸区共建数据合规互认机制，实现电子提单、信用保险等单证的跨境可信流转。推动楼宇企业接入全球数字营销网络，依托全球数字经济大会等国际展会资源，建立“线下路演+线上元宇宙展厅”的立体化推广体系。在重点楼宇设立跨境数字服务工作站，为中小企业提供本地化合规咨询、多语种数字营销等“一站式”服务，培育具有国际竞争力的数字服务品牌。

三是引进培育数字平台。聚焦纺织服装、消费电子等优势产业，在专业楼宇内构建垂直产业平台集群。例如，在航运物流楼宇部署港航产业大脑，整合船舶动态数据、港口作业数据、跨境贸易数据，形成“AI+大数据”驱动的智能调度系统。推动跨境电商楼宇与制造园区联动，试点“楼宇选品中心+柔性供应链”模式，探索需求反向定制机制。提升楼宇金融服务能级，建设产融结合数字平台，为企业提供基于区块链的供应链金融、设备融资租赁等创新服务。参考成渝数字经济联盟经验，建立楼宇内广告—电商—物流数据协同机制，通过用户行为分析优化广告投放策略，实现生态资源跨链融通。

四是设立楼宇数据要素流通节点。在标杆楼宇试点数据资产托管中心，建立楼宇内数据确权、估值、交易标准体系。推动商业楼宇人流热力数据、物流楼宇仓储周转数据等资源脱敏后形成产业分析数据包，定向服务于零售选址、供应链风控等场景。深化与杭州、上海等地数据交易所合作，建立楼宇数据跨域流通通道，探索隐私计算、区块链技术在区域数据共享中的应用。在金融楼宇集群建设跨境数据流动安全试验区，试点数据出境“白名单”管理机制，为数字贸易、跨境支付等业务提供合规支撑。同步建立CDO联盟，推动跨企业数据治理标准互认与能力共建。

（四）构建产教深度融合体系，打造“引育留用”一体化人才生态

一是打造楼宇人才引力场。围绕数字经济楼宇构建产业导师授证基地，设立楼宇级人才服务中心，推出“入职即落户”“创业通兑券”等定向政策包。在重点楼宇打造人才服务综合体，集成高端猎头、技能认证、职业规划等功能模块，实现“一楼宇一人才枢纽”。探索在东部新城航运物流楼宇群设立港航数智人才认证中心，对标国际海事组织（IMO）标准开发区块链航运人才培训体系。探索在南部商务区试点“跨境人才居留服务窗口”，为外籍数字艺术家、算法工程师提供弹性签证审批通道。同步建立楼宇人才增值积分体系，从业者通过参与楼宇内技术讲座、开源项目研发可兑换创业资源包，形成人才与楼宇的共生增长机制。

二是探索楼宇产教融合模式。以楼宇为载体构建教育链—产业链双螺旋体系，探索在核心楼宇布局“三层联动”空间：地下层部署智能网联汽车仿真实验室，中层设置区块链金融教学舱，顶层建设元宇宙授课空间。推行“双向嵌入式”教学模式，企业技术专家驻校开发实战课程，高校教授带团队入驻楼宇建立流动工作站。开展楼宇技能认证品牌计划，联合人社部研究人工智能训练师、区块链应用开发员等新职业认证标准。

三是建立楼宇赋能生态联盟。组建楼宇人才共生联盟，打通长三角“人才驿站”资源网络。在联盟框架下建立人才共享飞行站，企业与专家通过“半职聘任”“季节学者”等模式灵活对接。试点“楼宇人才区块链护照”，完整记录人才在楼宇内的研发贡献、培训经历，实现长三角区域资质互认。针对退役运动员、文艺工作者等跨界群体，在楼宇内设立数字技能转

化中心，开发元宇宙空间设计、智能穿戴设备测试等转型课程，形成新质生产力人才孵化通道。

（五）强化要素保障，营造数字楼宇优质环境

一是完善政策支持要素保障。迭代升级区级数字经济发展专项资金，加大对数字经济楼宇发展的财政支持力度。制定出台数字经济资金管理办法，优化实施细则。统筹土地、能耗、算力等资源要素向重点产业、重大项目、优质企业等加速集聚。引导金融资本进入人工智能、软件信息、集成电路等战略产业，推动行业领军企业上市。

二是推动体制机制改革创新。着力提升数字经济治理水平，创新监管模式，加快构建适应数字经济发展的制度框架，营造良好制度环境。扩充数字平台经济等新经济模式经营范围，支持数据交易、算法服务等新模式，深化信用监管、“互联网+监管”、探索触发式监管的新模式运用。依托楼宇数字孪生平台建立“风险监测—预警—处置”触发式监管链路，通过实时采集能耗、人流、企业运营数据，动态调整监管阈值，实现“数据驱动型弹性监管”跃升。

三是优化监测评估体系。建立产业监测机制，对标对表全省数字经济发展综合评价报告，研究建立健全鄞州区数字经济楼宇指标体系、统计体系、评价体系和监测体系，动态监测、逐项解决。加强规划实施情况动态监测，对重点任务和重大项目推进情况进行年度监测、中期评估和总结评估。及时研究应对、解决规划实施中出现的新情况、新问题，完善规划动态调整和修订机制。

四是营造优良发展氛围。围绕数字经济创新提质“一号发展工程”开展政策宣讲、干部能力培训，推动数字经济楼宇运营方、各行业领域从业者牢固树立数字化发展理念。组织数字经济政策落地、项目落地等重要节点的新闻发布会、项目集中签约仪式和招商推介会。加强对数字经济楼宇优秀经验与典型案例的传播，营造全社会参与支持数字经济楼宇发展的良好氛围。

后　记

《中央商务区产业发展报告（2025）》是继北京市哲学社会科学 CBD 研究基地连续出版 13 部 CBD 年度报告之后，“中央商务区蓝皮书”系列出版的第 8 部报告，也是北京市社会科学基金重点项目（编号 24JCB051）资助的中央商务区（CBD）产业发展的最新研究成果。

二十年来，本书研创团队专注于中央商务区产业发展研究。2024 年 12 月该项目开题后，课题组按照研究方案，聚焦“新质生产力优化城市产业链”这一主题，实地探访、分析数据、撰写专题，编写人员先后赴北京、上海、广州、深圳、重庆、郑州、宁波、昆明等地进行实践调研或学术交流，积累了大量一手资料，总结了我国典型城市 CBD 的特色实践和发展动态。在此基础上，本书研创团队克服困难，在主管部门支持下，多次沟通协调、认真修改完善，终于如期完成了 2025 年“中央商务区蓝皮书”的撰写工作。

本书由张杰主持完成。除已标注作者外，张杰统筹全书研究方案设计，负责撰写总报告并对各专题报告进行审定，范雨婷、李晓艳两位博士和温馨、孙涛、贾丽娟等博士研究生以及姚天琪、牛哲等硕士研究生参加专题报告撰写、调研数据分析和资料汇编等相关工作。

我们衷心感谢商务部市场运行和消费促进司、重庆市商务委员会和重庆市江北区金融服务中心、郑州市郑东新区中央商务区管理委员会和郑州中原科技城管理委员会、宁波市商务局和宁波市鄞州区工业发展促进中心以及商务部国际贸易经济合作研究院、中国电子信息产业发展研究院、北京工业大学等单位的大力支持和帮助。

我们深切感谢北京市社会科学界联合会、北京市哲学社会科学规划办公室和北京市教育委员会对 CBD 研究工作的长期支持和指导，特别感谢社会科学文献出版社多年来一如既往的支持与帮助。

需要特别说明的是，由于我国城市经济深刻转型，CBD 新质生产力部分数据难以获取，加之部分城市 CBD 及其所在城区的产业数据没有公布等，在一定程度上影响了数据测算和内容分析。为提高报告质量，研创团队尽量从多种渠道搜集、整理资料和数据，以减少部分资料和数据缺失造成的负面影响。

在报告撰写过程中，我们参考并吸取了同行业专家学者的研究成果，在此表示诚挚感谢和致以由衷的敬意。尽管引用资料已在参考文献中详细列出，但如有遗漏之处，在此深表歉意。

由于学术水平有限，书中难免存在疏漏不足，敬请各位专家和读者批评指正。

2025 年 8 月 7 日

Abstract

At present, global development is facing multiple uncertainties, including geopolitical tensions, trade frictions, and technological changes. Industrial chains have become an important pillar for ensuring national economic security and enhancing international competitiveness. As a high-end industrial functional zone in cities, the Central Business District (CBD) is itself an important node in the city's industrial chain. Therefore, it plays a crucial role and holds a key position in enhancing new productive forces to optimize the city's industrial chain.

This report is based on the theme of "optimizing the urban industrial chain through new-quality productive forces in the Central Business District (CBD)." It outlines the eight underlying mechanisms through which the CBD's new-quality productive forces optimize the urban industrial chain, analyzes the comprehensive effects, radiation effects, building economy effects, and business environment effects. It identifies three development pathways: digital services enhancing the resilience of industrial chains, hub services restructuring the spatial layout of industrial chains, and new-quality services optimizing the division of labor within industrial chains. The report also addresses three major issues in the current development of new-quality productive forces in China's CBDs and proposes targeted development recommendations, including dual-drive development of business and technology, empowering the real economy through services, and enhancing the professional service capabilities of CBDs.

From the perspective of theoretical logic and current CBD development practices across China, the core essence of optimizing urban industrial chains through the new-quality productive forces of Central Business Districts (CBDs) primarily encompasses the following aspects: new-quality headquarters economy productivity connecting global multinational corporate chains, new-quality commercial communication productivity constructing international industrial spatial chains, new-quality commerce and trade service productivity linking high-end industrial supply and demand chains, new-quality business resource productivity supplying service trade industrial chains, new-quality human resource productivity activating modern talent industrial chains, new-quality information service productivity aggregating information technology industrial chains, and new-quality building economy productivity optimizing high-end cutting-edge industrial chains.

Based on an analysis of time-series data over the years, the report continues to track and calculate the development of typical central business districts (CBDs) in China, including comprehensive development effects, regional radiation effects, building economy effects, and business environment effects, supported by a big data-driven framework. It explores the overview, trends, characteristics, and patterns of new productive forces in typical CBDs and their relationship with urban industrial chain development. Data research indicates: In recent years, the extent to which new productive forces in China's CBDs have optimized industrial chains has shown significant differences. The "new productive force effect" gap between first-tier cities and new first-tier cities is notable, with the average new productive force-driven industrial chain effect in first-tier cities like Beijing, Shanghai, Guangzhou, and Shenzhen exceeding that of new first-tier cities by 6.857%. First-tier cities, with their solid economic foundations, vast market potential, advanced information technology, rapid technological innovation, and abundant new-quality resources, are rapidly advancing the optimization of industrial chains through new-quality productivity. In contrast, new first-tier cities face a growing disparity in the development of their industrial chains and regional resource allocation, leading to less pronounced new-quality effects and a significant gap between the two city clusters. Urban observations reveal that the development sequence of new-quality productive forces in the CBDs of first-tier cities such as Shanghai, Beijing, Shenzhen, and Guangzhou remains relatively stable. Among these, Beijing's CBD leads in technological innovation effects, Shanghai's Lujiazui CBD in economic radiation effects, Shenzhen's Futian CBD in economic driving effects, and Guangzhou's Tianhe CBD in economic development effects, each with distinct characteristics. In new first-tier cities, the industrial chains of CBDs in Xi'an, Chongqing, Wuhan, Tianjin, and Hangzhou are showing positive development trends.

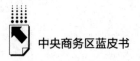

Building on academic support and theoretical analysis, this report focuses on the key attributes of new-quality productive forces in central business districts (CBDs). It summarizes the specific content of optimizing the industrial chain through new-quality productive forces in CBDs into three pathways: CBD digital services enhancing the resilience of urban industrial chains, CBD hub services restructuring the spatial layout of urban industrial chains, and CBD new-quality services optimizing the division of labor within urban industrial chains. Among these, CBD digital services enhance the resilience of urban industrial chains by advancing digital service-enabled resource optimization, technological dependency, and industrial chain relocation at the node level; promoting digital service-enabled communication among chain enterprises, enhancing risk identification, and improving dynamic environmental adaptability at the connection level; and optimizing digital service-enabled industrial network expansion, facilitating risk dispersion, and enhancing value creation at the network level. CBD hub services are restructuring the urban industrial chain ecosystem, where hub technologies, location, capital, and scenarios drive the upgrading of industrial chain engines, carriers, and platforms. Hub services optimize industrial chain collaboration platforms, industrial clusters, and application scenarios, and construct a full-chain innovation ecosystem encompassing "upstream technological breakthroughs, midstream industrial strengthening, and downstream market expansion." CBD new-quality services optimize urban industrial chain division of labor, namely, using intelligent hubs to optimize industrial chain division of labor structures, leveraging high-end services to enhance industrial chain locational stickiness, and driving urban industrial chain division of labor linkage and cluster ecosystem synergy through functional upgrades, spatial restructuring, institutional empowerment, and ecosystem construction.

Drawing on the development experiences of CBDs across various regions and gaining a deep understanding of the actual development status of CBDs are also key components and distinctive features of this book. During the compilation process, this book received strong support from management agencies such as the Chongqing Municipal Commerce Commission, the Zhengdong New District Central Business District Management Committee of Zhengzhou City, and the Ningbo Municipal Commerce Bureau. The Jiangbei District Financial Service Center of Chongqing Municipality, the Zhengzhou Zhongyuan Science and Technology City Management Committee, and the Yinzhou District Industrial Development Promotion Center of Ningbo Municipality have each provided in-depth, highly condensed, and distinctive specialized analytical reports for reference by CBDs across the country.

As a specialized blue book focusing on the development of the CBD industry in China, this book provides a comprehensive analysis of the current dynamics of optimizing industrial chains in cities such as Beijing, Shanghai, Guangzhou, Shenzhen, Chongqing, Hefei, Hangzhou, and Chengdu, which are at the forefront of CBD-driven new productive forces. The research reveals that the development of CBD-driven new productive forces across China has gradually taken shape along three distinct paths: seeking breakthroughs in cutting-edge technologies, focusing on specialized services, and simultaneously fostering innovation while revitalizing traditional industries. Among these, Beijing is targeting general artificial intelligence, leveraging its capital resources and business advantages to pursue breakthroughs in cutting-edge new-quality productive forces; Shanghai is focusing on professional services, aligning with its "five centers" development strategy to empower the growth of new-quality productive forces; and Hefei is simultaneously cultivating new-quality productive forces and revitalizing traditional ones, striving to expand new-quality productive forces through the construction of a modern industrial system. However, overall, CBDs across regions still face practical challenges such as insufficient development of new-quality productivity, weak resilience of urban industrial chains, and significant disparities in the high-quality development of CBDs. Continued efforts are needed to enhance the connotation of new-quality productivity development through a dual-drive approach of business and innovation, deepen the empowerment of real economy services to promote the aggregation of innovation chains, value chains, and industrial chains, and elevate the level of professional services to advance the high-quality development of the new-quality service economy. The above comparative analysis and distillation of characteristics not only allow us to observe the unique features and experiences of local industrial development in various CBDs but also enable us to contemplate the future direction and pathways for new-quality production and high-end services in CBDs, providing ongoing and innovative references for future CBD development and management.

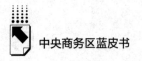

Keywords: Central Business District; New Quality Productive Forces; Urban Industrial Chain

Contents

Ⅰ General Report

Abstract: At present, global development is facing multiple uncertainties such as geopolitical tensions, trade frictions, and technological transformations. The industrial chain has become a crucial pillar for ensuring national economic security and enhancing international competitiveness. As a high-end industrial functional area in cities, central business districts are themselves important nodes in the urban industrial chain and play an important role in enhancing new productive forces to optimize the urban industrial chain. Based on the theme of new productive forces in central business districts optimizing urban industrial chains, this report elaborates on eight mechanisms by which new productive forces in central business districts optimize urban industrial chains. analyzes the comprehensive development effects, regional radiation effects, building economy effects, and business environment effects of the development of new productive forces in central business districts, summarizes three development paths for central business districts to empower the resilience of industrial chains with digital services, reconstruct urban industrial chain fields with hub services, and optimize the division of labor in urban industrial chains with new services, and puts forward specific recommendations such as dualwheel drive of business and technology, empowering the development of the real economy, and improving the level of professional services.

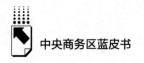

Keywords: Central Business District; New Productive Forces; Industrial Chain

Ⅱ Data Analysis Reports

Abstract: This report takes the CBDs of 13 first-tier cities and new first-tier cities as its research subjects, measuring and analyzing the development characteristics of China's CBD industry and identifying typical experiences in fostering new productive forces. The study found that the comprehensive development effect of new productive forces in first-tier city CBDs on industrial chains is generally higher than that in new first-tier city CBDs, and the average gap in comprehensive development effects between new first-tier city CBDs and first-tier city CBDs is widening. From the perspective of the structural effects of new productive forces, there are significant structural differences in the development of different CBDs. The structural differences in the effects of new productive forces are manifested in the differences in the drivers of individual development between first-tier city CBDs and new first-tier city CBDs. From the perspective of the development experience of new productive forces empowering urban industrial chains, the Beijing CBD and Xi'an Chang'an Road CBD have promoted the accelerated release of the multiplier effect of new productive forces by vigorously pursuing high-density scientific and technological innovation achievements, while the Shanghai Lujiazui CBD and Shenzhen Futian CBD have fully promoted the upgrading of high-end service industries and manufacturing. Based on the research conclusions, this report puts forward targeted policy recommendations such as integrating industrial chain resources, creating new technology application scenarios, and reconstructing the industrial chain value system.

Keywords: Central Business District; New Productive Forces; Urban Industrial Chain

Abstract: This report takes the CBDs of 13 cities, including Beijing, Shanghai, Guangzhou, Shenzhen, Tianjin, Chengdu, Wuhan, Hangzhou, Chongqing, Nanjing, Xi'an, Changsha, and Shenyang, as its research subjects, and calculates, analyzes, and evaluates their regional radiation effects. The study found that from 2021 to 2023, the regional radiation effects of the 13 CBDs exhibited an overall uneven pattern. Among the CBDs of first-tier cities and new first-tier cities, the Tianjin Binhai New Area CBD continued to lead in regional radiation effects. Among the new first-tier city CBDs, the Nanjing Hexi CBD stood out for its relatively prominent regional radiation effects, while the differences in regional radiation effects among other CBDs were not significant. The renewal of central business districts has become the latest focus of urban renewal in major cities around the world. In order to promote the high-quality development of CBDs with new productive forces, this report puts forward the following recommendations: implement a dual-drive national strategy, with first-tier cities and new first-tier cities using differentiated positioning to empower high-quality development; promote the integrated development of high-end industries in CBDs through technological empowerment, spatial adaptation, and institutional innovation; and strengthen inter-regional CBD cooperation by fully drawing on the practical experience of cities and CBDs at home and abroad.

Keywords: Central Business District; Regional Influence; Influence Capacity; New Productive Forces

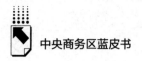

B.4 Data Analysis on CBD Building Economy (2025)

Wen Xin / 145

Abstract: This report focuses on the development of the building economy in the central business districts (CBDs) of 13 first-tier and new first-tier cities in China from 2021 to 2023. It constructs an indicator system covering four dimensions—regional economy, building operations, corporate occupancy, and innovation ecosystem—and employs the entropy method to comprehensively measure and analyze their development levels. The study found that CBDs in first-tier cities lead in building economy development, while CBDs in new first-tier cities, though promising, have seen the gap with first-tier city CBDs widen. Currently, China's CBD building economy development still faces challenges such as supply-demand imbalances, high vacancy rates, inadequate supporting facilities, insufficient industrial support, single-industry structures, and unreasonable planning. These issues to some extent constrain the stability and sustainability of the building economy. Based on this, this report proposes targeted development recommendations, including scientific planning and optimized resource allocation, strengthened policy support and attraction of enterprise clustering, improved supporting services and enhanced overall quality, focus on industrial upgrading and promotion of diversified development, and promotion of building linkage and optimization of operational models. These recommendations aim to drive the transformation of CBD building economy from "scale expansion" to "value creation," better adapt to the needs of urban industrial chain optimization, provide strong support for the construction of a modern industrial system, and contribute to high-quality urban economic development.

Keywords: Central Business District; Building Economy; New Productive Forces; Grade A Office Buildings

B.5 Data Analysis on CBD Business Environment (2025)

Sun Tao / 167

Abstract: Currently, optimizing the business environment has become one of the effective pathways to further promote the optimization and upgrading of industrial chains and supply chains, ensure the normal operation of the economic system, and foster the development of new-quality productive forces. As a hub for high-end industries in cities, CBDs require a high-quality, fair, and transparent business environment. This report constructs an evaluation system for the business environment effects of new-quality productive forces, taking the CBDs of 13 first-tier and new first-tier cities in China as the research objects, and employs the entropy method to evaluate the business environment of CBDs. Overall, under the backdrop of optimizing urban industrial chains, Beijing and Shanghai lead the way with prominent economic and industrial structure environment effects, population and living environment effects, and commercial operation environment effects, providing a solid foundation for fostering an innovative industrial ecosystem environment. CBDs in new first-tier cities each have their own strengths and weaknesses. In 2023, the business environment effects of Hangzhou Wulin CBD ranked first, providing a solid foundation for industrial chain optimization. Based on the research conclusions and combined with the background of the vigorous development of new productive forces, this report puts forward relevant recommendations for further optimizing the business environment of different city CBDs, such as improving the industrial ecological chain, improving the talent introduction and retention mechanism, creating a safe and convenient financing environment, and strengthening the construction of a new productive force business environment.

Keywords: New Productive Forces; Central Business District; Business Environment; Industrial Chain and Supply Chain Optimization

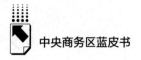

Ⅲ Industrial Chain Study

B.6 Digital Services in Central Business Districts and the Resilience of Urban Industrial Chains *Ai Xiaoqing*, *Gao Hongqiao* / 195

Abstract: Under the backdrop of profound adjustments in the global economic landscape and the growing importance of supply chain security, Central Business Districts (CBDs) serve as pioneers in urban digital transformation, and their digital services play a crucial strategic role in enhancing the resilience of urban supply chains. This paper constructs a three-dimensional analytical framework of "nodes-connections-networks" and follows a research logic of "identifying challenges-developing strategies-establishing enabling mechanisms" to systematically elucidates the three-tiered mechanism through which CBD digital services empower supply chain resilience: at the node level, addressing resource and technological dependencies as well as supply chain relocation; at the link level, strengthening collaborative responses among supply chain entities; and at the network level, expanding the industrial ecosystem. The study also identifies three prominent issues arising from the digital service empowerment process: digital divides leading to imbalanced distribution of benefits, data breaches exacerbating operational risks, and digital traps causing inefficient information transmission. Based on this, the paper proposes four policy recommendations: establishing a "digital infrastructure—collaborative innovation—governance transformation" digital service empowerment system, innovating anti-monopoly regulations and inclusive support systems, improving collaborative defense and risk-sharing mechanisms, and enhancing and optimizing digital trap prevention technologies and skills.

Keywords: Central Business District; Digital Services; Industrial Chain Resilience

B.7 New Productive Forces Hub: CBD's Practical Path and Strategic Value in Reconstructing the Urban Industrial Chain

Gao Jieying, Zhou Shengjie / 214

Abstract: As the primary source of urban technological innovation and a major hub for the aggregation of production factors, CBDs are characterized by efficient resource allocation, strong technological innovation capabilities, and significant potential for value appreciation. They serve as crucial spatial domains for cultivating and developing new productive forces. This paper analyzes the impact of the CBD's technological, spatial, capital, and application advantages on the optimization of urban industrial chains, reveals the practical channels for the CBD to drive the chain-like layout of industrial chains as a field of aggregation, constructs a full-chain innovation ecosystem of "upstream technological breakthroughs, midstream industrial strengthening, and downstream market expansion," and deconstructs the optimization and restructuring effects of the CBD's new productive forces on urban industrial chains through in-depth analysis of typical cases. Finally, this paper proposes solutions and practical paths to address common challenges faced by CBD development, such as spatial constraints, technological bottlenecks, and coordination barriers.

Keywords: Central Business District; New Productive Forces; Urban Industrial Chain

B.8 The Mechanism and Pathways for CBDs to Optimize Urban Industrial Chain Division of Labor through New-Quality productive Forces

Wang Yuanyu / 231

Abstract: Urban central business districts (CBDs) have unique advantages in carrying new-quality productive forces and can effectively promote the optimization of urban industrial chain division of labor. New-quality productive forces empower the restructuring of industrial chain division of labor through digital technology leadership, green technology constraints, and innovative technology fission. CBDs drive the optimization of urban industrial chain division of labor through functional upgrades, spatial reorganization, institutional empowerment, and ecological construction. The CBD's priority layout for promoting new-quality productive forces includes creating three highlands, implementing three transformations, and constructing three types of platforms. Local governments should adopt practical and effective policy measures to promote the CBD's priority layout for new-quality productive forces and promote high-quality urban economic development.

Keywords: CBD; New-quality Productive Forces; Urban Industrial Chain; Industrial Chain Division of Labor

Ⅳ Regional Practice

B.9 Chongqing Jiangbei CBD: Building the Western Financial Hub and Shaping New Momentum for the Development of New Quality Productivity

He Qiu / 252

Abstract: The Jiangbeizui CBD is building a financial hub in western China, which not only gives Jiangbei District a new historical mission in Chongqing's construction of a western financial center, but also injects powerful momentum into the development of new-quality productive forces in the region, becoming an important engine for high-quality economic development in Chongqing, the Chengdu-Chongqing region, and even western China. This report systematically sorts out the overview of the Jiangbeizui CBD, the achievements of the financial industry, the measures to build a financial hub in western China, and the challenges it faces, and conducts an in-depth discussion on its development direction and countermeasures. Research findings indicate that the Jiangbei Mouth CBD has achieved notable results in financial headquarters aggregation, financial function innovation, financial talent aggregation, and business environment optimization by pursuing the "three aggregations" strategy of financial institutions, financial functions, and financial talent. However, it also faces challenges such as intensified regional competition, insufficient financial resource allocation capabilities, and the urgent need to optimize the financial ecological environment. In the future, Jiangbeizui CBD should aim to build a core financial city in the west, establish a competitive and influential financial institution organization system, construct a characteristic financial system that serves major strategies, accelerate the formation of landmark financial achievements, create a high-quality environment for a core financial city in the west, provide strong support for the construction of a financial center in the west, and inject a steady stream of "financial vitality" into the development of new-quality productive forces.

Keywords: Chongqing Jiangbeizui CBD; Core Financial City in the West; New-quality Productive Forces

Abstract: With the goal of building an international central business district and international regional financial center, Zhengdong New District CBD strives to become a regional center for new-quality productive forces development. In order to achieve further breakthroughs in industrial innovation and development, green and low-carbon transformation, and the creation of an innovative environment, the Zhengdong New District CBD has taken a multi-pronged approach, including innovative consumption, smart construction, green and low-carbon development, financial quality improvement, and environmental optimization, to inject inexhaustible momentum into the harmonious development of the regional economy, society, and environment, and to promote high-quality development in the jurisdiction..

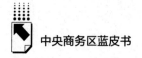

Keywords: Zhengdong New District CBD; New-Quality Productive Forces; High-quality Development

Abstract: The advanced transformation of Yinzhou's digital economy buildings from an "airborne treasure trove" to a "vertical innovation belt" is not only an important practice for Ningbo City to cultivate new-quality productive forces, but also provides an innovative model for the high-quality development of the digital economy in the Yangtze River Delta. Through analyzing the current development status, innovative practices, and challenges faced by Yinzhou's digital economy buildings, this report systematically summarizes its transformation path from industrial agglomeration and digital empowerment to policy-driven regional coordination. Research findings indicate that Yinzhou has established a building economy cluster with revenue exceeding 100 billion yuan through measures such as constructing a "one building, one specialty" industrial ecosystem, developing a smart twin management system, and innovating policy toolkits. However, challenges remain in areas such as industrial chain collaboration, data element circulation, institutional innovation, and cross-regional coordination. In the future, systematic measures such as deepening the construction of the industrial ecosystem and strengthening digital technology empowerment should be taken to promote the upgrading of digital economy buildings to "technology integration hubs" and "innovation symbiosis," providing a replicable "Yinzhou experience" for the digital transformation of the regional economy.

Keywords: Digital Economy; "Vertical Innovation Belt"; New-quality Productive Forces; Building Economy

北京市哲学社会科学研究基地智库报告系列丛书

推动智库成果深度转化

打造首都新型智库拳头产品

为贯彻落实中共中央和北京市委关于繁荣发展哲学社会科学的指示精神，北京市社科规划办和北京市教委自 2004 年以来，依托首都高校、科研机构的优势学科和研究特色，建设了一批北京市哲学社会科学研究基地。研究基地在优化整合社科资源、资政育人、体制创新、服务首都改革发展等方面发挥了重要作用，为首都新型智库建设进行了积极探索，成为首都新型智库的重要力量。

围绕新时期首都改革发展的重点热点难点问题，北京市社科联、北京市社科规划办、北京市教委与社会科学文献出版社联合推出“北京市哲学社会科学研究基地智库报告系列丛书”。

北京市哲学社会科学研究基地智库报告系列丛书

（按照丛书名拼音排列）

· 北京产业蓝皮书：北京产业发展报告

· 北京经济蓝皮书：北京财经发展报告

· 北京人口蓝皮书：北京人口发展研究报告

· 北京文化产业蓝皮书：北京文化产业发展报告

· 城市管理蓝皮书：中国城市管理报告

· 法治政府蓝皮书：中国法治政府发展报告

· 服务业蓝皮书：北京高端服务业发展报告

· 健康城市蓝皮书：北京健康城市建设研究报告

· 京津冀蓝皮书：京津冀发展报告

· 平安中国蓝皮书：平安京津冀建设发展报告

· 企业海外发展蓝皮书：中国企业海外发展报告

· 首都文化贸易蓝皮书：首都文化贸易发展报告

· 中央商务区蓝皮书：中央商务区产业发展报告

皮 书

智库成果出版与传播平台

皮书定义

皮书是对中国与世界发展状况和热点问题进行年度监测，以专业的角度、专家的视野和实证研究方法，针对某一领域或区域现状与发展态势展开分析和预测，具备前沿性、原创性、实证性、连续性、时效性等特点的公开出版物，由一系列权威研究报告组成。

皮书作者

皮书系列报告作者以国内外一流研究机构、知名高校等重点智库的研究人员为主，多为相关领域一流专家学者，他们的观点代表了当下学界对中国与世界的现实和未来最高水平的解读与分析。

皮书荣誉

皮书作为中国社会科学院基础理论研究与应用对策研究融合发展的代表性成果，不仅是哲学社会科学工作者服务中国特色社会主义现代化建设的重要成果，更是助力中国特色新型智库建设、构建中国特色哲学社会科学“三大体系”的重要平台。皮书系列先后被列入“十二五”“十三五”“ 十四五”时期国家重点出版物出版专项规划项目；自 2013 年起，重点皮书被列入中国社会科学院国家哲学社会科学创新工程项目。

法律声明